Maria Balì • Irene Dei
con la collaborazione di **Katia D'Angelo**

NUOVO
Espresso

corso di italiano

libro dello studente
e esercizi

indice

		Contenuti comunicativi	Grammatica e Lessico
lezione 1	**Scuola e dintorni** p. 5 Video e grammatica p. 16	• Raccontare un evento • Parlare di abitudini legate ai ricordi di scuola • Descrivere un docente, un compagno di corso, un corso, una scuola • Esprimere il proprio accordo o disaccordo • Esprimere rammarico • Mostrare stupore e incredulità • Ammettere qualcosa • Criticare un'opinione o un'affermazione	• Uso dell'ausiliare al passato prossimo • Verbi con doppio ausiliare al passato prossimo • I verbi pronominali *Cavarsela* e *Entrarci* • Ripresa dei tempi passati dell'indicativo: passato prossimo, imperfetto, passato remoto • I pronomi relativi doppi *Chi, Ciò che*
lezione 2	**Cibo, che passione!** p. 17 Video e grammatica p. 27	• Parlare del proprio rapporto con il cibo • Parlare di gusti legati alla cucina • Esprimere una preferenza • Descrivere una pietanza • Descrivere una procedura in modo chiaro	• Gli indefiniti • Il futuro anteriore • Il congiuntivo con gli indefiniti • La dislocazione a sinistra • Ripresa e ampliamento del passivo: il *Si* passivante

Facciamo il punto 1 - p. 28 - Bilancio, progetto, per approfondire

		Contenuti comunicativi	Grammatica e Lessico
lezione 3	**E tu, come fai a saperlo?** p. 29 Video e grammatica p. 40	• Trasmettere e riferire informazioni • Esprimere percentuali e statistiche e commentarle • Inquadrare un fatto in un secolo passato • Riportare un evento o un fatto storico • Argomentare e discutere il proprio punto di vista in contesti informali	• Verbi con preposizioni • Gli avverbi di tempo: *Allora, Un giorno* • Il discorso indiretto: ripresa e ampliamento (il discorso indiretto introdotto da *Di*) • I numerali come sostantivi • Uso del condizionale per esprimere una notizia poco certa • L'espressione *Non perché* + congiuntivo • Le frasi interrogative indirette
lezione 4	**Il mondo del lavoro** p. 41 Video e grammatica p. 52	• Parlare del proprio lavoro • Fare una richiesta e rispondere in modo formale • Esprimersi in modo chiaro e cortese in un registro formale • Comunicare un desiderio o un'intenzione • Scambiare informazioni e consigli complessi sul proprio lavoro	• Uso del congiuntivo nelle frasi relative • Uso del congiuntivo con il superlativo relativo • La differenza tra *Finalmente* e *Alla fine* • Il gerundio con funzione causale e ipotetica • La concordanza dei tempi: il condizionale con il congiuntivo • I nomi delle professioni al maschile e al femminile
lezione 5	**Che emozione!** p. 53 Video e grammatica p. 63	• Esprimere emozioni in base al registro linguistico adottato • Parlare di sé • Descrivere qualcuno fisicamente e caratterialmente • Lamentarsi • Intervistare qualcuno	• Aggettivi derivati da sostantivi • Uso dell'aggettivo possessivo posposto • Il verbo pronominale *Uscirsene* • Uso del possessivo *Proprio* • La formazione del contrario di sostantivi e aggettivi • Modi diversi per esprimere il *Se* nel periodo ipotetico • Ripresa e ampliamento del periodo ipotetico (irrealtà) • Le espressioni *Come se* e *Senza che* + congiuntivo

Facciamo il punto 2 - p. 64 - Bilancio, progetto, per approfondire

indice

		Contenuti comunicativi	Grammatica e Lessico
lezione 6	**I gusti son gusti!** p. 65 Video e grammatica p. 76	• Riconoscere i generi cinematografici • Esprimere i propri gusti e le proprie preferenze • Sminuire la portata di un'affermazione fatta in precedenza • Esprimersi in modo ironico • Raccontare la trama di un film • Recensire un film • Criticare qualcuno	• La posizione dell'aggettivo • Uso del congiuntivo con frase principale negativa • Uso del congiuntivo con *Purché* • La struttura *Fare* + infinito
lezione 7	**In giro per musei** p. 77 Video e grammatica p. 87	• Iniziare e concludere un'esposizione • Concludere, mettere a fuoco • Raccontare precisando particolari • Descrivere un'immagine • Esprimere accordo e/o disaccordo	• Ripresa e ampliamento delle preposizioni di luogo *In* e *A* • La concordanza dei tempi al congiuntivo: ripresa e approfondimento • L'infinito usato come sostantivo • I pronomi relativi: ripresa e approfondimento • Il pronome relativo possessivo *Il cui* • Il pronome relativo *Il che*

Facciamo il punto 3 - p. 88 - Bilancio, progetto, per approfondire

lezione 8	**L'Italia sostenibile** p. 89 Video e grammatica p. 98	• Esprimere un giudizio, una valutazione • Esprimere una perplessità • Parlare di problemi ambientali • Fare proposte • Esprimere desideri	• La posizione dei pronomi con gerundio, participio, infinito e imperativo • Ripresa e ampliamento della posizione dell'aggettivo • I diversi usi del futuro • La posizione dell'avverbio
lezione 9	**Curiosità d'Italia** p. 99 Video e grammatica p. 108	• Esprimere un dubbio • Spiegare qualcosa • Fare i complimenti • Chiedere e dare consigli • Parlare di un evento culturale in modo dettagliato	• La posizione dell'articolo determinativo con i nomi geografici • Il gerundio presente e passato: ripresa e approfondimento • Il gerundio concessivo • Alcune espressioni con verbi pronominali: *A dirla tutta*, *Sbrigarsela da soli* e *Arrampicarsi sugli specchi* • Gli omonimi • Parole con due plurali
lezione 10	**Una... centomila** p. 109 Video e grammatica p. 119	• Condurre un'intervista • Contraddire un'opinione diffusa • Puntualizzare • Discutere	• Il congiuntivo con le frasi comparative • Il congiuntivo con alcune espressioni consecutive: *In modo che*, *Far sì che* • Il plurale delle parole composte • L'uso di *Mica* • Alcune forme colloquiali: *Prendersela*, *Darci giù*, ecc. • Il comparativo di uguaglianza *Tanto quanto*

Facciamo il punto 4 - p. 120 - Bilancio, progetto, per approfondire

Lezione 1 esercizi	p. 122	**Lezione 5 esercizi**	p. 140	**Lezione 8 esercizi**	p. 156
Lezione 2 esercizi	p. 126	**Test 2**	p. 144	**Lezione 9 esercizi**	p. 160
Test 1	p. 130	**Lezione 6 esercizi**	p. 146	**Lezione 10 esercizi**	p. 164
Lezione 3 esercizi	p. 132	**Lezione 7 esercizi**	p. 150	**Test 4**	p. 168
Lezione 4 esercizi	p. 136	**Test 3**	p. 154		
Grammatica sistematica	p. 170				
Tabelle dei verbi	p. 182				
Soluzioni esercizi e test	p. 185				

dediche e ringraziamenti

Ai miei genitori, che pur senza bussola mi hanno portata fin qui.
A Sascha che c'è sempre e a Julian che mi ricorda di non prendermi troppo sul serio.
Ringrazio di cuore le mie sorelle che mi hanno convinta a lanciarmi in questa nuova impresa e le mie colleghe Francesca Talpo e Sara De Antoniis per il sostegno, le idee, i consigli, e le virtuali pacche sulle spalle.
Maria

Ringrazio la mia famiglia che mi ha sopportato durante la stesura di queste pagine e dedico il libro alla memoria di Bruno Busetti, che mi convinse a intraprendere questo folle mestiere.
Irene

Scuola e dintorni

1

comunicazione

- Raccontare un evento
- Parlare di abitudini legate ai ricordi di scuola
- Descrivere un docente, un compagno di corso, un corso, una scuola
- Esprimere il proprio accordo o disaccordo
- Esprimere rammarico
- Mostrare stupore e incredulità
- Ammettere qualcosa
- Criticare un'opinione o un'affermazione

grammatica

- Uso dell'ausiliare al passato prossimo
- Verbi con doppio ausiliare al passato prossimo
- I verbi pronominali *Cavarsela* e *Entrarci*
- Ripresa dei tempi passati dell'indicativo: passato prossimo, imperfetto, passato remoto
- I pronomi relativi doppi *Chi*, *Ciò che*

lessico

sistema di istruzione
- obiettivo (_____)
- laurea (_____)
- apprendimento (_____)
- tirocinio (_____)
- percorso educativo (_____)

oggetti legati alla scuola
- lavagna (_____)
- cattedra (_____)
- grembiule (_____)
- cancellino (_____)

attività scolastiche
- fare una gita (_____)
- andare alla lavagna (_____)
- fare un compito in classe (_____)

aggettivi legati alla descrizione di persone
- secchione (_____)
- empatico (_____)
- disinteressato (_____)
- diligente (_____)

scuola e dintorni

1 Tu, ti ricordi?
Guarda le foto. A cosa ti fanno pensare? Parlane con un compagno.

Quali delle seguenti parole / espressioni riesci a trovare nelle foto precedenti?

- ☐ classe / aula
- ☐ gita scolastica
- ☐ esami
- ☐ grembiule
- ☐ interrogazione
- ☐ voto
- ☐ laurea
- ☐ insegnante di sostegno
- ☐ banco
- ☐ lavagna
- ☐ cattedra
- ☐ cancellino

6 | LEZIONE 1

scuola e dintorni

2 Ti piaceva?

Leggi questa lista di attività legate alla scuola e indica se…

	Ti piaceva	Ti annoiava	Ti imbarazzava	Ti spaventava	Ti divertiva
Fare i compiti					
Tradurre					
Leggere ad alta voce					
Imparare a memoria					
Andare alla lavagna					
Essere interrogato					
Fare lavori di gruppo					
Fare compiti in classe / verifiche scritte					
Fare gite					
Partecipare a discussioni					
Fare attività creative					

Confrontati con alcuni compagni motivando le tue risposte.

> Andare alla lavagna mi imbarazzava tantissimo. Mi ricordo che diventavo rosso e…

3 Eri bravo in matematica?

*Ascolta il dialogo e abbina le seguenti informazioni alla persona a cui si riferiscono.
Attenzione, non tutte le informazioni vanno abbinate mentre altre si riferiscono a tutti e due.*

Marco

Giovanna

ha trovato l'ascensore rotto.
andava bene a scuola.
aveva problemi in matematica.
ha avuto un periodo difficile a scuola.
aiuta la figlia a studiare.
studiava anche di notte.
non è felice del lavoro che fa.
ha cambiato opinione sul valore dello studio.

LEZIONE 1

scuola e dintorni

Riascolta il dialogo, leggi e controlla se gli abbinamenti sono corretti.

- Eccomi!
- Marco, che fiatone! Ma che hai fatto?
- Ho salito le scale di corsa, pensavo di far tardi…
- Perché non sei salito con l'ascensore?
- Era rotto… lascia stare! Sono stato due ore ad aspettare la professoressa di matematica di mia figlia, mi sono beccato una multa perché sono passato con il rosso, colpa mia, chiaro! Poi arrivo qui e l'ascensore è rotto, cinque piani a piedi.
- E adesso ti do il colpo di grazia se ti dico che la riunione è stata spostata a domani…
- Noooo, va be' allora questa è sfiga!
- Povero! Dai, vieni, per consolarti ti offro un caffè. Senti, ma tua figlia ha problemi in matematica?
- Eh, un po' sì. Ultimamente non va tanto bene a scuola.
- Ma tu riesci ad aiutarla? Eri bravo in matematica?
- Sì, in matematica sì. Anche nelle altre materie me la son sempre cavata. Non ero un secchione, ma tutto sommato andavo benone.
- Io invece ero la classica secchiona, otto e nove in tutte le materie.
- Però, brava la nostra Giovanna!
- Sì, ma se ci ripenso mi pento.
- Ti penti di cosa?
- Mah, di aver sprecato la mia gioventù. Se penso che ho passato ore e ore sui libri, interi pomeriggi chiusa in casa a fare versioni di greco e latino, notti insonni per prepararmi ai compiti in classe e tutto questo per ritrovarmi oggi a fare l'impiegata!
- Che c'entra! Uno mica studia solo in funzione del lavoro che farà! Uno studia per sé. Il valore della scuola, dello studio è quello di aprirti la mente.
- O quello di prepararti a diventare un precario… no, guarda, non sono per niente d'accordo, altro che aprirti la testa! A scuola la testa te la riempiono di belle parole e poi quando hai finito la realtà è un'altra!

4 Che significa?
Trova nel dialogo le parole o le espressioni che hanno lo stesso significato di quelle della lista. Le espressioni sono in ordine.

1. respiro affannato dopo una corsa _____
2. ho preso _____
3. la botta finale, definitiva _____
4. sfortuna _____
5. darti conforto _____
6. molto studioso _____
7. cambio opinione _____
8. buttato via, perso _____
9. senza dormire _____

5 Verbi ausiliari
Nel dialogo compaiono due esempi con i verbi salire *e* passare.
Cercali e scrivili accanto all'infinito. Poi completa la regola nella prossima pagina.

salire _____ _____

passare _____ _____

8 LEZIONE 1

scuola e dintorni

In italiano ci sono diversi verbi che hanno un ausiliare (*essere* e *avere*) diverso a seconda se sono usati in modo transitivo (con un oggetto diretto) o intransitivo (senza un oggetto diretto). Se usati in modo transitivo l'ausiliare è _____, se usati invece in modo intransitivo l'ausiliare è solitamente _____.

6 Essere o non essere?

Qui di seguito trovi alcuni verbi che hanno in italiano il doppio ausiliare. Prova, insieme a un compagno, a scrivere per ognuno una frase usando l'ausiliare avere *e una usando l'ausiliare* essere.

E 2

7 Verbi pronominali

Cerca nel dialogo del punto **3** *i verbi usati per esprimere i due significati qui sotto.*

Riuscire in qualcosa, superare una difficoltà:	
Avere relazione con qualcosa, avere a che fare con qualcosa:	

I verbi che hai trovato vengono definiti pronominali, come metterci, volerci, piantarla, finirla.

8 Giochiamo

Si lavora in gruppi di 4. Ogni rappresentante del gruppo lancia a turno il dado due volte, una volta per decidere il verbo della lista e un'altra per decidere modo e tempo. Poi forma una frase con il verbo pronominale scelto. Si riceve un punto per ogni frase corretta.
Vince il gruppo con il maggior numero di frasi corrette.

VERBI
- **1** farcela
- **2** cavarsela
- **3** tenerci
- **4** entrarci
- **5** metterci
- **6** finirla

MODI E TEMPI
- **1** indicativo presente
- **2** indicativo passato prossimo
- **3** indicativo futuro
- **4** condizionale semplice
- **5** congiuntivo presente
- **6** congiuntivo imperfetto

E 3

9 Pensieri sulla scuola

Condividi maggiormente l'opinione di Giovanna o quella di Marco?
Confrontati con un compagno.

> Il valore della scuola, dello studio è quello di aprirti la mente.

Marco

> A scuola la testa te la riempiono di belle parole e poi quando hai finito la realtà è un'altra!

Giovanna

LEZIONE 1 | 9

scuola e dintorni

Leggi i seguenti pensieri sulla scuola e sull'educazione e indica quali, secondo te, si avvicinano di più al pensiero di Marco e quali, invece, al pensiero di Giovanna.

1

Cos'è la cosa più importante che uno impara a scuola? L'autostima, l'appoggio e l'amicizia.
Terry Tempest Williams

La scuola oggi è incapace di sviluppare quelle competenze e quei talenti che sono oggi necessari per continuare ad appartenere a una società industriale avanzata. È talmente distaccata dalle vere esigenze del mondo del lavoro da essere diventata, in larga misura, una fabbrica di disoccupati con la laurea.
Piero Angela

Il più grande segno di successo per un insegnante è poter dire: "i bambini stanno lavorando come se io non esistessi".
Maria Montessori

Ogni istruzione seria s'acquista con la vita, non con la scuola.
Lev Tolstoj

Quale riflessione ti colpisce di più? Con quale ti trovi più d'accordo? Confrontati in piccoli gruppi.

A me colpisce il pensiero di… / Mi piace il pensiero di…
Mi trovo d'accordo con… / Condivido il pensiero di…

10 Poi un giorno…

Leggi la prima parte del testo e con un compagno fai delle ipotesi su come potrebbe continuare.

A SCUOLA andavo bene, ma in fondo non mi importava un fico secco di quello che mi spiegavano e che ripetevo diligentemente. Tutto era monotono, prevedibile, così lontano dai sogni e dai tumulti dell'adolescenza, dalle paure, dai desideri, da quella strana smania d'assoluto che prende a sedici anni. Tutto era così mediocre e io mi nascondevo dietro la barricata gentile dell'indifferenza. Poi un giorno…

di Marco Lodoli*

*Marco Lodoli è uno scrittore e giornalista italiano. Insegna italiano in un istituto professionale della periferia di Roma.

Non mi importava **un fico secco** = Non mi importava **niente**.

LEZIONE 1

scuola e dintorni

E adesso continua a leggere.

…arrivò in classe Walter Mauro, il professore di lettere, e la mia vita è cambiata, diventando ciò che doveva essere.

Mauro era alto, dinoccolato, elegante, aveva una Porsche verde e volava alto: non pensava per niente a semplificare le sue spiegazioni, ad abbassare Dante e Petrarca a un livello facilmente comprensibile dagli studenti, pretendeva che fossimo noi a crescere, a salire verso quelle vette, a partecipare a quella sublime intelligenza poetica. Ci trattava da adulti, perché era convinto che noi potessimo capire tutta la ricca complessità dei grandi artisti. Mi diede da leggere Beckett e Ionesco, Pasternak e Majakovski: e io d'improvviso ho intuito la straordinaria avventura dell'arte, quel rischio totale, quella sfida affascinante. Non si trattava più di ripetere la solita lezioncina, ma di penetrare in mondi sconosciuti, come pionieri alla ricerca dell'oro.
Walter Mauro era anche un grande esperto di jazz - ma più che esperto: innamorato - e mi consigliò di ascoltare Charlie Parker, Thelonius Monk, John Coltrane. *A love supreme* fu una rivelazione. Un giorno Mauro mi disse: "Tu scrivi bene, devi continuare." Se non avesse aperto davanti ai miei occhi quella finestra azzurra, forse sarei ancora appoggiato a un muro grigio.

da *La Repubblica*

Ciò che doveva essere = **Quello che** doveva essere.

Quali aggettivi della lista abbineresti ai due protagonisti del testo?

Protagonista (Marco Lodoli)   **Insegnante (Walter Mauro)**

annoiato	appassionato	attento	autoritario	confuso
curioso	diligente	disinteressato	esigente	magro
monotono	semplice	severo	spaventato	

E 4

11 Tempi passati

Nell'articolo che hai letto, compaiono diverse forme di tempi passati all'indicativo: imperfetto, passato prossimo, passato remoto. Sottolinea queste forme nella parte evidenziata (da Mauro era alto… alla fine) usando colori diversi e rifletti sul loro uso scrivendo accanto ad ogni funzione il verbo corrispondente, come nell'esempio.

descrivere una situazione	
descrivere una persona	era alto
parlare di un evento psicologicamente lontano	
indicare un'abitudine	
esprimere la conseguenza di un avvenimento	

LEZIONE 1 | 11

scuola e dintorni

12 Intervista
Formula delle domande e intervista il tuo compagno, come nell'esempio.

Tu e la scuola - *Ti piaceva andare a scuola?*

Tu e la scuola	Tu e le materie	Un compagno di cui ti ricordi
Un episodio piacevole / spiacevole / divertente	Della tua scuola ti piaceva / non ti piaceva	La regola che non sopportavi

13 Un buon insegnante
Chi è per te un buon insegnante? Metti le seguenti qualità in ordine di importanza (1 molto importante – 5 poco importante) e confrontati poi con un compagno.

Un buon insegnante…

	È in grado di mantenere l'ordine e la disciplina in classe.		Aiuta gli studenti a diventare indipendenti nel loro studio.
	È imparziale.		È un po' come una mamma.
	È sempre aggiornato.		È creativo.
	Ammette eventuali errori o proprie lacune.		È esigente.
	Sa trasmettere la sua passione agli studenti.		È obiettivo.
			È empatico.

Discutete in plenum i vostri risultati.

14 Assurdo, guarda!
3

Leggi i seguenti titoli di giornale e poi ascolta il dialogo. A quale titolo fa riferimento il tema della conversazione tra le due donne? Segna con una ✗ il titolo di giornale.

E mamma per maestra **1** ☐
I genitori sono sempre più coinvolti nella vita scolastica dei figli. Ma secondo molti pedagogisti i ragazzi vanno lasciati liberi di sbagliare. Per affrontare le difficoltà.

Basta compiti a casa: boom di adesioni alla petizione online lanciata da un preside **3** ☐
Sono inutili, procurano disagi agli studenti in difficoltà, ledono il diritto al riposo e costringono le famiglie a sostituirsi ai ragazzi.

Montessori, Steineriane, libertarie il boom delle scuole alternative **2** ☐
Un diverso approccio alla didattica. In Italia già 50mila bambini le frequentano, dopo la fuga dalle "tradizionali".

Scuole separate, il dibattito è aperto **4** ☐
Nei Paesi anglosassoni sono sinonimo di eccellenza. In Italia, invece, le classi omogenee sono un tabù.

12 LEZIONE 1

scuola e dintorni

15 Come si dice?
Abbina le espressioni __evidenziate__ del dialogo alle funzioni della lista.

1. mostrare incredulità / stupore
2. ammettere qualcosa
3. esprimere il parere di qualcun altro
4. criticare un'opinione o un'affermazione

- Senti Carla, hai presente la bellona che stava con noi al liceo?
- Chi? Barbie?
- No, l'amica… come si chiamava?
- Veronica Ansuini alias Jessica Rabbit, la più bella e la più scema della scuola!
- Cattiva! Diciamo che non era una cima. Comunque stamattina l'ho incontrata. Stava accompagnando la figlia a scuola. Una scuola per sole bambine.
- Eh?? Una scuola per sole bambine? **Non ci posso credere**… esistono ancora scuole divise per sesso?
- **A quanto pare** sì. Anzi, sembra che stiano tornando di moda. **A sentir lei** ci sono studi scientifici che dimostrano che bambine e bambini apprendono in modo diverso.
- Ma sì, questo **sarà pure vero**, però perché separarli?
- Mah, sembra che la separazione potenzierebbe le differenti qualità. Che ne so, per esempio la capacità di concentrazione, che nelle bambine è maggiore, è rallentata dalla presenza dei bambini che invece hanno bisogno di più pause.
- **Ma che stupidaggini!** Guarda, per me i genitori oggi **sono fuori di testa!** Sembra quasi che il successo scolastico dei figli sia diventato fondamentale…
- Hai perfettamente ragione!
- Chi può permetterselo manda i figli nelle scuole private o in quelle internazionali. C'è addirittura chi gli fa fare lezione a casa. Assurdo, guarda, io ci rimanderei i genitori a scuola!

> **Non era una cima.** = Non era molto intelligente.

16 Chi
<u>Sottolinea</u> *nel dialogo il pronome* **chi**. *Poi confrontati con un compagno: in quali casi è usato per fare una domanda su una persona? In quali casi è usato al posto di "le persone che / qualcuno che".*

E 10·11

17 Non sono tanto d'accordo
In coppia scegliete un ruolo e fate un dialogo.

A

Hai letto in un giornale un articolo sull'educazione parentale (*homeschooling*). Ti sembra un'ottima alternativa alla scuola tradizionale. Finalmente niente più orari rigidi, niente più compiti, vacanze flessibili e scelta delle materie in base alle propensioni dei bambini. Esprimi il tuo entusiasmo su questo tipo di scuola a un tuo amico.

B

Hai sentito parlare dell'educazione dei bambini a casa (*homeschooling*) e ti sembra una cosa assurda. Come si può pensare di poter insegnare a casa quel che viene insegnato a scuola?
Ti sembra presuntuoso da parte dei genitori che non tengono neanche conto del ruolo della socializzazione e della disciplina (rispetto delle regole). Esprimi la tua opinione a un tuo amico che sembra invece essere convinto di questo tipo di educazione / istruzione.

LEZIONE 1 | 13

scuola e dintorni

18 **Scuole del mondo**
Le foto che seguono rappresentano delle scuole situate in diverse parti del mondo. Immagina, insieme a un compagno, dove si trovano e quali possono essere le loro particolarità.

1

2

3

4

5

Il sito techinsider *ha raccolto e classificato alcune delle scuole più innovative del mondo. Nella prossima pagina trovi la descrizione di alcune. Leggile e abbinale alla foto cui si riferiscono.*

14 | LEZIONE 1

scuola e dintorni

a   Si trova in Danimarca, a Copenhagen, la scuola nel cubo, l'**Ørestad Gymnasium** una scuola superiore che ospita, in un'unica classe, 1100 studenti delle scuole superiori.
La struttura cubica è completamente costruita in vetro e serve per abituare i giovani agli spazi aperti, ma anche a collegare la scuola al mondo esterno. Sicuramente una struttura innovativa così come i suoi metodi di insegnamento.

b   La seconda scuola di questa speciale classifica è il **Big Picture Learning** di Providence, Rhode Island, la scuola che abbatte i muri tra istruzione e mondo reale assecondando le passioni degli studenti e insegnando loro le basi del lavoro. I ragazzi sono seguiti da tutor specializzati nei campi prescelti e alla conclusione del proprio percorso educativo partecipano a uno stage.

c   Una scuola dove i ragazzi fanno ciò che vogliono è sicuramente il sogno di ogni studente. Nella **Brightworks School** di San Francisco i ragazzi possono fare tutto ciò che i genitori considerano pericoloso, giocare con il fuoco e imparare a utilizzare elettrodomestici.
In questa scuola i giovani imparano a cavarsela da soli fin da piccoli per affrontare il mondo duro e pieno di pericoli che c'è fuori.

d   Una scuola che sembra un ufficio, con 300 postazioni, una per ogni studente, dotate di un pc che aiuterà il giovane nella sua formazione. La **Carpe Diem Schools** di Aiken nell'Ohio indirizza gli studenti fin da subito al mondo del lavoro.

e   Una scuola che pensa differente, la **Steve Jobs**. Rifiutando la didattica convenzionale incoraggia l'apprendimento degli studenti con ritmi e metodi diversi.
I ragazzi scelgono da soli il proprio piano di sviluppo individuale, controllato e modificato ogni 6 settimane dagli stessi, ma anche da genitori e insegnanti. I percorsi di studio sono contenuti nell'IPad personale che è consegnato ad ogni studente all'età di 4 anni.

da orizzontescuola.it

19 Una scuola un po' speciale
Immagina di aver visitato una delle scuole presentate sopra e di doverla consigliare a un amico. Scrivigli una mail in cui la descrivi e racconti perché ti piace.

20 La scuola in Italia
Cosa sai della scuola in Italia? Confrontati con un compagno e poi in plenum.
E ora ascolta il dialogo e completa lo schema con le informazioni mancanti.

	Età	Esame finale
Scuola d'infanzia (scuola materna)	3 - 6	NO
Scuola primaria (scuola _____)	____ - 11	NO
Scuola secondaria di 1° grado (scuola _____)	11 - 13	SÌ ☐ NO ☐
Scuola secondaria di 2° grado (scuola superiore)	13 - ____	SÌ ☐ NO ☐

Liceo _____
Liceo classico
Liceo _____
Liceo psicopedagogico
Istituto tecnico
Istituto _____

LEZIONE 1

video e grammatica

Vai su *www.alma.tv* nella rubrica Almaxxi14 e guarda il video **Il monologo dell'insegnante**.
Scrivi su un quaderno gli aspetti che condividi e quelli con cui non sei d'accordo.
Poi confrontati con un compagno e con il resto della classe.

Grammatica

Uso dell'ausiliare al passato prossimo

Ho mangiato un gelato.	*I verbi transitivi hanno sempre l'ausiliare* **avere**.
Mi sono alzata alle sei.	*I verbi riflessivi hanno sempre l'ausiliare* **essere**.
È accaduto dieci anni fa.	*I verbi impersonali hanno sempre l'ausiliare* **essere**.
Ho telefonato a Carlo.	*Molti verbi intransitivi hanno l'ausiliare* **avere** *ma*
Luigi **è** partito.	*alcuni hanno l'ausiliare* **essere**.

Verbi con doppio ausiliare al passato prossimo

Sono salito **a piedi**.
Ho salito **le scale** di corsa.
Sono passato **con il rosso**.
Ho passato **ore** sui libri.

Molti verbi italiani possono essere usati sia in modo transitivo (con un oggetto diretto) che intransitivo (senza oggetto diretto). Questi verbi richiedono generalmente l'ausiliare **avere** *quando sono usati in modo transitivo ed* **essere** *quando sono usati in modo intransitivo.*

Differenza tra passato prossimo, imperfetto e passato remoto

Il passato prossimo e l'imperfetto si usano per parlare del passato. Hanno una funzione diversa e complementare.

La mia vita **è cambiata**.	*Il* **passato prossimo** *si usa per raccontare un fatto concluso e non abituale.*
Studiare non mi piaceva e così **ho deciso** di lavorare.	*Il* **passato prossimo** *si usa anche per raccontare la conseguenza di un altro evento.*
Mauro **era** alto, elegante, **aveva** una Porsche verde.	*L'***imperfetto** *si usa per descrivere una situazione, una persona o per parlare di un'abitudine del passato.*
Un giorno poi **arrivò** in classe Mauro. Mi **venne** l'idea di scrivere. **Fu** così che **divenni** giornalista.	*Il* **passato remoto** *si usa per parlare di un fatto accaduto nel passato e concluso che non ha nessun legame con il presente. Rispetto al passato prossimo, il passato remoto indica una maggiore distanza psicologia.*

I pronomi relativi doppi *chi* e *ciò che*

Chi può manda i figli nelle scuole private.
= **Coloro/Quelli che** possono mandano i figli nelle scuole private.

*Chi è un pronome relativo doppio e sostituisce un pronome dimostrativo (***quello/quella***) +* **che**.
Chi si usa solo in relazione a esseri animati.

Questo è **quello che / ciò che** ho trovato.

Quando non ci si riferisce a esseri animati si usa **quello che / ciò che**.

1

16 GRAMMATICA 1

Cibo, che passione!

2

comunicazione

- Parlare del proprio rapporto con il cibo
- Parlare di gusti legati alla cucina
- Esprimere una preferenza
- Descrivere una pietanza
- Descrivere una procedura in modo chiaro

grammatica

- Gli indefiniti
- Il futuro anteriore
- Il congiuntivo con gli indefiniti
- La dislocazione a sinistra
- Ripresa e ampliamento del passivo: il *Si* passivante

lessico

alimenti
- coriandolo (_____)
- melone (_____)
- ceci (_____)
- melanzane (_____)
- fichi d'India (_____)

pasti
- merenda (_____)
- spuntino (_____)

utensili da cucina
- scolapasta (_____)
- portaposate (_____)
- bacchette (_____)
- tagliere (_____)
- vaporiera (_____)

aggettivi per descrivere il sapore
- croccante (_____)
- scotto (_____)
- insipido (_____)
- stucchevole (_____)

azioni per spiegare una ricetta
- friggere (_____)
- scolare (_____)
- sbucciare (_____)
- infarinare (_____)
- stufare (_____)

cibo, che passione!

1 Il valore del cibo
Guarda queste immagini. A cosa ti fanno pensare?

A quale foto corrispondono secondo te i seguenti binomi?

cibo = identità ☐   cibo = necessità ☐   cibo = passione ☐   cibo = socialità ☐

Quale valore ha per te il cibo? Parlane con altri compagni.

2 Io e il cibo
Pensa al tuo rapporto con il cibo. Quale delle seguenti definizioni lo descrive meglio? (Puoi indicare più di una alternativa). Confrontati con un compagno e motiva la tua scelta.

- a ☐ Sempre affamato
- b ☐ Appassionato di cucina
- c ☐ Amante delle diete
- d ☐ Filoetnico
- e ☐ Indifferente
- f ☐ Schizzinoso
- g ☐ Tradizionalista
- h ☐ Appassionato del mangiar fuori

cibo, che passione!

3 Dimmi come mangi e ti dirò chi sei
Quali delle definizioni viste al punto 2 corrispondono alle seguenti descrizioni?

1 ☐ "Ogni momento è buono per mangiare" è il suo motto. A colazione, a pranzo, a cena, a merenda e, perché no?, anche per lo spuntino di mezzanotte o quello tra la prima e la seconda digestione. Mangia praticamente sempre, anche nei momenti più impensabili. Spesso è il più invidiato da tutti, è quello dotato di una forma smagliante nonostante mangi chili di cibo al giorno.

2 ☐ Chiunque lo riconosce a occhi chiusi: ha la puzza sotto al naso e se fosse per lui mangerebbe anche il pane con forchetta e coltello. Odia i semini dei fichi d'india e dell'uva, per non parlare di quelli del melone. Non sopporta lo yogurt con i pezzi e mangia rigorosamente solo cibi biologici.

3 ☐ Entrare in casa sua vuol dire sentire solo odore di curry, cumino e coriandolo. Nel portaposate spesso spuntano le bacchette e in dispensa conserva oltre a cous cous e germogli di soia, la vaporiera e la pentola wok. Può capitare però che non abbia lo scolapasta e che non sappia cosa sia la pasta alla carbonara.

4 ☐ Trattoria, osteria, paninoteca, pizzeria, enoteca, tavola calda, qualsiasi luogo va bene, l'importante è che sia fuori casa. È così bello il via vai di gente, il cameriere che ti serve, il vino che non trovi al supermercato, le specialità dello chef. Certo, fino a quando il portafogli non comincia a piangere!

5 ☐ Pasta e fagioli, pasta e ceci, bistecca, pollo alla cacciatora, parmigiana di melanzane, lasagne. Sono questi i piatti che abbondano nel suo menù. Per lui esistono solo pasta, carne, formaggio, pesce, latticini, ingredienti prettamente italiani preparati magari con ricette della nonna… o della mamma.

6 ☐ Mangia, se mangia, una volta al giorno. È iperattivo e cibarsi è una perdita di tempo, quindi non c'è nessun motivo per sedersi a tavola tre volte al giorno.
Mangia qualsiasi cosa (tanto non riconosce neanche i sapori) e in qualunque luogo, in piedi davanti al frigorifero, per strada o seduto, preferibilmente davanti al PC, per risparmiare tempo!

da ifood.it

> Ha la puzza sotto il naso.

4 Parole, parole
Cerca nei testi le parole che fanno riferimento ai seguenti campi semantici, come negli esempi.

Cibi e spezie	Pasti	Luoghi in cui è possibile mangiare	Utensili da cucina
Pane, Fichi d'india, Uva,	Colazione,		

Quali dei cibi indicati non mancano mai nella tua cucina? Ce ne sono altri che mancano nella lista? Aggiungili e poi confrontati con un compagno.

LEZIONE 2 | 19

cibo, che passione!

5 Ancora utensili
Abbina i nomi degli oggetti alle loro foto e a una o due azioni, come nell'esempio.

Oggetti	vassoio	bilancia	tagliere	pentola	insalatiera	padella	coperchio
Foto	5						
Azioni	servire						

affettare   condire   coprire   friggere   lessare

mescolare   pesare   ripassare   *servire*   tagliare

6 Nessuno, ogni…
Nel testo del punto 3 sono presenti diversi aggettivi e pronomi indefiniti. Quali si usano come pronomi (al posto di un nome), quali come aggettivi (insieme a un nome) e quali possono essere usati sia come pronomi che come aggettivi?
Rifletti con un compagno e confrontati poi in plenum.

Paragrafo 1:   <u>Ogni</u> momento è buono
　　　　　　　È invidiato da <u>tutti</u>

Paragrafo 2:   <u>Chiunque</u> lo riconosce

Paragrafo 6:   Non c'è <u>nessun</u> motivo
　　　　　　　Mangia <u>qualsiasi</u> cosa, in <u>qualunque</u> luogo

cibo, che passione!

7 Indefiniamo...

La classe si divide in squadre. A turno, si lanciano due dadi e si forma una frase con l'indefinito a cui corrisponde il numero lanciato (es. 9: chiunque).
Se la frase è corretta il gruppo riceve un punto.

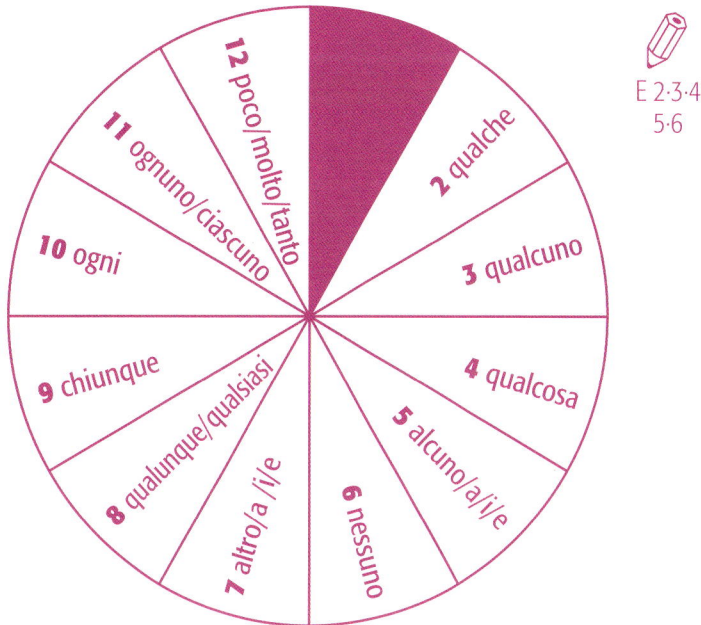

8 Dolce o salato?

Ascolta il dialogo e indica con una ✗ quali aggettivi vengono nominati e da chi (U= uomo, D= donna). Se necessario riascolta.

_____ salato ☐	_____ ordinario ☐	_____ gommoso ☐
_____ croccante ☐	_____ raffinato ☐	_____ amaro ☐
_____ scotto ☐	_____ stucchevole ☐	_____ piccante ☐
_____ sottile ☐	_____ leggero ☐	_____ delizioso ☐

9 Analizziamo

Nel dialogo compaiono tre forme al futuro anteriore. La prima è **evidenziata** nella prima battuta (sarà costato). <u>Sottolinea</u> e trova le altre due. Poi confronta con un compagno.

■ Mamma mia che meraviglia questo buffet! Gli <u>sarà costato</u> un sacco di soldi!
▼ Eh, sì, chissà!
■ Le crocchette le hai già assaggiate?
▼ Hmmm, no. Le assaggio quando avrò finito con i supplì...
■ Ma scusa, quanti te ne sei mangiati?
▼ Quattro. Sono fantastici! Salati al punto giusto, croccanti, il riso non è scotto. Li devi assolutamente provare!
■ No, grazie, sono piena. Mi sa che ho un po' esagerato con i dolci.
▼ Eh, lo so, lo so, il tuo debole sono i dolci. Io, invece, preferisco decisamente il salato. Ad esempio una bella pizza, magari napoletana!

■ Mah, non lo so. Il salato è ordinario, il dolce invece è raffinato...
▼ Per me è sempre meglio il salato! Il dolce dopo un po' è stucchevole, ti riempie subito.
■ Perché, la pizza invece no?
▼ No. Se è lievitata bene la pizza è leggera.
■ Se lo dici tu. E comunque io quella napoletana non la digerisco, è gommosa, troppo alta...
▼ Gommosa? Ma tu la vera pizza napoletana l'hai mai mangiata?
■ Senti, lo sai che ti dico? Adesso mi prendo un po' di sorbetto al limone, e poi quando avrò digerito assaggerò anche i tuoi deliziosi supplì.

cibo, che passione!

Hai capito come si forma il futuro anteriore? Completa la regola con le due parole della lista.

futuro   participio

Il **futuro anteriore** si forma con il _____ di *essere* / *avere* + _____ passato.

Che cosa esprimono i verbi al futuro anteriore usati nel dialogo?
Scrivi i verbi accanto alle funzioni corrispondenti.

Esprimere che un'azione avverrà una volta che un'altra si è conclusa.	
Fare un'ipotesi che si riferisce al passato.	

10 Che cosa dici?
Insieme a un compagno immagina cosa direste in queste situazioni. Scrivi delle frasi usando il futuro anteriore.

1. La mattina apri la porta e trovi un pacchetto sul tappetino.
2. Il tuo capo ti chiede di mandargli il verbale dell'ultima riunione, ma tu stai finendo di scriverlo.
3. Un tuo amico ti chiede il tuo parere sulla torta che ti ha offerto, ma tu non l'hai ancora assaggiata.
4. Un tuo amico ti chiede se ti piace il libro che stai leggendo, ma tu lo hai appena iniziato.
5. Stai cercando le chiavi della macchina, ma non ricordi proprio dove le hai messe.

E 7·8

11 La dislocazione a sinistra
Leggi le due possibili costruzioni della stessa frase. La prima è stata usata nel dialogo del punto **9**.
Secondo te perché la ragazza ha usato la prima costruzione (dislocazione a sinistra)? Scegli una risposta, poi confrontati con i compagni

1. Le crocchette le hai mangiate?   2. Hai mangiato le crocchette?

a. Per mettere in evidenza il tema "**mangiare**"
b. Per mettere in evidenza il tema "**tu**"
c. Per mettere in evidenza il tema "**crocchette**"

Trova nel testo l'altra frase costruita con la dislocazione a sinistra.

12 La cucina italiana nel mondo
Secondo te, perché la cucina italiana è così famosa nel mondo? Quali sono gli elementi che la rendono così famosa? Quali piatti italiani sono ormai diventati comuni anche nel tuo Paese? Parlane con altri compagni.

cibo, che passione!

13 Un'opinione

Leggi il titolo dell'articolo e copri con un foglio il testo. Insieme a un compagno fai delle ipotesi su quello che potrebbe essere il contenuto. Perché, secondo voi, il giornalista invita a non mangiare più cibi italiani?

Smettete di mangiare italiano

Ora leggi l'articolo e verifica se le vostre ipotesi erano giuste.

1. *Stop eating Italian food.* Smettete di mangiare italiano. Smettete di santificare chiunque abbia un cognome che finisce in vocale, e scrive libri di cucina. Smettete di assalire le pietanze con un bazooka travestito da tritapepe. Smettete di ordinare un cappuccino fumante dopo la pasta con le vongole e il brasato.
5. Non vale solo per gli americani, anche se sono i peccatori più volterosi. Vale per tutti gli stranieri: dicono d'amare il cibo italiano, ma spesso ne incoraggiano la parodia. Il successo planetario della nostra cucina è dovuto alla sua semplicità, alla sua imitabilità, al fatto d'essere salutare ed economica. Queste caratteristiche hanno portato la nostra tradizione in tutto il mondo. Entrate in qualunque business hotel e troverete due ristoranti: uno francese, con un nome come "La Clé d'Or": elegante, caro e semivuoto.
10. Uno italiano, chiamato "Da Gino" o qualcosa del genere: colorato, a buon mercato, allegro e affollato. Ma girando il mondo per lavoro, ho visto cose che voi umani (non italiani) non potete immaginare. Insegne con tricolori rovesciati, sbiaditi, invertiti. A Singapore, a Los Angeles, a Mosca e a Dubai ho assaggiato ovvietà maldestre spacciate per colpi di genio. A Londra, ho incontrato giovanotti arroganti che, dopo essere stati in TV, mettono un nome italiano al locale, e pensano di darcela a bere. Ma
15. questi sono aspetti folcloristici. L'attacco al cibo italiano è più insidioso perché involontario: i sabotatori agiscono, infatti, per amore. Ne ho parlato coi ristoratori italiani negli USA. Mi hanno spiegato che è un problema di tecniche e ingredienti: le prime si dimenticano, i secondi diventano introvabili o costosi. "Presto il legame con la cucina italiana diventa legame con la tradizione italo-americana. È un processo che non va deriso."
20. La spiegazione mi aveva quasi convinto. Poi ho scoperto che perfino la leggendaria cuoca Lidia Bastianich, a richiesta, serve cappuccino dopo cena. "Blasfemo", le ho detto. "Provi lei a rifiutarlo ai clienti", ha risposto. D'accordo, Lidia, accetto la sfida. Una sera vengo e ci provo. Punirne uno per educarne cento.

da Corriere della sera

> Smettete di santificare **chiunque abbia** un cognome che finisce in vocale

Indica con una ✗ se le seguenti affermazioni sono contenute nel testo.

Nell'articolo, Beppe Severgnini critica l'abitudine di alcuni stranieri a:
- **a** ☐ mettere troppo pepe nei piatti.
- **b** ☐ italianizzare i nomi di piatti non italiani.
- **c** ☐ ordinare il cappuccino dopo i pasti.
- **d** ☐ bere birra con gli spaghetti con le vongole.
- **e** ☐ usare nomi italiani per locali non italiani.
- **f** ☐ spacciare piatti locali per piatti italiani.
- **g** ☐ modificare ricette classiche italiane in base ai gusti del paese straniero.

LEZIONE 2 | 23

cibo, che passione!

14 A buon mercato
*Abbina ogni parola o espressione al suo significato nel testo del punto **13**, come nell'esempio.*

Riga	Parola o espressione	Significato
1	a ___ santificare	1 con colori poco vivaci
7	b ___ imitabilità	2 cosa poco interessante
10	c 3 a buon mercato	3 *economico*
12	d ___ sbiaditi	4 facilità nell'essere copiata
13	e ___ ovvietà	5 ingannarci
13	f ___ spacciate per	6 onorare in modo esagerato
14	g ___ darcela a bere	7 preso in giro
19	h ___ deriso	8 vendute come se fossero

15 Discussione
Lavora in un gruppo di quattro, assumi uno dei ruoli della lista e partecipa a una discussione dal titolo "La cucina italiana. Un mito ingiustificato?".

a Un cuoco italiano
b Un vegetariano
c Un esterofilo che mangia volentieri cucina etnica
d Una casalinga

16 Una ricetta
Ascolta il dialogo e scrivi sotto alle due foto il nome della ricetta corrispondente.

_____   _____

Riascolta e metti in ordine le varie fasi della preparazione della ricetta dei carciofi alla giudia.

_____ scolare
_____ condire
_____ togliere le foglie esterne
_____ friggere

_____ sbattere i carciofi a testa in giù su un ripiano
_____ mettere in una ciotola con acqua e limone
_____ farli asciugare
_____ friggere

LEZIONE 2

cibo, che passione!

17 Passivo, passivo

<u>Sottolinea</u> *nella trascrizione del dialogo le forme passive, come negli esempi.*

- ■ Allora signora, tutto bene? Le sono piaciuti i carciofi alla giudia?
- ▼ Sì, deliziosi! Senta, ma qual è la differenza tra quelli alla giudia e quelli alla romana?
- ■ Beh, detto in due parole, diciamo che i carciofi alla romana sono una variante povera di quelli alla giudia, nel senso che non **vengono fritti**, ma stufati, sono cotti cioè in un tegame con olio extra vergine d'oliva, un po' d'acqua e vino bianco.
- ▼ Quelli alla giudia invece sono fritti.
- ■ Esatto. Secondo la ricetta tradizionale due volte.
- ▼ Ah, però!
- ■ Comunque per prima cosa vanno usati i carciofi giusti, quelli romaneschi. Ha presente, no? Quelli belli grandi…
- ▼ Sì, sì.
- ■ Indipendentemente da quale ricetta si voglia fare, **si sbucciano**, si tolgono cioè le foglie esterne, quelle più dure e poi si immergono per una decina di minuti in acqua e limone per non farli diventare neri.
- ▼ Ok, acqua e limone.
- ■ Poi si asciugano bene, si battono a testa in giù su un ripiano, un tagliere ad esempio, in modo che le foglie si aprano e poi si friggono in olio abbondante…
- ▼ Extra vergine.
- ■ E certo. Se non ha una friggitrice, in una pentola perché devono essere proprio immersi nell'olio. Poi quando sono pronti vanno messi a scolare a testa in giù e alla fine vengono conditi con sale e pepe. Poi, una volta che si sono raffreddati un po' si passa alla seconda frittura. Che sarà chiaramente più rapida.
- ▼ Ah, non è difficile allora. E quelli alla romana invece?
- ■ Beh, la differenza appunto è che quelli alla romana non vanno fritti, ma cotti in una pentola e che nel cuore del carciofo va messo un ripieno fatto con mentuccia, aglio, prezzemolo, olio sale e pepe.

Inserisci nello schema i verbi che hai sottolineato nella trascrizione.

Esempi di forme passive con il verbo *essere*	
Esempi di forme passive con il verbo *venire*	
Esempi di forme passive con il verbo *andare*	
Esempi di forme passive con verbo modale + *essere*	
Esempi di *si* passivante (pronome personale *si* + verbo)	

Quali delle forme usate esprimono un obbligo? _____

In quale di queste due frasi si ha una funzione passiva e in quale una impersonale?

- **a** ☐ In questo ristorante si mangia bene.
- **b** ☐ In questo ristorante si mangiano piatti tipici romani.

E 9-10

LEZIONE 2 | 25

cibo, che passione!

18 I cinque sensi in cucina
Associa le parole della lista, presentate nel corso di questa lezione, ad uno o più sensi. Poi confrontati con i compagni motivando le tue scelte.

	udito	olfatto	gusto	vista	tatto
scolapasta croccante fagioli latticini piccante friggere scotto condire sbucciare carciofo olio EVO[1] aglio frigorifero					

[1] EVO: Extra Vergine d'Oliva

19 Un piatto tipico
Scrivi una ricetta tipica del tuo Paese immaginando di doverla postare su un blog di cucina. Usa, dove possibile, il passivo.

20 Slow food
Ascolta e poi insieme a un compagno prova a rispondere oralmente alle domande. Ascoltate tutte le volte necessarie e quando vi sentite sicuri scrivete due parole chiave per ogni risposta. Confrontatevi poi con un'altra coppia e insieme decidete quali sono le parole chiave più appropriate. Alla fine confrontatevi con tutta la classe.

1. Quando e dove è nato il movimento Slow Food?

2. Qual è il motto e cosa significa?

3. Quali sono i cambiamenti avvenuti in fatto di alimentazione negli ultimi anni?

4. Come agisce concretamente Slow Food?

video e grammatica

Vai su *www.alma.tv* nella rubrica In viaggio con Sara e guarda il video **Milano | Seconda parte**.
Scrivi su un quaderno tutti le caratteristiche del mercato metropolitano (peculiarità del progetto, prodotti in vendita, persone da cui è frequentato, ecc.). Poi confrontati con un compagno e con il resto della classe.

Grammatica

Gli indefiniti

Nessuno studente dovrebbe avere paura a scuola.
Nessuno ha paura / Non ha paura **nessuno**.
Ho letto **tutto** il romanzo.
Hai mangiato **tutto**?
Ogni momento è buono.
Non ho fatto **niente**!
Hai in mente **qualcuno**?
Ciascuno studente può partecipare al corso.
Ciascun uomo avrebbe diritto a un posto di lavoro.
Ciascuna risposta conta.

*Gli **indefiniti** sono aggettivi o pronomi (qualche volta anche avverbi) che si riferiscono a qualcosa di non determinato (nel numero, nella quantità o nella qualità). In molti casi lo stesso indefinito può essere aggettivo, se accompagna un sostantivo, o un pronome, quando lo sostituisce. Sono solo aggettivi:* **ogni**, **qualche**, **qualsiasi**, **qualunque**. *Sono solo pronomi:* **nulla**, **niente**, **qualcuno**.
Ciascuno *e* **nessuno** *come aggettivi hanno le forme simili a quelle dell'articolo indeterminativo.*
La forma femminile è sempre **ciascuna**.

Il congiuntivo con gli indefiniti

Qualunque cosa tu **dica** ti ascolterò.
Dovunque vada, io la seguirò.

Quando una frase dipendente è introdotta da **chiunque**, **dovunque**, **comunque**, **qualunque**, *di solito si usa il congiuntivo.*

Il futuro anteriore

Te lo dirò quando li **avrò assaggiati**.
Ti saprò dire com'è la casa quando l'**avrò vista**.
Stamattina Luisa non è venuta a scuola. **Sarà stata** male!

*Generalmente il **futuro anteriore** si usa per indicare un evento futuro che accade prima di un altro fatto futuro.*
Il futuro anteriore può indicare anche un'ipotesi che si riferisce al passato.

La dislocazione a sinistra

I **supplì** (oggetto) **li** hai assaggiati?
La vera **pizza** (oggetto) **l'**hai mai mangiata?
Marco **lo** conosci, vero?
Il **biglietto l'**hai preso tu?

Nella dislocazione l'oggetto diretto o indiretto vengono spostati (o dislocati) all'inizio della frase (cioè a sinistra del verbo), e quindi ripresi da un pronome.
Questa costruzione è tipica della lingua parlata.

Ripresa e ampliamento del passivo: il *si* passivante

Qui **si vendono** i biglietti dell'autobus = Qui vengono venduti i biglietti dell'autobus.
In questa scuola **si studiano** più lingue straniere.
Tutti i dolci **si fanno** con ingredienti naturali.

In estate **si mangia** il gelato. / In estate **si mangiano** i gelati.
L'anno scorso **si sono letti** pochi libri.
In Italia si mangia bene → *si impersonale*
In Italia si mangia molta pasta → *si passivante*

Il **si** *passivante viene usato in costrutti con valore passivo e si forma con la particella* **si** *+ la terza persona singolare o plurale di un verbo transitivo attivo. Dunque usiamo la costruzione con il si passivante per creare la forma passiva.*

Il **si** *passivante si utilizza solo con soggetto della terza persona singolare o plurale.*
Nei tempi composti l'ausiliare è sempre **essere**.
In presenza di un verbo intransitivo o transitivo senza oggetto espresso, il **si** *non ha mai valore passivante, ma soltanto impersonale.*

facciamo il punto 1

Bilancio

Cose nuove che ho imparato

☐ Riflettere sul mio percorso scolastico e parlarne con altre persone
☐ Esprimere la mia opinione sull'importanza dello studio
☐ Descrivere dettagliatamente una ricetta
☐ Espressioni legate al cibo
☐ Espressioni legate alla scuola

Progetto

Il vostro ricettario

1. Lavora con un gruppo di compagni e preparate un ricettario con delle ricette tipiche del Paese o dei Paesi da cui venite. Il ricettario dovrà contenere una ricetta per i seguenti gruppi: 1. Vegetariani 2. Tradizionalisti 3. Golosoni 4. Ricette per chi ha poco tempo. In classe mettetevi d'accordo sui piatti che volete presentare e dividetevi poi all'interno del gruppo le ricette da preparare. Se necessario potete aiutarvi con Internet.
2. In base alla vostra creatività potete arricchire il ricettario con i materiali che preferite: foto, disegni, infobox sulla storia dei piatti presentati, ecc.
3. In una fase successiva ogni gruppo presenta le proprie ricette al resto della classe. Il ricettario migliore verrà poi premiato per alzata di mano.

Per approfondire

Film consigliati

La Scuola
regia Daniele Luchetti, 1995

Un divertente affresco di una scuola della periferia romana.

Auguri professore
regia Riccardo Milani, 1997

La storia di una passione per l'insegnamento.

Il rosso e il blu
regia Giuseppe Piccioni, 2012

Altro quadretto di una moderna scuola italiana.

Libri consigliati

Passami il sale
di C. Sereni, Rizzoli, 2002

La storia della scommessa di una donna con se stessa e i propri ideali, un romanzo singolare sull'impegno e sulla politica.

Il ladro di merendine
di A. Camilleri, Sellerio, 1996

Il primo giallo della serie del Commissario Montalbano.

L'assaggiatrice
di G. Torregrossa, Rubbettino, 2010

Angela viene abbandonata dal marito che sparisce nel nulla. Un po' per necessità e un po' per occupare il tempo decide di aprire un piccolo chiosco dove si degustano specialità siciliane.

Siti internet

www.gamberorosso.it

Sito di gastronomia italiana.

E tu, come fai a saperlo? 3

comunicazione

- Trasmettere e riferire informazioni
- Esprimere percentuali e statistiche e commentarle
- Inquadrare un fatto in un secolo passato
- Riportare un evento o un fatto storico
- Argomentare e discutere il proprio punto di vista in contesti informali

grammatica

- Verbi con preposizioni
- Gli avverbi di tempo: *Allora, Un giorno*
- Il discorso indiretto: ripresa e ampliamento (il discorso indiretto introdotto da *Di*)
- I numerali come sostantivi
- Uso del condizionale per esprimere una notizia poco certa
- L'espressione *Non perché* + congiuntivo
- Le frasi interrogative indirette

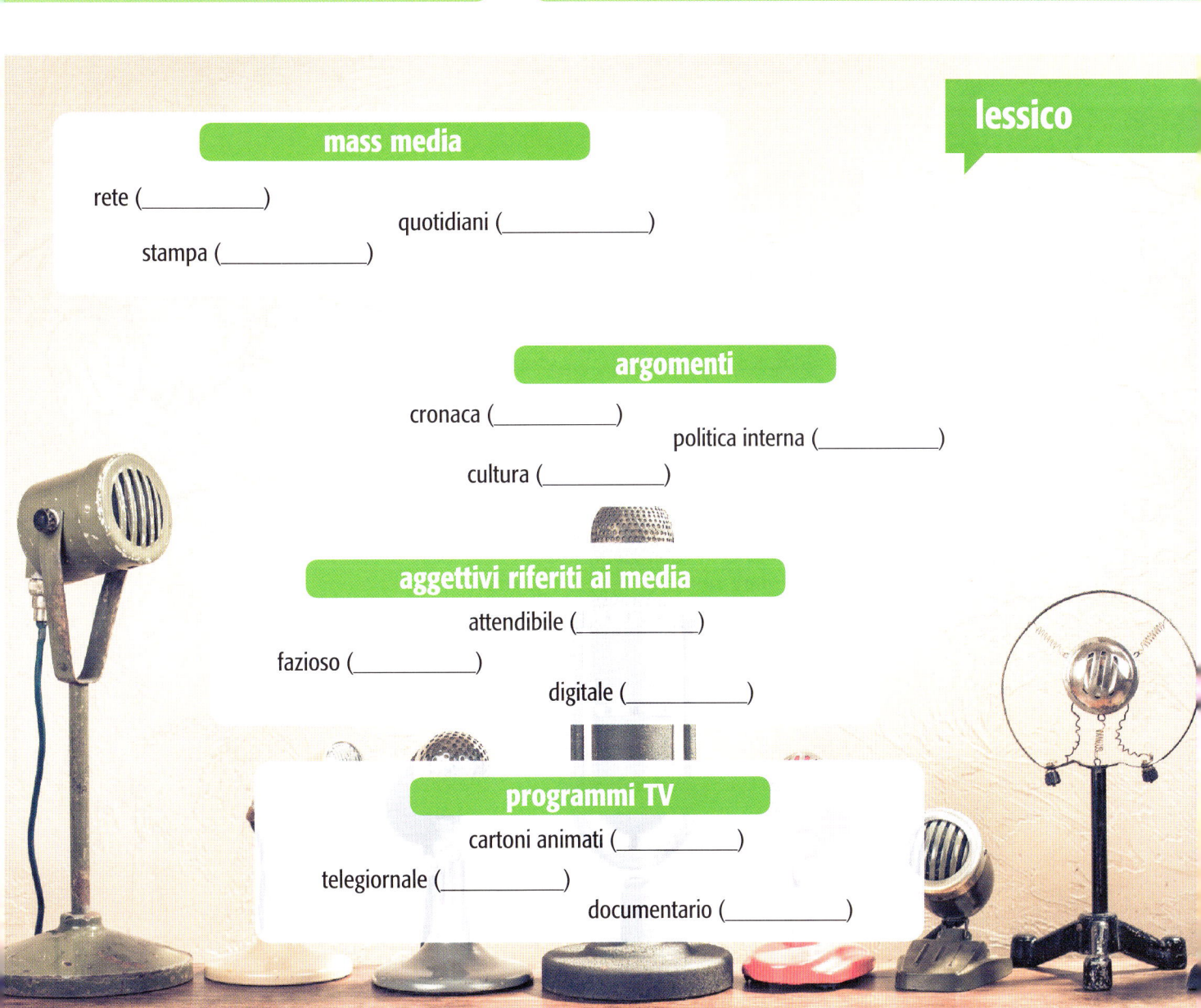

lessico

mass media
rete (_____)
quotidiani (_____)
stampa (_____)

argomenti
cronaca (_____)
politica interna (_____)
cultura (_____)

aggettivi riferiti ai media
attendibile (_____)
fazioso (_____)
digitale (_____)

programmi TV
cartoni animati (_____)
telegiornale (_____)
documentario (_____)

e tu, come fai a saperlo?

1 Come ti informi?
Rispondi al questionario e poi confrontati con un compagno.

1 Attraverso quali fonti ti informi sui fatti di tutti i giorni?
- ☐ TV
- ☐ Radio
- ☐ Giornale
- ☐ Internet
- ☐ Varie fonti
- ☐ Altro

2 Come ti definiresti?
- ☐ Un lettore / ascoltatore saltuario
- ☐ Un accanito lettore / ascoltatore digitale
- ☐ Un fedele della carta stampata
- ☐ Un ibrido

3 Quali temi segui maggiormente?
- ☐ Politica interna
- ☐ Politica estera
- ☐ Cronaca
- ☐ Economia
- ☐ Cultura
- ☐ Sport
- ☐ Tecnologia

4 Ti capita di condividere notizie sui social media?
- ☐ Sì
- ☐ Mai
- ☐ Qualche volta

5 A quale fonte di informazione attribuiresti i seguenti aggettivi (puoi indicare più fonti):
- Attendibile _____
- Obiettivo _____
- Pratico _____
- Immediato _____
- Superficiale _____
- Libero _____

6 Secondo te, qual è la principale fonte di informazione degli italiani?
- ☐ TV
- ☐ Radio
- ☐ Giornali
- ☐ Internet
- ☐ Social media

e tu, come fai a saperlo?

2 Come si informano gli italiani?

Osserva i grafici e verifica le tua risposta alla domanda n° 6 del punto **1**.

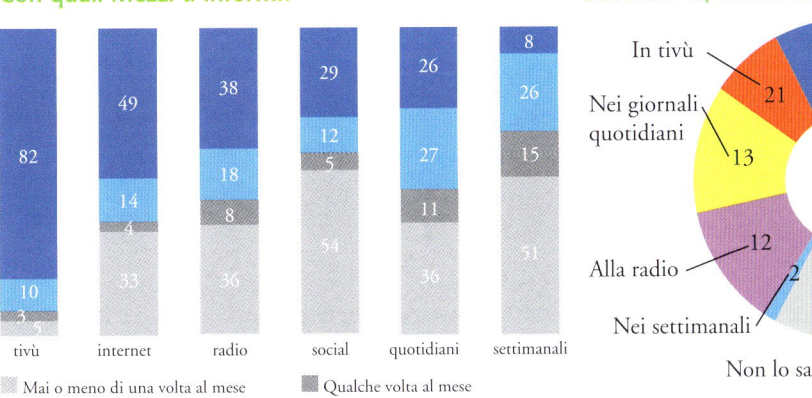

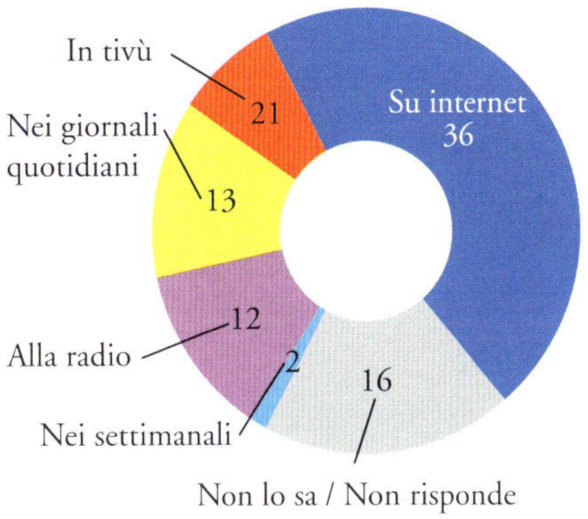

Ora completa il testo con le parole della lista.

convinzione	digitale	informazione	intervistati	media
novità	novità	prudenza	utenti	

FORSE è iniziata l'era del disincanto _____. Lo suggerisce l'Osservatorio Demos-Coop su "Gli italiani e l'informazione". Per la prima volta infatti, Internet viene guardato con _____ dagli stessi _____ abituali della rete. La televisione si conferma il canale di _____ più consultato. È, infatti, frequentato, quotidianamente, dall'82% degli _____. Mentre il 49% afferma di informarsi ogni giorno attraverso Internet, il 38% mediante la radio. Il 26%, infine, sui quotidiani. La TV, appunto, continua a essere frequentata, quotidianamente, da 8 italiani su 10. Perlopiù, come si è detto, in combinazione con altri _____. Ma per oltre 2 su 10 si tratta dell'unico luogo attraverso cui si accede all'informazione. Neppure se spostiamo l'attenzione dai canali ai programmi di informazione si osservano grandi _____. In termini di fiducia, l'atteggiamento verso i Tg conferma, infatti, le tendenze degli ultimi anni. Nel complesso, il credito nei confronti di tutti i notiziari tiene, oppure cresce, anche se di poco. La sola, vera, _____ di questo Atlante dell'Informazione, è, però, costituita dal disincanto verso Internet. Certo: resta ancora lo spazio dove l'informazione appare più libera e indipendente (36%). Ma questa _____ appare in calo significativo. Anche la fiducia nella rete sta diminuendo. Oggi è espressa dal 37% degli italiani. Così gli italiani navigano su Internet, sempre più numerosi, per sempre più tempo. Ma si sentono osservati e sempre meno sicuri. Così, anche se non si fidano, per distrarsi un po', continuano a guardare la TV.

da *La Repubblica*

> L'82% si informa tramite la TV.
> Il 38% tramite la radio.
> Due su dieci guardano la TV.

E1

LEZIONE 3 | 31

e tu, come fai a saperlo?

Indica quali delle seguenti informazioni sono contenute nel testo.

1. ☐ La TV resta la principale fonte di informazione degli italiani.
2. ☐ Gli italiani preferiscono la web TV a quella classica.
3. ☐ Per informarsi, meno della metà degli italiani sceglie la radio.
4. ☐ Moltissimi italiani condividono le notizie sui social media.
5. ☐ La fiducia nei telegiornali è rimasta costante.
6. ☐ Secondo le statistiche sta diminuendo la fiducia nella rete.
7. ☐ La lettura dei quotidiani online, come quella dei cartacei, è in calo.

3 Preposizioni

Quali preposizioni accompagnano i seguenti verbi? Prova a inserire le preposizioni corrette, poi verifica sul testo del punto **2**.

trattarsi _____   accedere _____   continuare _____   navigare _____

4 Un'indagine in classe

La classe si divide in due gruppi. Ogni gruppo prepara cinque / sei domande sul tema dell'informazione. I gruppi poi si intervistano ed elaborano una statistica dei dati raccolti.

| Leggi regolarmente il giornale? → | La maggioranza della classe legge il giornale online. |
| Se sì, lo leggi cartaceo o online? → | Solo due su tre leggono il giornale online. |

E 2

5 Tutti gli occhi su Marte

Leggi queste informazioni tratte da alcuni quotidiani italiani. Ne avevi già sentito parlare? Parlane con un compagno.

1. ☐ L'Italia ha una grande tradizione di planetologia.
2. ☐ Marte è il pianeta più simile alla Terra.
3. ☐ Nell'Ottocento un italiano ipotizzò la presenza di acqua su Marte.
4. ☐ Alcuni scienziati sostengono che l'uomo arriverà su Marte.
5. ☐ La maggioranza, fra i conoscitori del pianeta rosso, scommette sulla presenza di una qualche traccia di vita.

Ora ascolta il dialogo e indica quali delle informazioni su Marte che hai letto, vengono effettivamente fornite da Davide.

LEZIONE 3

e tu, come fai a saperlo?

Leggi la trascrizione e verifica.

- "Salva grazie allo yoga". Però! Senti qui: "Una donna dice di essersi salvata dopo un brutto incidente grazie alla respirazione yoga e consiglia a tutti di esercitarlo". Allora, hai capito? Dobbiamo fare yoga!
- Hmmmm…
- Davide, scusa, ma mi ascolti?
- Sì, sì, scusa, sto leggendo un articolo interessantissimo sulla martemania.
- Sulla marte che?
- Martemania. Il mito di Marte. È un'intervista al caporedattore della rivista *Scienze*.
- Ah!
- A quanto pare sembra che già nell'antichità ci fosse quest'attrazione. Parla di uno scienziato, un certo Giovanni Schiaparelli, che nell'Ottocento scoprì sul pianeta rosso dei canali che definì mari. Da quanto ho capito, già allora si pensava che su Marte ci fossero forme di vita. È da lì che poi si è diffuso il mito dei marziani.
- Ah, vedi, non ci avevo mai pensato che la parola fosse collegata con Marte, giusto!
- E adesso il fatto che abbiano confermato la presenza dell'acqua riapre le ipotesi sull'esistenza di vita sul pianeta.
- I marziani!
- Ma no, si parla chiaramente di microorganismi. E comunque non escludono che un giorno l'uomo possa mettere piede su Marte.
- Mah! Avevano anche detto che un giorno sarebbe stato possibile per chiunque andare sulla Luna.
- E forse un giorno sarà così, chi lo sa?
- E chi lo sa, chi lo sa… a proposito di Marte e marziani, tua cugina Marta aveva detto che sarebbe venuta a trovarci questo fine settimana!
- Ah, Marta! Cavoli! Mi aveva chiesto se poteva venire con il suo nuovo compagno e io ancora non le ho risposto, che figuraccia!
- Ecco, che dico io sempre? Vivi su un altro pianeta!

E 3·4

| A quanto pare… | Nell'Ottocento, nel Quattrocento… | **Allora** si pensava che… |
| Da quanto ho capito… | | **Un giorno** sarà possibile andare su Marte. |

6 Ha detto che…
Trasforma le frasi e poi verifica sulla trascrizione del dialogo del punto **5**.

Discorso diretto	Discorso indiretto
Mi sono salvata grazie alla respirazione yoga.	Dice _____
Esercitatelo!	Consiglia _____
Un giorno sarà possibile per chiunque andare sulla Luna.	Avevano detto che _____
Verrò a trovarvi questo fine settimana.	Aveva detto che _____
Posso venire con il mio nuovo compagno?	Mi aveva chiesto _____

LEZIONE 3 | 33

e tu, come fai a saperlo?

In base agli esempi completa le regole di trasformazione dal discorso diretto a quello indiretto.

1 Se il soggetto della principale è lo stesso di quello della secondaria, nel discorso indiretto si può usare anche l' _____ introdotto dalla preposizione _____.

2 L'imperativo si trasforma in _____ introdotto dalla preposizione _____.

3 In un discorso indiretto introdotto da un verbo al passato, il futuro si trasforma in _____.

4 Se nel discorso diretto c'è una domanda senza pronome interrogativo, la frase nel discorso indiretto è introdotta da _____.

E 5-6

7 Passaparola

A turno, insieme a un compagno, trasforma queste notizie al discorso indiretto. Fai attenzione all'indicazione temporale.

Tre anni fa
I partecipanti alla conferenza sul clima:
> Abbasseremo la temperatura entro il 2025.

Domenica
Il Papa:
> Voglio riformare ancora molte cose all'interno della Chiesa cattolica.

L'anno scorso
Presidente dell'AS Roma:
> Il prossimo anno vinceremo lo scudetto!

Ieri
Il sindaco:
> Domenica lasciate la macchina a casa e andate a piedi!

Due giorni fa
Uno scienziato:
> Abbiamo confermato la presenza di acqua su Marte.

L'altro ieri
Una modella:
> Mi sono stancata di essere perennemente a dieta!

Due anni fa
Un politico:
> Faremo di tutto per combattere l'evasione fiscale.

e tu, come fai a saperlo?

8 Un articolo di cronaca
Leggi l'articolo, trova le 5 informazioni principali e completa la tabella.

> **GENOVA, 27 MAR** - Una ragazza milanese di 24 anni si è schiantata contro il muro di una galleria in A12 perché il suo gatto, che era riuscito a liberarsi dalla gabbietta, le è saltato in collo in cerca di coccole. La donna ha perso per questo il controllo della Suzuki Vitara sulla quale viaggiava. Nell'urto la macchina è andata completamente distrutta. La ragazza ha riportato solo ferite lievi ma il gatto è scappato.

dove _____Genova_____
quando _____
chi _____
che cosa _____
come _____

Prendi il libro di un tuo compagno e completa, con elementi di fantasia, la tabella qui sotto. Poi riprendi il tuo libro e scrivi un breve articolo di cronaca basandoti sugli elementi indicati dal tuo compagno.

dove _____
quando _____
chi _____
che cosa _____
come _____

9 Libertà di parola per tutti?
Copri il testo di Umberto Eco con un foglio e prova a ipotizzare come continua la frase iniziale. Poi confronta con i compagni. Alle fine leggi l'articolo.

"I social media danno _____"

I social media danno diritto di parola a legioni di imbecilli. Parola di Umberto Eco, che ha attaccato così internet dopo aver ricevuto all'Università di Torino la laurea *honoris causa* in "Comunicazione e Cultura dei media". *Prima* - ha detto Eco - *parlavano solo al bar dopo un bicchiere di vino, senza danneggiare la collettività. Venivano subito messi a tacere, mentre ora hanno lo stesso diritto di parola di un Premio Nobel.*
Per Eco il web sarebbe un vero e proprio "dramma" perché promuoverebbe *lo scemo del villaggio a detentore della verità*. La struttura di Internet, secondo Eco, favorirebbe infatti, il proliferare di bufale[1]. E in proposito ha affermato anche che il ruolo dei giornali in tal senso è importante perché dovrebbero *filtrare con équipe di specialisti le informazioni di internet perché nessuno è in grado di capire oggi se un sito sia attendibile o meno.*

da *L'Huffington Post*

[1] bufale: imbrogli, notizie non vere e inventate

e tu, come fai a saperlo?

Ora leggi due reazioni all'affermazione di Eco, apparse su alcuni quotidiani italiani.

Chiarissimo professor Eco, mi dispiace contraddirLa, ma su Internet si sbaglia. E si sbaglia proprio dal principio, ovvero da quando afferma che «i social media danno diritto di parola a legioni di imbecilli». Non perché l'affermazione non sia vera, ma perché anche gli «imbecilli» hanno il diritto di esprimersi. La nostra Costituzione, infatti, non concede la libertà di espressione solo ai premi Nobel, ai «colti» o agli «intelligenti»: la libertà di parola è assicurata a tutti.

Juan Carlos de Martin, *La Stampa*

Non è la Rete ad aver creato gli imbecilli; sono gli imbecilli che hanno trovato la Rete. In assenza di internet, avrebbero trovato qualcos'altro. Ecco perché detesto l'espressione "popolo delle Rete" (che Umberto Eco, uomo intelligente, non ha usato): perché lascia intendere che la Rete sia qualcos'altro. Invece è lo specchio della società. E ogni società contiene una quota fisiologica di imbecilli, di arroganti, di presuntuosi. L'Italia è uno dei Paesi sul pianeta a utilizzare di più internet. È chiaro che dentro finisce di tutto, ed è giusto. Bisogna apprezzare il fatto che tutti abbiano la possibilità di esprimersi e usare strumenti professionali di comunicazione. Va bene così.

Beppe Severgnini, *Italians, Il Corriere della sera*

Indica a chi corrispondono le seguenti opinioni, Umberto Eco (E), Juan Carlos de Martin (M) o Beppe Severgnini (S). Attenzione: alcune opinioni si possono attribuire a più di un personaggio.

	E	M	S
1 Chi un tempo esprimeva la propria opinione in privato non danneggiava la comunità.	☐	☐	☐
2 È normale che sulla rete non si possano selezionare gli interventi.	☐	☐	☐
3 Le persone colte non sono le uniche a poter esprimere la loro opinione.	☐	☐	☐
4 Chi dice stupidaggini su Internet le avrebbe dette, senza la rete, in altri contesti.	☐	☐	☐
5 In un paese democratico tutti hanno diritto di dire ciò che pensano.	☐	☐	☐
6 Con l'avvento di Internet ognuno si sente chiamato a esprimersi.	☐	☐	☐

e tu, come fai a saperlo?

10 Sinonimi
Cerca nei testi l'equivalente delle seguenti definizioni.

Eco	stare in silenzio	
	colui che possiede	
	il diffondersi	
de Martin	dire una cosa diversa da quanto affermato da un'altra persona	
	dire qualcosa con fermezza / certezza	
	permettere, dare	
Severgnini	non sopportare, odiare	
	capire, intuire	
	giudicare positivamente	

11 Uso del condizionale
*Nel testo di Umberto Eco del punto **9** compaiono alcune frasi con un uso particolare del condizionale. Leggile qui sotto e insieme a un compagno decidi che valore ha.*

Per Eco il web **sarebbe** un vero e proprio "dramma" perché **promuoverebbe** "lo scemo del villaggio a detentore della verità". La struttura di Internet, secondo Eco, **favorirebbe** infatti, il proliferare di bufale.

- **a** Esprime un desiderio
- **b** Esprime un'ipotesi non confermata
- **c** Esprime un progetto futuro
- **d** Esprime una richiesta cortese

E 7-8

> **Non perché** l'affermazione non **sia** vera.

12 Io dico che...
In coppia scegliete un ruolo e fate un dialogo.

A
Condividi appieno la tesi di Umberto Eco. Anche secondo te Internet è diventata una sorta di piazza in cui chiunque può dire ciò che pensa senza riflettere sui contenuti e senza pensare alle conseguenze. Secondo te bisognerebbe introdurre un organo di controllo su ciò che si scrive sui social e sui blog.

B
La tesi di Umberto Eco ti sembra elitaria e non la condividi affatto. È giusto che tutti possano dire sempre e ovunque ciò che pensano; è questa, in fondo, una delle grandi conquiste della democrazia.

e tu, come fai a saperlo?

13 Cosa danno in TV?

Hai mai visto la TV in Italia? Conosci qualche programma che viene trasmesso anche nel tuo Paese? Quali sono i tuoi programmi preferiti? Parlane in piccoli gruppi.

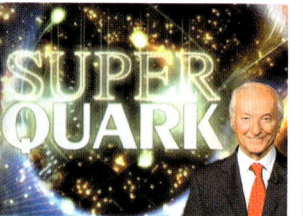

Ora copri con un foglio la trascrizione qui sotto, ascolta il dialogo e indica di quali generi televisivi si parla.

a	quiz	d	talent show	g	film	l	cartone animato
b	telegiornale	e	talk show	h	fiction	m	serie TV
c	telefilm	f	reality	i	documentario		

Leggi la trascrizione e verifica di quali generi televisivi si parla.

■ Carlo, hai visto *Che tempo che fa* ieri sera?
▼ Le previsioni?
■ Sì, va be', le previsioni… ma dai! Davvero non conosci *Che tempo che fa*?
▼ No, veramente no.
■ Beh, è un programma cult della TV italiana, con Fabio Fazio, lo danno su Rai Tre. È un mix tra talk show e intrattenimento.
▼ Mai visto. E comunque io la TV non la guardo ormai da anni. Anzi mi chiedo come facciate a guardarla ancora voi. Troppi canali, pochi contenuti, trasmissioni tutte uguali, quiz e fiction in tutte le salse e telegiornali inguardabili e faziosi.
■ Una posizione un po' radicale, non ti sembra?
▼ <u>No, non direi</u>. Scusa, mi dici tu a che serve la TV oggi nell'epoca del web?
● Beh, <u>tutti i torti Carlo non ce li ha</u>, in effetti la qualità è decisamente scaduta.
■ Mah, <u>io non sono del tutto d'accordo però</u>. Dei programmi intelligenti secondo me ancora ci sono. *Pane quotidiano*, *Presa diretta*, *Gazebo*…
● *Gazebo* <u>è senza dubbio</u> un programma intelligente, solo non capisco perché lo trasmettano così tardi!
▼ Non lo conosco.
■ Lo danno su Rai tre alle 23.30. Il conduttore, Diego Bianchi, propone settimanalmente dei reportage video, realizzati da lui stesso sul posto, che vengono poi discussi e commentati in studio con gli ospiti.
▼ Io non metto in dubbio che dei programmi decenti ci siano, però <u>il punto è</u> se la TV oggi come oggi abbia ancora senso.

Cerca nel dialogo, tra quelle sottolineate, le espressioni usate per:

1 confermare la validità di una tesi _____
2 dare in parte ragione a qualcuno _____
3 esprimere un'opinione diversa _____
4 focalizzare il nodo della discussione _____
5 negare qualcosa detto da altri _____

LEZIONE 3

e tu, come fai a saperlo?

14 Domande indirette
Guarda le frasi estratte dal dialogo e completa la regola scegliendo l'alternativa corretta.

- **Io mi chiedo** come facciate a guardarla ancora.
- **Non capisco perché** lo trasmettano così tardi.
- **Il punto è** se la TV oggi come oggi abbia ancora senso.

> Le frasi usate nel dialogo si definiscono interrogative indirette e possono andare all'indicativo o al congiuntivo. L'uso del congiuntivo esprime una **maggior / minor** accuratezza stilistica oppure un dubbio **meno / più** forte nella domanda.

Confronta con un compagno. Poi cercate insieme la quarta interrogativa indiretta nella trascrizione del dialogo del punto **13**. *Alla fine verifica con tutta la classe.*

15 Un po' di storia della TV
Riformula le domande usando la forma interrogativa indiretta al congiuntivo e scrivile sopra la risposta corrispondente. Inizia le domande con: mi chiedo / mi domando / non so *come nell'esempio.*

Quando è nata la TV in Italia?   Quanti canali esistevano all'inizio?

Che funzione aveva la TV all'inizio?   *Quanti canali esistono oggi?*

Quali sono i programmi più seguiti?   Quando è nata la TV a colori?

Mi domando quanti canali esistano oggi.
Tantissimi: tre della TV di Stato, quelli del gruppo *Mediaset*, *La Sette* e molti altri.

_____
Nel 1954.

_____
Inizialmente solo uno: *Rai UNO*.

_____
Principalmente un intento pedagogico.

_____
Nel 1977.

_____
Il *Festival di Sanremo*, alcune serie TV e *Striscia la notizia*.

16 Viva la radio
In piccoli gruppi confrontatevi sui seguenti punti.

- Il tuo rapporto con la radio (se, quando, dove la ascolti; cosa ascolti).
- Il ruolo della radio nel tuo Paese.

Ora ascolta l'intervista e indica quali delle seguenti affermazioni sono vere.

- [a] Secondo gli ultimi dati gli ascoltatori radiofonici sono invariati.
- [b] La fiducia nei confronti della radio è aumentata.
- [c] La radio si è adattata bene alla diffusione del digitale.
- [d] La radio è un media flessibile.
- [e] Solo per i giovani si è registrato un aumento degli ascolti.
- [f] La maggioranza degli utenti ascolta la radio sullo smartphone.
- [g] L'attendibilità della radio secondo molte persone è maggiore rispetto a quella della TV.

video e grammatica

'ALMA.tv

Vai su *www.alma.tv* nella rubrica Grammatica Caffè e guarda il video **L'italiano dei giornali**.
Scrivi su un quaderno le caratteristiche della lingua dei giornali italiani e rifletti sulle differenze con quelle dei giornali del tuo Paese. Poi confrontati con un compagno e con il resto della classe.

Grammatica

Uso della preposizione *su*

Una persona **su** 20.
Tre studenti **su** 100.

*La preposizione **su** viene usata per indicare una certa percentuale.*

Il discorso indiretto. Ripresa e ampliamento

"Arriveremo di notte." → Hanno detto che **sarebbero arrivati** di notte.

*Se la frase principale che introduce il discorso indiretto è al passato, cambiano i tempi verbali. (Vedi anche Nuovo Espresso 3). Il futuro semplice diventa **condizionale passato**.*

"Mi sono salvata grazie alla respirazione yoga." → Elena dice **che si è salvata** / **di essersi salvata** grazie allo yoga.

Se il soggetto della frase principale è lo stesso di quella secondaria, si possono usare due costruzioni: quella esplicita o quella implicita.

"Prendi la macchina fotografica!" → Mi ha consigliato **di** prendere la macchina fotografica.

*Nel discorso indiretto l'imperativo si trasforma in **infinito** introdotto dalla preposizione **di**.*

"Alla festa viene anche tua sorella?" → Mi ha chiesto **se** alla festa viene anche mia sorella.

*Se nel discorso diretto c'è una domanda senza pronome interrogativo, la frase nel discorso indiretto è introdotta da **se**.*

L'espressione *non perché* + congiuntivo

Non perché l'affermazione non **sia** vera.

*All'espressione **non perché** segue il congiuntivo.*

Le frasi interrogative indirette

"Mi presti il tuo cellulare?" → **Mi ha chiesto se** le prestavo il mio cellulare.

*La frase interrogativa indiretta è preceduta da verbi come **chiedere**, **domandare**, **voler sapere** e introdotta dalla congiunzione **se**.*

"Come fate a guardare questi programmi?" → Mi chiedo come **fate** / **facciate** a guardare questi programmi.
Andavi bene a scuola? → Mi ha chiesto **se andavo** / **se andassi** bene a scuola.

Per le frasi interrogative indirette valgono le stesse regole del discorso indiretto.
In una frase interrogativa indiretta può cambiare anche il modo del verbo, per es. un indicativo può diventare un congiuntivo. Si tratta comunque di una scelta stilistica della persona che parla.

Uso del condizionale per esprimere una notizia poco certa

Sembra che il presidente **avrebbe dato** le dimissioni.

In italiano il condizionale può essere usato per riportare delle notizie poco certe.

I numerali come sostantivi

L'**Ottocento** è un secolo importante.
Le due guerre sono scoppiate nel **Novecento**.

I numerali, oltre che come aggettivi e pronomi, possono essere usati anche come sostantivi.

Il mondo del lavoro

4

comunicazione

- Parlare del proprio lavoro
- Fare una richiesta e rispondere in modo formale
- Esprimersi in modo chiaro e cortese in un registro formale
- Comunicare un desiderio o un'intenzione
- Scambiare informazioni e consigli complessi sul proprio lavoro

grammatica

- Uso del congiuntivo nelle frasi relative
- Uso del congiuntivo con il superlativo relativo
- La differenza tra *Finalmente* e *Alla fine*
- Il gerundio con funzione causale e ipotetica
- La concordanza dei tempi: il condizionale con il congiuntivo
- I nomi delle professioni al maschile e al femminile

lessico

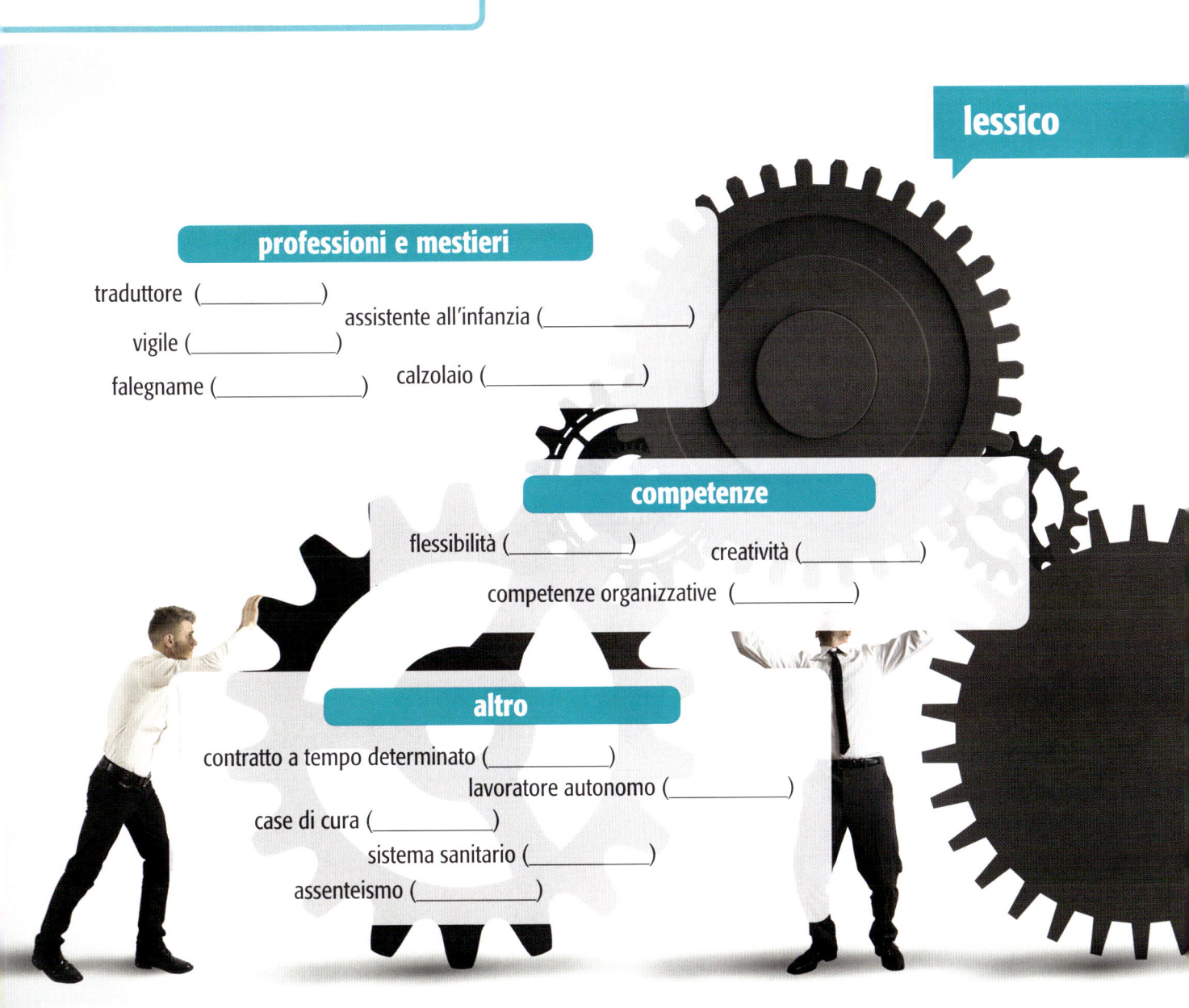

professioni e mestieri

- traduttore (_____)
- assistente all'infanzia (_____)
- vigile (_____)
- falegname (_____)
- calzolaio (_____)

competenze

- flessibilità (_____)
- creatività (_____)
- competenze organizzative (_____)

altro

- contratto a tempo determinato (_____)
- lavoratore autonomo (_____)
- case di cura (_____)
- sistema sanitario (_____)
- assenteismo (_____)

il mondo del lavoro

1 Il mondo del lavoro
Insieme a un compagno guarda le foto e rispondi alle domande.

Che lavoro fanno queste persone? Quale lavoro ti sembra più interessante? E perché?

Quali competenze, tra quelle elencate qui sotto, richiedono le professioni rappresentate?

capacità di lavorare in team	competenze organizzative	competenze relazionali	competenze tecnologiche	conoscenza lingue straniere
creatività	flessibilità	mobilità/disponibilità a viaggiare	pazienza	precisione

Tra i lavori / mestieri indicati qui sotto, quali, secondo te, appartengono al passato e quali al futuro? Pensi che alcuni rischino di scomparire? Se sì, perché?

assistente all'infanzia	assistente agli anziani	assistente di volo	autista	avvocato	commesso
contadino	cuoco	elettricista	falegname	giornalista	idraulico
impiegato di banca	ingegnere	medico	sarto	traduttore	vigile

42 | LEZIONE 4

il mondo del lavoro

2 Lavori del futuro
Leggi l'articolo e abbina i nomi delle nuove professioni alla descrizione corrispondente.

Professioni del futuro che diventeranno indispensabili

Specialista sanitario in remoto   **Organizzatore di gruppi**

Senior Career   **Consulente per la casa intelligente**

Quali sono le professioni che fra 10 anni diventeranno indispensabili?
Se lo sono chiesti i ragazzi del sito *Fast Company* che hanno interpellato alcuni dei massimi esperti di tecnologia e innovazione. E se un futuro di freelance sembra essere ormai la realtà (il 60% dei lavoratori del mondo non possiede un contratto, e solo il 42% ha un contratto a tempo indeterminato) sono le nuove tecnologie a cambiare il panorama del lavoro. Ma non solo, anche le mutazioni della società come l'invecchiamento della popolazione o la scarsità di terre coltivabili sono il panorama con cui il mondo delle professioni si deve confrontare.

1 _____
Nell'universo dei social network e dell'aggregazione spontanea, la capacità di unire insieme persone per progetti specifici, utilizzando anche le nuove tecnologie, diventa fondamentale nel mondo delle imprese e del management.

2 _____
L'internet delle cose sarà il futuro. La nostra casa sarà piena di oggetti che dialogheranno tra loro, attraverso la rete. Dalla lavatrice al forno, passando per le finestre, le porte di casa, l'impianto di illuminazione e quello del riscaldamento. Per questo motivo, avremo bisogno di un consulente che sappia gestire al meglio una quantità infinita di oggetti.

3 _____
Che le strutture sanitarie siano sempre più inadeguate per accogliere la richiesta di assistenza sanitaria, è un dato di fatto. Le nuove tecnologie alleggeriranno il carico di malati degli ospedali. In particolare si pensi al sistema di sensori dell'Iphone che monitora lo stato di salute di chi lo possiede, o a tutte quelle app che oggi forniscono informazioni sulle nostre condizioni di vita. Questa enorme quantità di dati, dovrà essere analizzata da medici ed esperti che forniranno consulenza e interpreteranno possibili segnali di squilibri e patologie.

4 _____
L'invecchiamento della popolazione è un fenomeno che sta cambiando la nostra società. Il settore della cura degli anziani, nei prossimi 10 anni sarà il vero e proprio business del futuro. Una serie di professioni che non sono solo legate all'aspetto sanitario, ma anche a quello psicologico, e perché no?, anche al divertimento e al tempo libero.

da L'Huffington Post

LEZIONE 4 | 43

il mondo del lavoro

3 Espressioni fisse
Prova ad abbinare gli elementi delle due colonne, come nell'esempio. Poi verifica sul testo.

1. assistenza
2. aggregazione
3. *g* a tempo
4. condizioni
5. cura
6. impianto
7. invecchiamento
8. nuove
9. progetti
10. stato
11. strutture
12. terre

a. coltivabili
b. degli anziani
c. della popolazione
d. di illuminazione
e. di salute
f. di vita
g. *indeterminato*
h. sanitaria
i. sanitarie
l. specifici
m. spontanea
n. tecnologie

E 1

4 Qualcosa che…
*La frase relativa può indicare la ricerca di un requisito o segnalare una limitazione (si cerca cioè una cosa o una persona determinata). Quali frasi relative, tra quelle **evidenziate**, hanno questo valore?*

a. Avremo bisogno di un consulente **che sappia gestire al meglio una quantità infinita di oggetti**.
b. Voglio il PC **che hai anche tu**.
c. L'ingegner Tondelli è l'unico **che possa sperimentare il sistema senza commettere errori**.
d. Hai visto quella ragazza **che ieri parlava inglese**? Quella carina **che ha quei bellissimi capelli rossi**…

Ricostruisci la regola sull'uso del congiuntivo nelle frasi relative.

Che modo verbale si usa	… quando il requisito espresso dalla frase relativa è la descrizione di una caratteristica nota all'interlocutore?
	… quando il requisito espresso dalla frase relativa è una limitazione, una condizione richiesta?

Il congiuntivo

L'indicativo

E 2·3

5 Requisiti
In coppia formula delle richieste secondo il modello.

> collega - essere flessibile → Cerco un/una collega che sia flessibile.

collega - essere flessibile
un team - essere piacevole
un impiego - permettermi di lavorare da casa

professione - farmi guadagnare bene
lavoro - essere creativo
lavoro - permettermi di stare all'aria aperta

44 LEZIONE 4

il mondo del lavoro

6 Che lavoro fai?
Inserisci nel dialogo le domande / reazioni della lista al posto giusto.

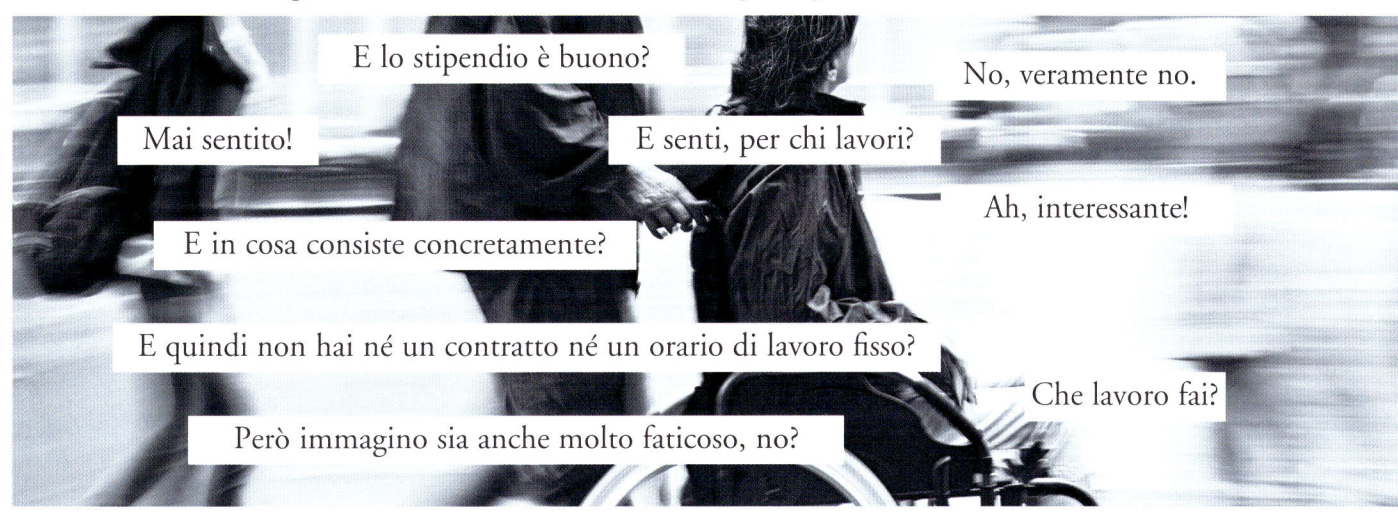

- E lo stipendio è buono?
- No, veramente no.
- Mai sentito!
- E senti, per chi lavori?
- Ah, interessante!
- E in cosa consiste concretamente?
- E quindi non hai né un contratto né un orario di lavoro fisso?
- Che lavoro fai?
- Però immagino sia anche molto faticoso, no?

■ E allora Giulia, tua sorella mi ha detto che finalmente hai trovato un lavoro.
▼ Ebbene sì, dopo anni di precariato alla fine il lavoro l'ho trovato.
■ _____
▼ La terapista occupazionale.
■ _____
▼ Ergoterapia? Ti dice qualcosa?
■ _____
▼ È una disciplina riabilitativa che ha come obiettivo l'inserimento delle persone disabili nella vita quotidiana.
■ _____
▼ Concretamente aiutiamo persone affette da disturbi psichici o motori a diventare indipendenti, a integrarsi nella società, a rimanere attivi sia da un punto di vista fisico che mentale.
■ _____
▼ Molto. È un lavoro che mi piace tantissimo, mi permette di stare a stretto contatto con la gente, bambini, adulti, anziani e soprattutto è un'attività che mi fa sentire utile. E poi sai, è un lavoro vario, mai monotono, perché ogni persona ha necessità diverse.
■ _____
▼ Sì, senza dubbio, però, ti assicuro, anche se arrivo a casa stanca morta e spesso e volentieri parecchio scossa, mi sento realizzata. È sicuramente il lavoro più interessante che abbia mai fatto e soprattutto quello per cui ho studiato!
■ _____
▼ Per chi mi contatta. Ospedali, case di cura, studi di fisioterapia… quindi mi muovo parecchio.
■ _____
▼ No, ma la cosa non mi disturba, per ora.
■ _____
▼ Beh, non è il massimo, ma mi basta per vivere.

Ora ascolta e verifica.

> È il lavoro **più interessante che abbia** mai **fatto**.

LEZIONE 4 | 45

il mondo del lavoro

7 Non esageriamo un po'?
Con un compagno forma delle frasi secondo il modello. Attenzione, le frasi con asterisco (*) segnalano l'uso del pronome relativo cui.

> È l'ufficio più moderno in cui abbia mai lavorato.

ufficio / moderno   (lavorare)*
situazione / imbarazzante (vivere)
lavoro / stravagante   (sentir parlare di)*
collega / pesante   (avere)
capo / piacevole   (lavorare con)*
team / stimolante   (lavorare con)*
progetto / interessante (partecipare a)*

> **Finalmente** ho trovato un lavoro!
> Ho cambiato tanti lavori, ma **alla fine** ho trovato quello giusto.

8 E tu? Che lavoro fai?
Lavora con un compagno (A e B). A pensa a una professione e B deve indovinare di quale professione si tratta. Dopo due o tre volte si cambia ruolo. Usa le parole chiave della lista per formulare le domande.

> Lavori all'aperto?

> Solitamente sì. Ma dipende.

- Lavorare in team / da solo / in ufficio / all'aperto / da casa / in un negozio / in uno studio
- Avere bisogno di una qualifica specifica / di competenze particolari
- Viaggiare / Indossare un'uniforme / Indossare abiti speciali / Aiutare la gente
- Lavorare di notte / di giorno / a orari regolari / a orari irregolari
- Lavoro faticoso / flessibile / creativo / monotono

È ora di cambiare lavoro!

LEZIONE 4

il mondo del lavoro

9 Il lavoro agile

Il cosiddetto "lavoro agile" è una nuova forma di lavoro che permette di lavorare, in parte o del tutto, da casa, o dove si vuole. Quali pensi potrebbero essere i vantaggi e gli svantaggi di questa forma di lavoro? Parlane in piccoli gruppi.
Poi leggi l'articolo e confronta.

Smart working: il lavoro agile

Si chiama "lavoro agile" o "smart working". Significa essere dipendenti di un'azienda ma lavorare, in parte o del tutto, da casa. O dove si vuole. Niente spostamenti da e per l'ufficio, meno stress, più efficienza e più tempo per la famiglia sono alcuni dei vantaggi.

I dipendenti fuori ufficio sono più produttivi del 35-40%, più soddisfatti e meno assenteisti (del 63%) rispetto ai colleghi in sede. In Italia, il lavoro agile potrebbe portare a 27 miliardi in più di produttività e 10 miliardi in meno di costi fissi, secondo le cifre stimate dall'Osservatorio Smart Working del Politecnico di Milano. Alcune testimonianze di chi lo ha provato:

■ **Claudia: 33 anni "La chiave di volta per evitare che le madri escano dal mercato"**
Da quanto tempo sei una smart worker? Da cinque anni, dopo quattro anni in sede. Lavoro al 50% in studio come psicologa e psicoterapeuta e al 50% da casa o ovunque ci sia internet. Non tornerei più indietro.
Che vantaggi ha? Non ho ancora figli, ma sono convinta che per le donne sia la chiave di volta per evitare che escano dal mercato del lavoro quando diventano madri.
Perché è poco diffuso? In Italia, soprattutto tra le generazioni precedenti alla mia, sembra che il lavoro sia solo quello che si svolge fuori e dura otto ore, possibilmente con un contratto a tempo indeterminato. Serve un cambiamento culturale.
Aspetti negativi dello smart working? Se non ci si autoregola, si rischia di lavorare troppo e poi mi manca il confronto con i colleghi.

▼ **Dario: 27 anni: "Torno più spesso dalla mia famiglia"**
Che lavoro fai? Lavoro nel marketing come product manager da tre anni.
Da quanto tempo in smart working? Da un anno circa.
Ti aiuta a conciliare lavoro e vita privata? Assolutamente sì. Riesco a gestire le piccole faccende domestiche che rimandavo perennemente per motivi di tempo. Inoltre io vengo dalla Puglia e, potendo lavorare da casa il lunedì o il venerdì, resto un giorno in più con la mia famiglia.
Aspetti da migliorare? Adesso lo smart working è prettamente individuale, ma per me il lavoro di squadra è fondamentale. Sarebbe molto interessante organizzarsi in piccoli team in smart working in luoghi "stimolanti", per favorire la creatività.

● **Alessia: 38 anni: "A casa mi concentro di più"**
Che lavoro fai? Da quattro anni faccio parte del team di Business Support di Sanofi, azienda del settore farmaceutico.
Da quanto tempo in smart working? Da quasi due anni.
Come ti trovi? Benissimo! Credo che sia una grande opportunità. Poter lavorare da casa un giorno a settimana mi permette di trascorrere più tempo con mia figlia di sette anni. A casa si riesce a mantenere una maggior concentrazione, senza le continue interruzioni dell'ufficio. Pianificando bene la giornata, raggiungo sempre gli obiettivi di lavoro che mi ero prefissata.

da D La Repubblica

La chiave di volta.

il mondo del lavoro

Cerca nel testo che hai letto i vantaggi e gli svantaggi del "lavoro agile" e scrivili nella tabella.

vantaggi	svantaggi

10 Gerundio

Nell'articolo del punto **9** *ci sono due forme al* **gerundio**. *Leggi le frasi e indica che funzione hanno.*

1 Potendo lavorare da casa il lunedì o il venerdì, resto un giorno in più con la mia famiglia.

2 Pianificando bene la giornata, raggiungo sempre gli obiettivi di lavoro che mi ero prefissata.

VALORE TEMPORALE Quando?	VALORE MODALE In che modo?	VALORE CAUSALE Perché?	VALORE IPOTETICO Se…
1 2	1 2	1 2	1 2

11 Tris

Si gioca in piccoli gruppi. Seguendo le regole del tris, vince chi riesce a formare tre frasi corrette usando il gerundio causale o ipotetico, come nell'esempio.

Uscendo di casa prima la mattina, non arriverei stressato al lavoro.

E 6·7·8

Uscire di casa prima la mattina	Lavorare part time	Avere un capo più comprensivo
Cambiare lavoro	Poter decidere come arredare l'ufficio	Lavorare in team
Guadagnare di più	Scegliere l'orario di lavoro	Poter scegliere i colleghi

12 Mi piacerebbe che…

12

Ascolta il dialogo e indica perché la donna si lamenta con il capo del personale. Puoi indicare più di una ragione.

a Vuole un aumento di stipendio.
b Non va d'accordo con le altre donne del gruppo di lavoro.
c Si sente poco apprezzata.
d Lavora troppe ore al giorno.
e Si sente esclusa perché donna.
f Ha l'impressione di essere trattata diversamente.

48 LEZIONE 4

il mondo del lavoro

Ora leggi la trascrizione e verifica.

- ■ Buongiorno dottor Rinaldi, mi scusi se La disturbo. Avrebbe due minuti di tempo?
- ▼ Ah, la dottoressa Boldrini, certo, certo si accomodi! Come va? Tutto bene?
- ■ Sì, sì, grazie.
- ▼ Allora, mi dica!
- ■ Sì, beh, sa è una questione un po' delicata.
- ▼ Non è soddisfatta del lavoro?
- ■ No, no, assolutamente, non è questo, è che mi piacerebbe che il mio lavoro fosse tenuto in maggiore considerazione. Non so, ho l'impressione che le mie proposte vengano subito bocciate, che tutto quel che dico rimanga inascoltato. Non so se è perché sono l'unica donna del team.
- ▼ Ma no, si figuri! La nostra è un'azienda molto attenta al tema della parità. Certo, è vero che il settanta per cento dei nostri dipendenti è di sesso maschile, ma questo, in un campo come il nostro, è normale. Non è certo colpa delle aziende se poche ragazze scelgono le materie scientifiche.
- ■ Sì, lo so, ma resta il fatto che io mi sento un po' esclusa dalle decisioni importanti e trattata diversamente…
- ▼ Mah, io non credo dipenda dal fatto che Lei è una donna.
- ■ Lei dice? E allora perché tutti si rivolgono a me chiamandomi *dottoressa* e quando si rivolgono a un collega usano *ingegnere*? E quando entro io in riunione tutti smettono improvvisamente di scherzare!
- ▼ Ma io direi che dipende piuttosto dal fatto che Lei è entrata in un team consolidato e che rispetto agli altri non ha ancora tanta esperienza, in fondo è giovanissima! Comunque, che ne direbbe di un colloquio con il Suo coordinatore?
- ■ Tutti e tre insieme? Mah, non so se è il caso. Preferirei che ci parlasse Lei. Se Lei è d'accordo, ovviamente.
- ▼ Va bene, ci parlo io allora.
- ■ La ringrazio tantissimo, e scusi se L'ho disturbata, non vorrei si facesse un'idea sbagliata…

13 Desideri

Nel dialogo del punto **12**, *la donna esprime tre desideri / richieste. La frase che esprime il primo desiderio è già nella tabella. Trova le altre due frasi, scrivile nella tabella e poi completa la regola.*

Frase principale	Frase secondaria
① Mi **piacerebbe**	che il mio lavoro **fosse** tenuto in maggiore considerazione.
② _____	_____
③ _____	_____

Quando nella frase principale c'è un verbo di desiderio o volontà al _____ presente, nella secondaria segue il _____ imperfetto. In questo caso l'azione della secondaria esprime contemporaneità o posteriorità.

Frase principale - Condizionale presente
↓
linea del tempo →
↑
Frase secondaria - Congiuntivo imperfetto

il mondo del lavoro

14 E ancora desideri
Pensa alla tua situazione lavorativa o alla tua condizione di studente. C'è qualcosa che ti piacerebbe fosse diverso? Scrivi 4 desideri e confrontati poi con un compagno, motivando le tue affermazioni.

> Mi piacerebbe che ci fosse una macchinetta del caffè decente e che si pranzasse insieme.

> A me piacerebbe che il cibo della mensa non fosse precotto.

1. _____
2. _____
3. _____
4. _____

15 Parità nel mondo del lavoro?
Ritorna al punto 1 e guarda la lista delle professioni. Pensi che ce ne siano alcune più adatte agli uomini che alle donne o viceversa? Se sì, perché? Parlane in piccoli gruppi.

16 Il vigile o la vigilessa?
Conosci il femminile di queste parole? Scrivile e poi confronta in plenum.

maschile	femminile
sarto	
idraulico	
falegname	
contadino	
elettricista	

maschile	femminile
cuoco	
avvocato	
vigile	
medico	
ministro	

maschile	femminile
traduttore	
ingegnere	
giornalista	
commesso	
cantante	

Per le regole sulla formazione del femminile delle professioni vai alla grammatica a pag. 52.

E 12

LEZIONE 4

il mondo del lavoro

17 Notizie dal mondo del lavoro
Leggi i seguenti titoli di giornale. I temi trattati sono attuali anche nel tuo Paese? Discutine in piccoli gruppi e poi in plenum.

1 Giovani italiani, sei su dieci pronti a lasciare il Paese

2 Istat, la disoccupazione a marzo cala all'11,4%. Boom di lavoratori over 50

3 Il mercato del lavoro è in crisi, ma senza gli immigrati starebbe peggio

4 Meno fondi e donazioni il volontariato è in crisi

5 La distorsione della crisi: oltre un milione di anziani in più al lavoro, i giovani a casa

18 Opinioni
*Ascolta e indica a quale dei titoli di giornale del punto **17** si riferiscono i temi della conversazione tra Paolo e Gianni.*
Poi riascolta e indica a chi si riferiscono le seguenti affermazioni.

	Paolo	Gianni
1 È amareggiato.	☐	☐
2 È orgoglioso.	☐	☐
3 Pensa che l'Italia sarà un Paese per vecchi.	☐	☐
4 Rimpiange il passato.	☐	☐
5 Ha difficoltà a capire alcune nuove occupazioni.	☐	☐
6 Nomina l'importanza della presenza degli immigrati.	☐	☐
7 È più ottimista.	☐	☐

video e grammatica

'ALMA.tv

Vai su *www.alma.tv* nella rubrica Grammatica Caffè e guarda il video **Il sessismo della lingua** e rispondi alle seguenti domande: 1. Quali sono i nomi di professione che hanno oggi anche una forma al femminile? 2. Che malintesi può creare l'uso del femminile per alcune professioni? Confronta le tue risposte con un compagno e con il resto della classe.

Grammatica

Uso del congiuntivo nelle frasi relative

Cerchiamo una persona **che sappia** parlare il cinese.

Quando la frase principale introduce una frase relativa che specifica qual è il requisito richiesto, si usa solitamente il congiuntivo.

Uso del congiuntivo con il superlativo relativo

È il lavoro **più noioso che abbia mai fatto**.

Con il superlativo relativo si usa il congiuntivo.

La differenza tra *finalmente* e *alla fine*

Finalmente è arrivata la risposta che aspettavo.
Dopo aver scritto tante volte, **alla fine** mi hanno risposto.

Finalmente indica il verificarsi di un evento che si attendeva, alla fine indica il verificarsi di un evento dopo un arco di tempo, una successione di eventi.

Il gerundio con funzione causale e ipotetica

Non avendo mai studiato bene l'inglese, ho difficoltà sia a parlarlo che a capirlo.
Avendolo saputo, ti avrei accompagnato.

Il gerundio può avere anche una funzione causale e ipotetica.

La concordanza dei tempi: il condizionale con il congiuntivo

Vorrei che il mio lavoro **fosse** apprezzato.
(adesso = contemporaneità)
Mi piacerebbe che mi **regalassi** dei fiori.
(ora / nel futuro = contemporaneità/posteriorità)

Quando nella frase principale c'è un verbo di desiderio o di volontà al condizionale presente, nella secondaria segue il congiuntivo imperfetto. In questo caso l'azione della secondaria esprime contemporaneità o posteriorità.

I nomi delle professioni al maschile o al femminile

Per la formazione del femminile dei nomi di professione valgono le seguenti regole:

architett**o**	architett**a**
diret**tore**	diret**trice**
giornalist**a**	giornalist**a**

I nomi in –o formano il femminile in –a
I nomi in –tore formano il femminile in –trice
I nomi in –a sono generalmente invariabili

cantant**e**	cantant**e**
ragionier**e**	ragionier**a**
professor**e**	professor**essa**

I nomi in –e possono essere:
- *invariabili*
- *formare il femminile in –a*
- *formare il femminile in –essa*

sindaco	**sindaco / sindaca**
ministro	**ministra / la ministro**
presidente	**presidentessa / la presidente**

Per alcune professioni esistono forme non del tutto cristallizzate, usate quindi in modo variabile.

Che emozione!

5

comunicazione

- Esprimere emozioni in base al registro linguistico adottato
- Parlare di sé
- Descrivere qualcuno fisicamente e caratterialmente
- Lamentarsi
- Intervistare qualcuno

grammatica

- Aggettivi derivati da sostantivi
- Uso dell'aggettivo possessivo posposto
- Il verbo pronominale *Uscirsene*
- Uso del possessivo *Proprio*
- La formazione del contrario di sostantivi e aggettivi
- Modi diversi per esprimere il *Se* nel periodo ipotetico
- Ripresa e ampliamento del periodo ipotetico (irrealtà)
- Le espressioni *Come se* e *Senza che* + congiuntivo

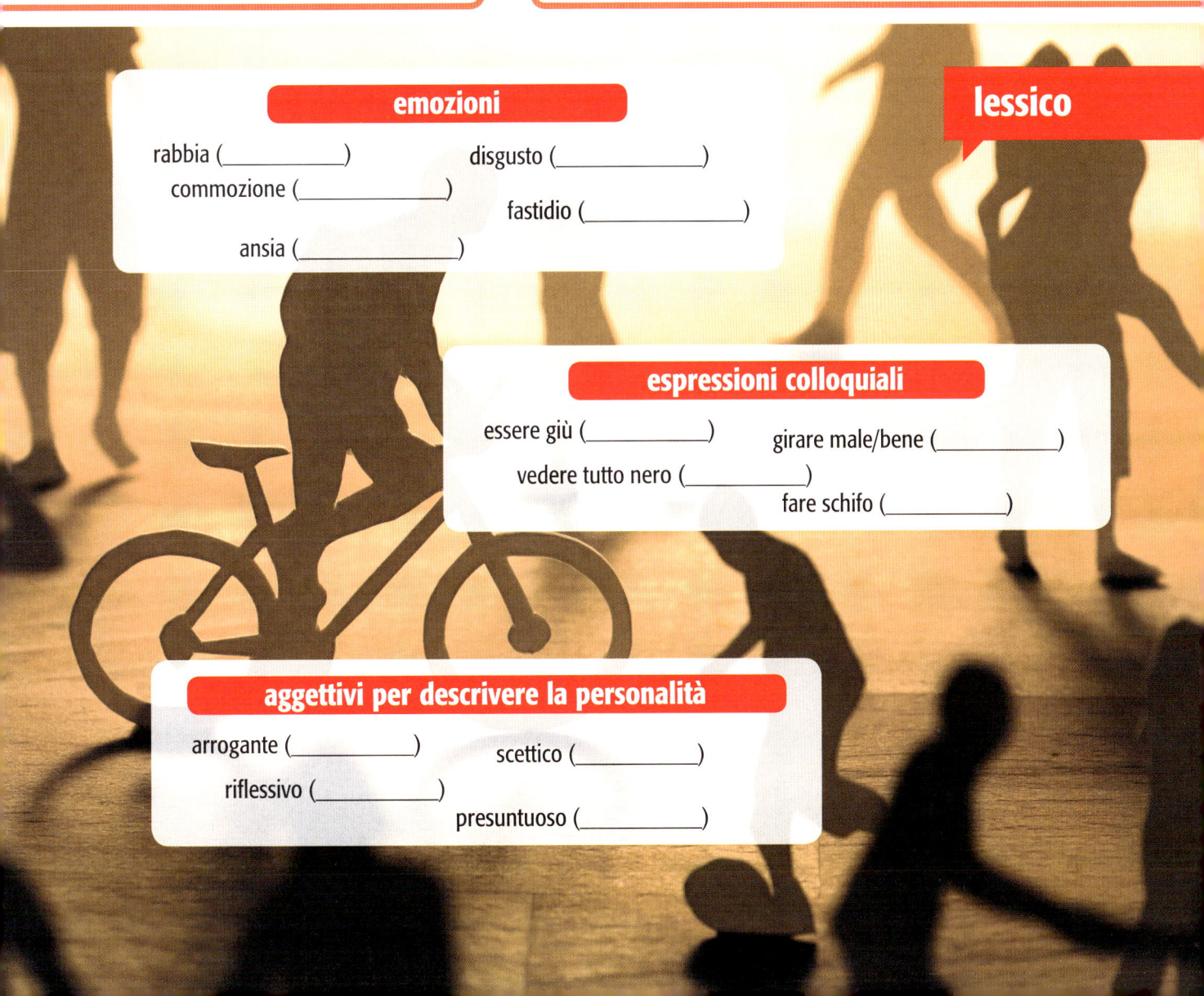

lessico

emozioni
- rabbia (_____)
- commozione (_____)
- ansia (_____)
- disgusto (_____)
- fastidio (_____)

espressioni colloquiali
- essere giù (_____)
- vedere tutto nero (_____)
- girare male/bene (_____)
- fare schifo (_____)

aggettivi per descrivere la personalità
- arrogante (_____)
- riflessivo (_____)
- scettico (_____)
- presuntuoso (_____)

che emozione!

1 Emozioni
Guarda le foto. A cosa ti fanno pensare? Parlane con i compagni.

Quali emozioni suscitano, secondo te, le foto? Perché? Confrontati con un compagno.

☐ rabbia ☐ stupore ☐ disgusto ☐ delusione
☐ felicità ☐ paura ☐ orgoglio ☐ commozione
☐ fastidio ☐ imbarazzo ☐ noia ☐ ansia
☐ tristezza ☐ compassione ☐ altro: _____

2 Trasformiamo
Si gioca in piccoli gruppi. Vince il gruppo che riesce a trovare nel minor tempo possibile l'aggettivo corrispondente a ogni sostantivo.

rabbia	A _ _ _ _ _ I _ _ _	disgusto	D _ _ _ _ _ _ _ _ _
felicità	F _ _ _ C _	orgoglio	_ R _ _ _ _ _ _ _ _
fastidio	I N _ _ _ _ _ D _ _ _	noia	A N _ _ _ _ _ _
stupore	S _ _ _ _ _ _	delusione	D _ _ _ _ _
paura	I M _ _ _ _ _ _ _	commozione	C _ M _ _ _ _ _
imbarazzo	I _ _ _ R _ _ _ _ _ _	ansia	A _ _ I _ _ _

Per approfondire il tema della formazione delle parole vai alla grammatica a pag. 63.

E 1·2

LEZIONE 5

che emozione!

3 Questo è il mondo?

Ricostruisci il dialogo con le seguenti espressioni. Poi ascolta e verifica.

vedi tutto nero	te ne esci pure tu	dire la propria	sono solo un po' giù	è uno schifo
ti gira male?	mi fa imbestialire	fa spaventо	ti ha dato fastidio?	non c'entri niente

◆ Ehi, Ada, che c'hai stamattina? _____

▲ No, non direi, _____.

◆ Come mai?

> Colpa mia / tua / sua
> Affari miei / tuoi / suoi

▲ Mah, in realtà non lo so nemmeno io. So solo che ultimamente mi sento strana, delusa…

◆ È colpa mia? Ho fatto qualcosa che _____

▲ Ma no, tu _____. È un po' la situazione in generale…

> la banalità - le banalità

◆ Ma è successo qualcosa?

▲ No, niente in particolare. È che intorno a me vedo solo superficialità ed egoismo. Quando si sta insieme si sparla degli altri o si raccontano banalità.

◆ Non sarai un po' troppo critica? Magari è una fase in cui tu _____, magari sono gli ormoni…

▲ Guarda, se _____ con queste stupidaggini possiamo smettere subito di parlare.

◆ Ok, ok! Non dico più niente allora. Cercavo solo di aiutarti.

▲ Lo so, scusami, è solo che è proprio questo che _____. Questi commenti preconfezionati! Tutti pronti a _____, tutti pronti a giudicare. Nessuno che ascolti realmente l'altro! Mi sembra che non ci sia più compassione, più empatia. Succedono delle cose terribili e la gente parla dell'ultimo modello di iPhone!

◆ Sì, è vero, ma che ci vuoi fare? Ormai il mondo è questo!

▲ E beh, _____ però! Dove sono finiti i valori di una volta? La gratitudine, la solidarietà. In giro c'è un'aggressività che _____. Mah, non lo so, a volte penso che la cosa migliore sarebbe andarsene via da qui.

◆ Perché, pensi che altrove sia diverso? Io credo che per star meglio dovresti sforzarti tu…

Come potrebbe continuare il consiglio per Ada? Parlane con un compagno.

E 3·4

LEZIONE 5 | 55

che emozione!

4 In altre parole
Abbina le seguenti espressioni all'emozione corrispondente.

girare male   essere giù   fare spavento   vedere tutto nero   fare imbestialire

tristezza /delusione _____
rabbia _____
paura _____

> Se **te ne esci** pure tu così!
>
> E 5

5 Come si dice?
Nella lista trovi una serie di espressioni colloquiali / idiomatiche usate per esprimere emozioni. Insieme a un compagno leggile e prova ad associarle, nella tabella, all'emozione corrispondente.

sono fuori di me   sono nero   sono su di giri   mi gira storto

ho un debole per   sono al settimo cielo   vado pazzo per   mi fa / fanno impazzire

mi fa incavolare / mi incavolo   mi fa schifo

Emozione	Espressione standard	Espressione colloquiale
RABBIA	Mi fa/fanno arrabbiare… Mi arrabbio quando…	
RIBREZZO/DISGUSTO	Mi disgusta… Mi fa/fanno senso…	
PIACERE	Mi piace/piacciono Mi fa piacere…	
TRISTEZZA	Mi rende/rendono triste… Mi intristisce/intristiscono…	
GIOIA/FELICITÀ	Sono contento/felice… Mi rende/rendono felice…	

E 6-7

6 Mi fa piacere...
Completa le frasi e confrontati poi con un compagno.

1. Mi fa piacere _____
2. Mi rende triste _____
3. Vado pazzo per / Ho un debole per _____
4. Mi disgusta / disgustano _____
5. La cosa che mi preoccupa di più è _____
6. Mi arrabbio tantissimo _____
7. Mi intristisce _____

56 | LEZIONE 5

che emozione!

7 Emozioni in scena
Lavora con un compagno. Pensate a un luogo e a un'emozione (vedi pag. 54) e immagina un dialogo che potrebbe svolgersi in quel luogo ed esprimere l'emozione scelta, facendo attenzione a non nominarli. A turno ogni coppia recita la propria scena davanti alla classe mentre gli altri dovranno indovinare dove ha luogo il dialogo e che emozione rappresenta.

8 Un blog
Completa il testo usando, anche più di una volta, gli aggettivi e i sostantivi della lista. Attenzione a genere (maschile / femminile) e numero (singolare / plurale).

leggero   pesante   leggerezza   pesantezza

La tentazione dei bilanci è più forte di me. Lo so, il tempo è una nostra invenzione e un'entità fluida. Eppure, la fine di un anno mi obbliga a voltarmi indietro e chiedermi: "E quindi?".
Quindi, ripenso a me stessa, in questo anno senza rivoluzioni né colpi di scena, mansueto, seppur, a tratti, un po' faticoso.
Rivedo una donna in corsa, affannata in troppe faccende, terribilmente seria, tristemente seriosa. Rivedo una vecchia signora che non è andata quasi mai al cinema, che non si è concessa pranzi con amiche, salutari fughe a due, socialità o convivialità con amici o affetti. Rivedo un automa noioso e scontento, che non abbassa mai la guardia. Rivedo un Bianconiglio che, con il suo stupido orologio, corre con _____ a destra e a manca gridando al vento che è in ritardo. Rivedo un soldatino, troppo impegnato a marciare, per accorgersi che intorno succedono milioni di cose belle. Rivedo una secchiona un po' _____ che ripete a se stessa e agli altri: "Eh, no, mi spiace. Non posso. Ho tantissime cose da fare" e si nega tutto, persino il senso dello stare al mondo. Così, ho deciso che in questo nuovo anno, ancora giovanissimo, sarò gioiosa, disorganizzata e anche un po' irresponsabile! Uscirò, anche quando il mio super io militare mi sussurrerà nell'orecchio che non posso permetterlo. Mi regalerò qualcosa, di tanto in tanto: un cioccolatino, un colpo di testa, un paio di scarpe irresistibili, quella borsa che sogno da una vita, un giorno di stupidità con i miei figli, qualcosa di atipico. Quest'anno, che è appena cominciato promettente e maestoso come un tappeto rosso, la parola d'ordine sarà _____. Perché, senza _____, si diventa tristi e grigi. E ci si rimpiccioliscono.
Perché le trasgressioni sono linfa vitale, perché amarsi passa anche dalla liberazione da se stessi, dai propri freni e dal proprio senso del dovere.
Ma, soprattutto, perché la _____ è linfa vitale, è il motore del nostro andare, e non solo delle nostre risate. Perché _____ siamo persone migliori. Perché _____ pesiamo e valiamo di più.

Chi lo desidera, può scrivere a elasti@repubblica.it

da d.repubblica.it/argomento/elasti

che emozione!

9 Alcune espressioni
Ricostruisci le espressioni usate nel testo del punto 8 e abbinale al loro significato, come nell'esempio.

1 *a destra e*	**9** *a manca*	**a** ciò che ci serve per vivere
2 abbassare	**10** al mondo	**b** *di qua e di là*
3 colpo	**11** d'ordine	**c** la frase segreta
4 colpo	**12** del dovere	**d** un qualcosa di inaspettato
5 linfa	**13** di scena	**e** una pazzia
6 parola	**14** di testa	**f** vivere
7 senso	**15** la guardia	**g** rilassarsi
8 stare	**16** vitale	**h** responsabilità

1 + _9_ / _b_   **2** + ___ / ___   **3** + ___ / ___   **4** + ___ / ___
5 + ___ / ___   **6** + ___ / ___   **7** + ___ / ___   **8** + ___ / ___

10 Proprio
Nel penultimo paragrafo del testo si usa due volte il possessivo **proprio** *(sottolineato). Perché? Rifletti e confrontati in plenum.*

E 8

11 Il contrario
Cerca nel testo il contrario delle seguenti parole e scrivilo accanto alla parola corrispondente:

contento _____   tipico _____
resistibile _____   responsabile _____
organizzato _____

> Quali prefissi esistono in italiano per formare il contrario di un nome o un aggettivo?
> _____
> Pensa a parole come *impossibile, irrealizzabile, illeggibile*.
> Ti ricordi in che modo varia il prefisso *In–*?
> _____

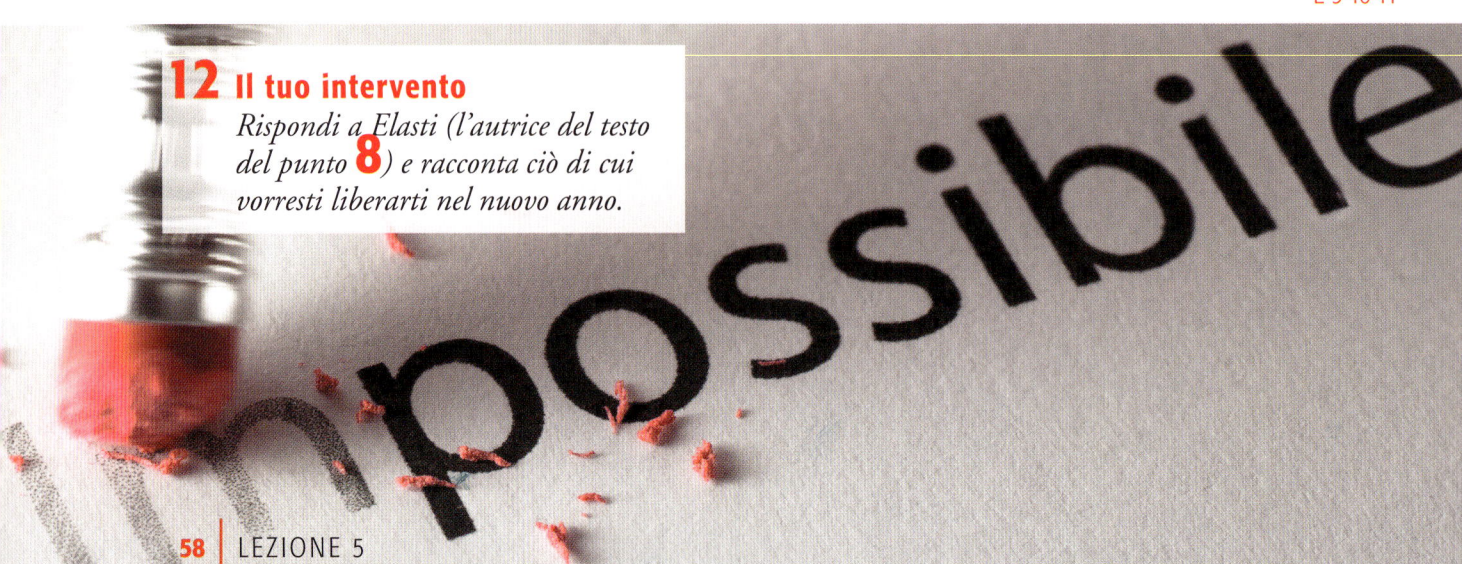

E 9·10·11

12 Il tuo intervento
Rispondi a Elasti (l'autrice del testo del punto 8) e racconta ciò di cui vorresti liberarti nel nuovo anno.

che emozione!

13 Interviste

Ascolta le interviste e scrivi il maggior numero di informazioni che riesci a cogliere. Poi confrontati con un compagno.

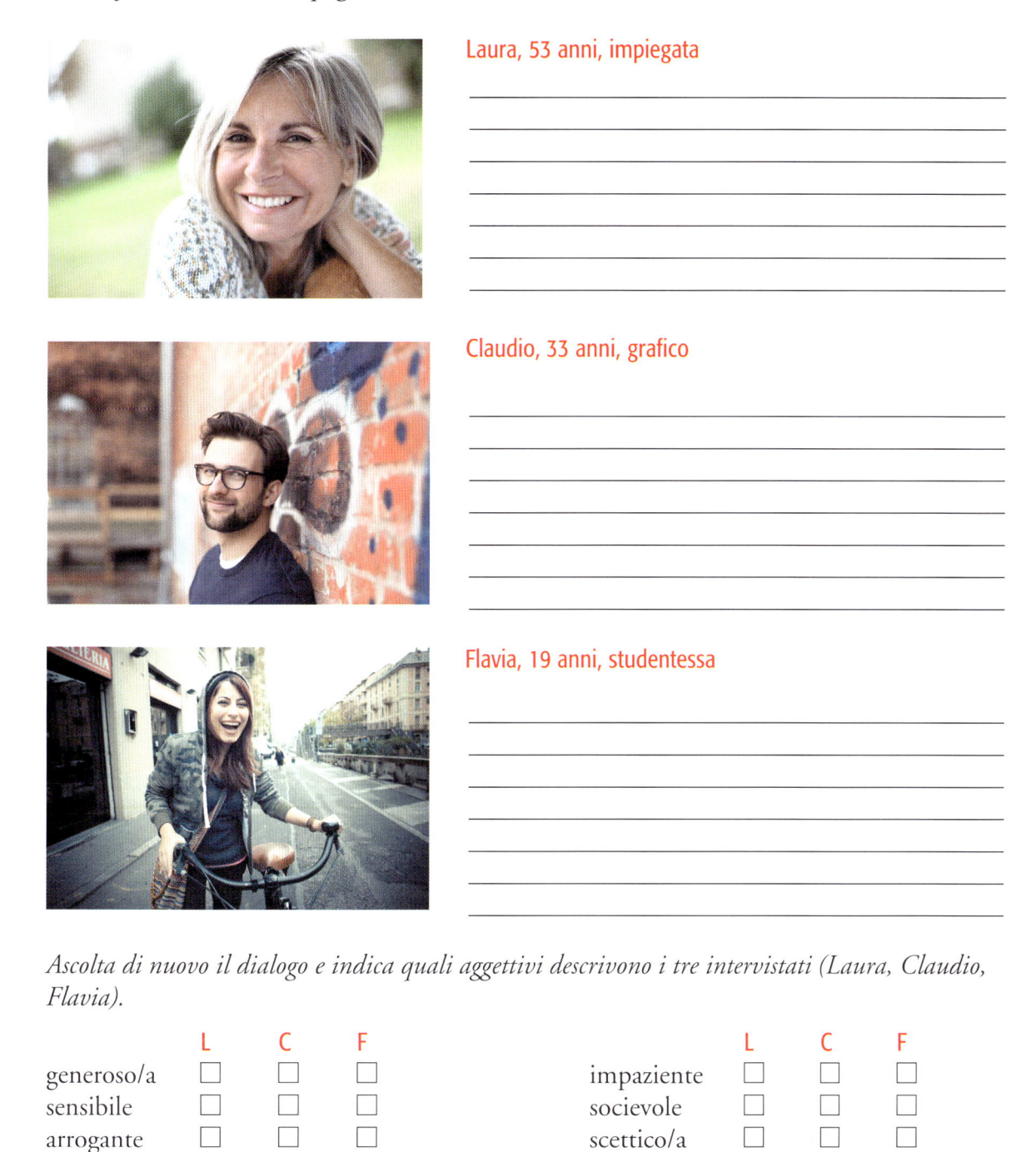

Laura, 53 anni, impiegata

_____
_____
_____
_____
_____
_____
_____

Claudio, 33 anni, grafico

_____
_____
_____
_____
_____
_____
_____

Flavia, 19 anni, studentessa

_____
_____
_____
_____
_____
_____
_____

Ascolta di nuovo il dialogo e indica quali aggettivi descrivono i tre intervistati (Laura, Claudio, Flavia).

	L	C	F		L	C	F
generoso/a	☐	☐	☐	impaziente	☐	☐	☐
sensibile	☐	☐	☐	socievole	☐	☐	☐
arrogante	☐	☐	☐	scettico/a	☐	☐	☐
spendaccione	☐	☐	☐	permaloso/a	☐	☐	☐
ordinato/a	☐	☐	☐	allegro/a	☐	☐	☐
pigro/a	☐	☐	☐	ironico/a	☐	☐	☐
presuntuoso/a	☐	☐	☐	riflessivo/a	☐	☐	☐
sincero/a	☐	☐	☐	introverso/a	☐	☐	☐

LEZIONE 5

che emozione!

14 Ipotesi
Lavora con un compagno. Cercate nell'intervista a Claudio le sette frasi che esprimono un'ipotesi e scrivetele. Vince la coppia che le trova prima.

- ◆ Claudio, dimmi tre difetti e tre pregi.
- ▲ Impulsivo, spendaccione, impaziente e i pregi, mah, direi generoso, socievole e non porto rancore.
- ◆ Una cosa di cui hai paura.
- ▲ Temo la morte delle persone che amo, temo i cambiamenti troppo rapidi.
- ◆ E senti, nel caso in cui tu abbia bisogno, chi è la persona a cui ti rivolgi?
- ▲ Se ho bisogno chiamo mio fratello. Sempre.
- ◆ Qualora dovessi scappare di casa all'improvviso cosa porteresti via con te?
- ▲ Porterei via il computer, il telefono e i caricabatteria.
- ◆ Una cosa di cui ti penti?
- ▲ Di aver acquistato un nuovo iPad.
- ◆ La cosa di cui vai più fiero.
- ▲ Aver fatto nascere intorno a me nuove amicizie, cioè se penso a quello che mi riesce, è questo, fare da anello di congiunzione tra le persone.
- ◆ Se potessi cambiare qualcosa del tuo passato, cosa cambieresti?
- ▲ Hmm, ma non so, forse se avessi saputo che è così difficile vivere all'estero non sarei partito. Però d'altra parte, se non fossi partito, oggi non sarei forse quello che sono, quindi direi niente.

1. ___
2. ___
3. ___
4. ___
5. ___
6. ___
7. ___

15 Non solo *se*
*Oltre al **se**, quali altre espressioni vengono usate nel dialogo del punto **14** per introdurre un'ipotesi?*

_____   _____

Queste due espressioni vogliono sempre il congiuntivo. Anche nel periodo ipotetico del I tipo (realtà) bisogna usare il congiuntivo presente. Trasforma la frase qui sotto usando le due espressioni.

Se tuo figlio ha bisogno di aiuto, io posso aiutarlo.
→ _____, io posso aiutarlo.
→ _____, io posso aiutarlo.

E 12·13

16 Le vostre interviste
Intervista il tuo compagno usando le domande del dialogo.

che emozione!

17 Indovina chi?
Si gioca in gruppi di quattro, a coppie. Ogni coppia pensa a un personaggio famoso, annota una serie di aggettivi che lo caratterizzano (sia fisicamente che caratterialmente) e lo descrive poi all'altra coppia che dovrà indovinare di chi si tratta.

Alto, magro, famoso per i suoi capelli ribelli, tedesco, geniale, riflessivo, forse collerico, immagino ambizioso, ironico, famoso in tutto il mondo…

18 Le lettere della vita
Guarda il titolo e la copertina del libro di Andrea Bajani e immagina di cosa potrebbe parlare.

Ora leggi un estratto dal libro e immagina come potrebbe continuare il racconto. Confrontati con un compagno.

Il primo giorno di scuola, il maestro ha appoggiato sulla cattedra una scatola di legno. Poi ha sollevato il coperchio, ci ha guardato dentro, e una dopo l'altra ha cominciato a tirare fuori le lettere dell'alfabeto. Erano pezzi di legno colorati, ciascuno con una sua forma. Senza respirare, abbiamo lasciato i banchi e siamo scivolati verso di lui, come limature di ferro richiamate dalla calamita. In pochi minuti eravamo raccolti intorno alla cattedra. Quando ha estratto l'ultima lettera – era la G e il maestro l'ha lasciata insieme alle altre sul tavolo – ci ha chiesto di fare silenzio. Quindi ci ha spiegato che le lettere dell'alfabeto sono ventuno. Possono sembrare poche, ha detto, ma con queste lettere, d'ora in poi dovrete fare tutto. Con ventuno lettere – ha detto prendendole tutte nelle mani e poi passandole sotto i nostri nasi – si può costruire e distruggere il mondo, nascere e morire, amare, soffrire, minacciare, aiutare, chiedere, ordinare, supplicare, consolare, ridere, domandare, vendicarsi, accarezzare.
Il maestro ci ha guardato, dopo averci fatto sfilare sotto gli occhi quella manciata di lettere di legno che teneva tra le mani.
Dopo aver passato il mucchietto sotto tutti i nostri nasi, il maestro si è seduto. Ha guardato dentro la scatola vuota come se guardasse dentro un pozzo. In quel momento hanno bussato alla porta della classe. Lui ci ha guardato spalancando gli occhi.

che emozione!

Continua a leggere.

> Senza che ci fosse bisogno di un suo ordine, siamo corsi ciascuno al proprio banco. Poi ha rovesciato le lettere nella scatola in un gesto frettoloso. Infine si è schiarito la voce. Mentre diceva "Avanti!" – e mentre la maniglia scendendo cigolava – ha chiuso il coperchio con un clac e ci ha fatto una specie di occhiolino.
>
> da Andrea Bajani, *La vita non è in ordine alfabetico*, Einaudi

19 Che cos'è?
*Prova a scrivere cosa rappresentano le immagini qui sotto. Poi cerca nel testo del punto **18** le parole usate dall'autore e confrontale anche con un compagno. Sono le stesse?*

20 Ti è piaciuto?
In piccoli gruppi confrontati sul testo che hai letto, motivando, dove possibile, le tue risposte.

Ti è piaciuto?
Come interpreti il titolo?
Come definiresti l'atmosfera rappresentata?
Come interpreti il gesto finale del maestro?
Quale frase / passaggio ti ha colpito maggiormente?

> Ha guardato dentro la scatola vuota **come se guardasse** dentro un pozzo.
> **Senza che ci fosse bisogno** di un suo ordine, siamo corsi ciascuno al proprio banco.

21 Come se, senza che...
Insieme a un compagno completa le seguenti frasi su un quaderno.

1. I bambini hanno guardato il maestro come se...
2. Ho letto il libro in un'ora senza che...
3. Era come se le lettere...
4. Senza che il maestro...
5. Il bambino ha preso la lettera A e l'ha guardata come se...

E 14

22 ABC
Nel suo libro, Bajani scrive uno o più racconti per ciascuna lettera dell'alfabeto. Scegli una lettera e scrivi un miniracconto il cui tema ruoti intorno alla parola che hai scelto. Es. A come amicizia.

video e grammatica

'ALMA.tv

Vai su *www.alma.tv* nella rubrica L'osteria del libro italiano e guarda il video **Il nero e l'argento**.
Scrivi su un quaderno alcune informazioni sull'autore e sulla trama del libro e indica le parole con cui viene descritto. Sulla base delle informazioni fornite dal video, leggeresti il libro? Confrontati con un compagno e con il resto della classe.

Grammatica

La formazione del contrario di sostantivi e aggettivi

organizzato	→	**dis**organizzato
tipico	→	**a**tipico
contento	→	**s**contento

Oltre al prefisso **in-**, *per formare il contrario di un sostantivo o un aggettivo si possono usare altri suffissi:* **dis-**; **a-**; **s-**.

Uso dell'aggettivo possessivo posposto

Sono affari **miei/tuoi/suoi**
È colpa **mia/tu/sua**
Da parte **mia/tua/sua**
Merito **mio/tuo/suo**

In alcune espressioni cristallizzate l'aggettivo possessivo – che normalmente precede il sostantivo – viene posto dopo il nome.

Uso del possessivo *proprio*

Lo ha fatto con le sue **proprie** mani.

Bisogna usare le **proprie** forze.
Ognuno dovrebbe riflettere sulle **proprie** azioni.

L'aggettivo possessivo **proprio** *può rafforzare un altro possessivo, in particolare* **suo**.

Proprio *va usato obbligatoriamente al posto di* **suo** *se nella frase c'è un verbo impersonale o se il possessore non è precisato.*

Modi diversi di esprimere il *se* nel periodo ipotetico

Qualora tuo figlio abbia bisogno di aiuto, posso aiutarlo io.
Nel caso in cui il treno facesse ritardo, potrei venire a prenderti io.

La frase ipotetica può essere introdotta, oltre che dal **se**, *anche da altre congiunzioni o espressioni. Il congiuntivo presente esprime un grado di probabilità maggiore rispetto al congiuntivo imperfetto.*

Ripresa e ampliamento del periodo ipotetico (irrealtà)

1. *Congiuntivo trapassato + condizionale passato*
   Se lo avessi saputo non **sarei partito**.

2. *Congiuntivo trapassato + condizionale presente*
   Se non fossi partito non **sarei** quello che sono.

Nella frase ipotetica del III tipo (irrealtà) si possono avere due possibilità. La prima la conosciamo.

Nel secondo caso, con il condizionale presente, l'ipotesi ha un riflesso sul presente.

Le espressioni *come se* e *senza che* + congiuntivo

Mi ha guardato **come se mi vedesse** per la prima volta.
Senza che ci fosse bisogno di un suo ordine, siamo corsi ciascuno al proprio banco.

L'uso del congiuntivo è obbligatorio nelle frasi introdotte da **come se** *e* **senza che**.

GRAMMATICA 5 | 63

facciamo il punto 2

Bilancio

Cose nuove che ho imparato

- ☐ Parlare di tematiche legate al mondo del lavoro
- ☐ Descrivere un lavoro
- ☐ Comunicare un'intenzione o un desiderio
- ☐ Parlare del proprio stato d'animo
- ☐ Parlare di programmi televisivi
- ☐ Parlare delle proprie abitudini in fatto di informazione
- ☐ Lamentarsi
- ☐ Parlare di qualcuno: descriverlo sia fisicamente che caratterialmente

Progetto

Sei soddisfatto di quello che fai?

Si lavora in gruppi di tre/quattro persone, a seconda del numero degli studenti. Ogni gruppo prepara un questionario per definire il grado di soddisfazione nel lavoro o nello studio, da sottoporre agli altri gruppi.
- I questionari si scambiano e si elaborano individualmente.
- Le risposte si confrontano e si discutono all'interno del gruppo.
- Ogni gruppo nomina un portavoce che dovrà presentare i risultati dei questionari.
- In base alle risposte date si elaborano poi delle proposte concrete per raggiungere un maggiore grado di soddisfazione.
- Le proposte verranno poi fatte passare in classe e per alzata di mano si deciderà quali sono le migliori.

Per approfondire

Film consigliati

Tutta la vita davanti
regia di Paolo Virzì, 2008

Un film drammatico sul precariato giovanile.

Smetto quando voglio
regia di Sidney Sibilia, 2014

È la storia di un gruppo di ricercatori universitari che tentano di uscire dall'impasse lavorativa ed esistenziale della precarietà cronica, producendo e spacciando smart drugs.

Una vita difficile
regia di Dino Risi, 1961

La storia di un ex partigiano confrontato con le contraddizioni dell'Italia del dopoguerra.

Il caimano
regia di Nanni Moretti, 2007

Un produttore di pellicole trash è in crisi. Cerca una pellicola che salvi la sua società. Quasi per caso gli capita tra le mani la sceneggiatura "Il Caimano", sulla storia dell'ascesa di Silvio Berlusconi.

Libri consigliati

L'uomo nero e la bicicletta blu
di E. Baldini, Einaudi, 2011

1963, Gigi ha undici anni e si inventa mille lavoretti per riuscire a comprare la bicicletta blu. Gigi però non sa che quello è proprio l'anno che cambierà la sua vita, quello in cui scoprirà che l'Uomo Nero non esiste solo nelle favole.

Il bar sotto il mare
di S. Benni, Feltrinelli, 1989

Racconti ironici di misteriosi personaggi.

Sofia si veste sempre di nero
di P. Cognetti, Minimum Fax, 2012

Un romanzo composto da dieci capitoli che accompagnano Sofia lungo trent'anni di storia: dall'infanzia all'adolescenza tormentata da disturbi psicologici, alla liberatoria scoperta del sesso e della passione per il teatro, al momento della maturità e dei bilanci.

I gusti son gusti!

6

comunicazione

- Riconoscere i generi cinematografici
- Esprimere i propri gusti e le proprie preferenze
- Sminuire la portata di un'affermazione fatta in precedenza
- Esprimersi in modo ironico
- Raccontare la trama di un film
- Recensire un film
- Criticare qualcuno

grammatica

- La posizione dell'aggettivo
- Uso del congiuntivo con frase principale negativa
- Uso del congiuntivo con *Purché*
- La struttura *Fare* + infinito

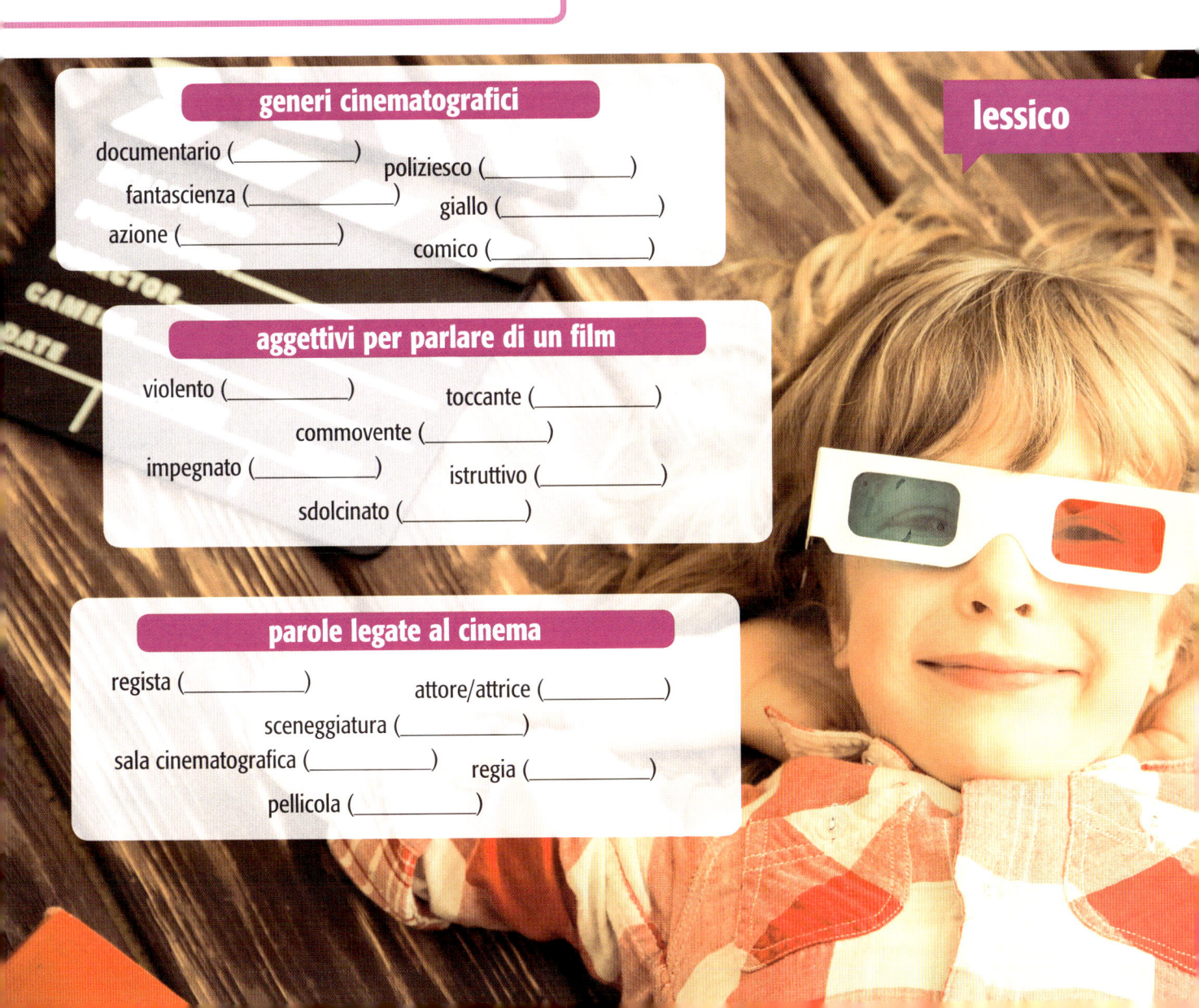

lessico

generi cinematografici
- documentario (_____)
- poliziesco (_____)
- fantascienza (_____)
- giallo (_____)
- azione (_____)
- comico (_____)

aggettivi per parlare di un film
- violento (_____)
- toccante (_____)
- commovente (_____)
- impegnato (_____)
- istruttivo (_____)
- sdolcinato (_____)

parole legate al cinema
- regista (_____)
- attore/attrice (_____)
- sceneggiatura (_____)
- sala cinematografica (_____)
- regia (_____)
- pellicola (_____)

i gusti son gusti!

1 Per me il cinema è...
Indica l'alternativa (anche più di una) che corrisponde alla tua idea di cinema e confrontati poi con un compagno. Motiva le tue scelte.

☐ una vera passione
☐ la più grande espressione di creatività
☐ un modo per passare il tempo
☐ evasione nel buio della sala
☐ una perdita di tempo
☐ un modo per provare forti sensazioni

☐ troppo caro, i film me li guardo in DVD o blu-ray
☐ sognare ad occhi aperti
☐ mai tanto interessante quanto le serie TV
☐ uno strumento per far riflettere
☐ inutile nell'epoca di Internet
☐ un'occasione per vedere gli amici

2 Che film è?
Come definiresti i film mostrati in queste scene? Quale genere cinematografico preferisci? Perché? Parlane con un compagno.

drammatico	commedia	animazione	azione	guerra
fantascienza	comico	biografico	giallo	horror
storico	fantasy	western	documentario	avventura

Quali aggettivi abbineresti ai film rappresentati dalle foto?

| noioso | pesante | violento | superficiale | impegnato | emozionante |
| rilassante | sdolcinato | divertente | commovente | toccante | istruttivo |

E1

LEZIONE 6

i gusti son gusti!

3 La pazza gioia
Con l'aiuto delle seguenti fotografie e di alcuni dati riferiti al film "La pazza gioia", immagina, insieme a un compagno, la trama del film.

Protagoniste: due donne, Beatrice, ricca e chiacchierona, e Donatella, fragile, chiusa e con un passato difficile.
Ambientazione: Toscana, casa di cura per il recupero di donne affette da disagi mentali.

4 La trama
Ora leggi la trama e verifica se la tua storia si avvicina all'originale.

Il film è ambientato in Toscana e racconta la particolare amicizia tra due donne: Beatrice Morandini Valdirana, chiacchierona e benestante, e Donatella Morelli, una giovane madre psicologicamente fragile a cui è stato tolto il figlio per darlo in adozione. Sono entrambe pazienti della Villa Biondi, un istituto terapeutico per donne affette da disturbi mentali. È qui che si incontrano e fanno amicizia nonostante l'estrema diversità dei loro caratteri. Fino a quando un giorno riescono a scappare, decidono di prendersi una vacanza e di darsi alla pazza gioia.

LEZIONE 6 | 67

i gusti son gusti!

5 Indovina
Pensa a un film famoso e racconta la trama alla classe cercando di essere il più dettagliato possibile. Il primo che indovina prende un punto.

6 Da parte del pubblico
Leggi le opinioni sul film La pazza gioia *pubblicate sul forum di mymovies.it e abbina i titoli della lista ai rispettivi post.*

a Povero cinema italiano!
b Il mondo delle donne per Paolo Virzì in un film bello e delicato.
c Il cinema italiano fa ancora centro! Ho pianto!
d Che delusione! Il film precedente era decisamente superiore!
e Due grandi attrici ci fanno riflettere sul tema della malattia mentale.

1 ★★★★☆

Beatrice è una donna chiacchierona che ha conosciuto il benessere prima di innamorarsi perdutamente dell'uomo sbagliato. Donatella è una ragazza madre a cui è stato tolto il figlio. Sono queste le due "solitudini" che si incontrano nel nuovo film di Paolo Virzì "La pazza gioia". E dal loro incontro nasce una profonda amicizia che sarà la salvezza per entrambe. Non era facile raccontare la malattia mentale in un *road movie* capace anche di far ridere di gusto. Virzì ci è riuscito in pieno, con una delicatezza unica nel raccontare l'universo femminile. Quelle che la società etichetta come matte sono le uniche a provare sentimenti veri, circondate da un mondo egoista incapace di comprendere la fragilità altrui.

2 ★★★★☆

Da vedere, decisamente. La bravura delle interpreti (la Bruni Tedeschi, è strepitosa) rischia addirittura di far passare in secondo piano la portata delle tematiche e del modo in cui sono trattate: chi è l'insano di mente? E siamo proprio sicuri che la "cura farmacologica" sia la panacea? La pellicola li affronta tutti, ma con una leggera ironia sostenuta da una solida sceneggiatura e da una fantastica regia. Si esce dalla sala più ricchi, probabilmente più allegri ma con qualche sano dubbio in più sul concetto di "normalità".

3 ★☆☆☆☆

Premetto che Virzì è uno dei miei registi preferiti ma questa volta non mi ha convinto! L'ultimo film, *Il Capitale Umano* è stato fantastico! Mi aspettavo tanto anche questa volta leggendo le critiche invece... Sceneggiatura debole e poco credibile.

4 ★★☆☆☆

Tutto poco credibile. Bruni Tedeschi brava, ma sempre esagerata, Micaela Ramazzotti mediocre.

5 ★★★★★

Un gran bel film, intenso, drammatico, ma trattato con l'ironia che solo i grandi autori italiani sanno usare. Le due protagoniste sono perfette. Commovente!

da mymovies.it

i gusti son gusti!

7 La posizione dell'aggettivo
In base alle tue conoscenze della grammatica italiana indica l'alternativa che ritieni giusta.

a ☐ L'aggettivo qualificativo va sempre **prima** del nome.
b ☐ L'aggettivo qualificativo va sempre **dopo** il nome.
c ☐ L'aggettivo qualificativo può stare **sia prima che dopo** il nome.

Ora rileggi le opinioni del punto **6** *e trova l'aggettivo qualificativo che si riferisce a ogni nome della lista (i nomi sono in ordine), scrivilo nella posizione che occupa nel testo, come nell'esempio e verifica poi la risposta del punto precedente.*

	donna	chiacchierona
	uomo	
	amicizia	
	malattia	
	delicatezza	
	universo	
	sentimenti	
	mondo	
	piano	
	cura	
	sceneggiatura	
	film	
	film	
	autori	

8 Ancora regole
Guarda la lista precedente e completa le regole sugli aggettivi.

neutro, oggettivo

soggettivo, connotativo

1 L'aggettivo **prima** del nome di solito ha un carattere _____ _____; l'aggettivo **dopo** il nome ha invece un carattere _____.

2 Alcuni aggettivi che compaiono nel testo derivano da un nome (*aggettivi relazionali*) e in genere si riconoscono perché terminano con i seguenti suffissi: **-ale**, **-are**, **-istico**, **-ista**, **-ano**, **-oso**, **-ario**, **-ico**, **-ato**, **-ivo**. Riguarda la lista, cerca gli aggettivi relazionali: quale posizione occupano di solito? _____.

3 Che posizione occupa generalmente l'aggettivo se è un participio presente o passato o una forma alterata? _____.

4 Gli aggettivi numerali ordinali vanno ***prima del / dopo il*** nome.

Un **gran bel** film.

E 2·3
4·5

i gusti son gusti!

9 Aggettiviamo
Si gioca in coppia. Ogni coppia deve formare in cinque minuti delle frasi sensate con gli aggettivi qualificativi della lista facendo attenzione alla posizione. Vince la coppia che ha il maggior numero di frasi corrette.

ITALIANO	SCOLASTICO	LEGGERINO	ATTRAENTE	PROFONDO	ESTIVO
GRATUITO	RICCO	CHIUSO	TIMIDO	GIGANTESCO	PAZZESCO
CALDO	RISTRUTTURATO	PREVEDIBILE	SCONTATO	SUPERFICIALE	INTERNAZIONALE

10 Io direi che…
Con un compagno scegli un film che conoscete entrambi. Individualmente ognuno scrive poi una breve recensione del film scelto. Le recensioni si scambiano e si discutono insieme.

11 Che danno al cinema?
Ascolta il dialogo e indica se le affermazioni sono vere o false.

vero   falso

a A Sara non piacciono i grandi cinema.
b Sara critica l'ultimo film che l'amica le ha proposto.
c Sara ha già visto uno dei film che l'amica le propone.
d L'amica di Sara critica i film francesi perché tutti uguali.
e L'amica di Sara ha letto delle recensioni su un film di Almodóvar.
f Alla fine si accordano per un film d'azione.

LEZIONE 6

i gusti son gusti!

Ora leggi e verifica.

▲ Sara, un cinemino stasera come lo vedi?
◆ Mah, sì, purché non sia quel cinema sfigato dove mi hai portato l'ultima volta.
▲ Perché sfigato? Era un cinema *d'essai*. E comunque non ti va mai bene niente. I multisala non li sopporti perché puzzano di pop corn, quelli alternativi sono sfigati. Dimmi tu dove vuoi andare allora!
◆ E dai! Non te la prendere, dicevo per dire. L'esperta di cinema sei tu, quindi decidi tu!
▲ Vabbè va, vediamo che danno. Allora, al cinema Mignon c'è *In nome di mia figlia* con Daniel Auteil…
◆ No, i film francesi, no, per favore, lo sai che poi mi addormento.
▲ Beh, non è che i film francesi siano tutti uguali! E poi *Piccole bugie tra amici* con la Cotillard ti era piaciuto tanto, o no?
◆ Sì, lo so, però in genere non amo il cinema francese.

> Troppo pesante **per i miei gusti**.

▲ D'accordo, allora c'è *Alice attraverso lo specchio*, un fantasy…
◆ No, fantasy no. Non è il mio genere.
▲ E *Julieta* di Aldomóvar? Mi hanno detto che è un bel film.
◆ Sì, bello, ma un po' troppo pesante per i miei gusti e comunque l'ho già visto.
▲ Mica facile trovare un film che ti vada bene… *Lo chiamavano Jeeg Robot*, ho letto delle ottime recensioni, che dici?
◆ Di che parla?
▲ Parla di un tipo che entra in contatto con una sostanza radioattiva e scopre di avere dei nuovi poteri, è un film d'azione, ma anche drammatico. Il protagonista è Claudio Santamaria.
◆ Beh, Claudio Santamaria merita, allora sì, dai, va bene.

> **Dicevo per dire**.

▲ Però, bel criterio di scelta, non c'è che dire!

Nel dialogo compaiono diverse espressioni colloquiali. Cercale e scrivile accanto all'espressione standard.

Avresti voglia? Ti andrebbe?   _____
Triste, sfortunato   _____
Critichi sempre   _____
È un bel tipo   _____

12 Si usa perché…

Nel dialogo compaiono tre esempi di congiuntivo. Scrivili nella tabella accanto alla spiegazione corrispondente. Indica anche se secondo te si tratta di un uso obbligatorio (o) o facoltativo (f). Confrontati con un compagno e poi in plenum.

E 6·7·8

Si usa il congiuntivo perchè c'è…	o	f	
… una frase relativa con valore restrittivo/limitativo.	☐	☐	
… una congiunzione che esprime una condizione.	☐	☐	
… una negazione nella frase principale.	☐	☐	

i gusti son gusti!

13 I gusti son gusti
Leggi le schede sui film, poi lavora con un compagno. Dividetevi i ruoli e fate un dialogo.

A
Sei un appassionato di cinema, se potessi ci andresti ogni sera. Ti piacciono quasi tutti i generi, dal fantasy alla commedia. Per te ciò che conta è il film, la sala non ha nessuna importanza. L'amico a cui proponi di andare al cinema è invece di gusti difficili.

B
Il cinema ti piace, ma sei molto selettivo. Per te non conta solo la pellicola, ma anche il contorno: la sala, l'atmosfera giusta.
Un tuo amico, che invece guarda di tutto, ti propone di andare al cinema.

Azione, 115 min.
I maghi del crimine
Una buona idea iniziale per un film che, con il passare dei minuti, perde il suo potenziale e indubbio fascino.

Biografico, 107 min.
Pelé
Uno spettacolo senza fantasia, che non rende onore al soggetto che tratta.

Drammatico, 110 min.
Fiore
Giovannesi racconta il mondo del carcere senza retorica, grazie alla sua regia agile e mai esagerata.

Drammatico, 108 min.
L'uomo che vide l'infinito
La storia di una mente geniale che supera le barriere della rigidità accademica e fa una piccola rivoluzione.

Fantascienza, 123 min.
Warcraft - L'inizio
Primo capitolo di una saga fantasy. Non c'è spazio per le sfumature ma il cast è indovinato e il ritmo sostenuto.

Commedia, 93 min.
The Nice Guys
Un'improbabile coppia di investigatori che non annoia ma nemmeno entusiasma.

14 Un'idea rivoluzionaria?
Che cosa potrebbe essere la "Screening room" che dovrebbe rivoluzionare il cinema? Insieme a un compagno scegli l'ipotesi che ti ispira di più.

- **a** ☐ Una sala dover poter vedere il film con degli occhiali speciali.
- **b** ☐ Una sala arredata secondo il tipo di film che si proietta.
- **c** ☐ Un collegamento da casa con il cinema che dà il film che si vuole vedere.
- **d** ☐ Un apparecchio che permette di vedere a casa il film che si vuole, anche se appena uscito.

i gusti son gusti!

Ora leggi e verifica.

Buio in salotto, c'è la prima (in tv)

The Screening room è il nome di un marchingegno che ti fa vedere i film in streaming a casa tua, lo stesso giorno in cui escono nelle sale. Spendendo cinquanta dollari a titolo, non tantissimo per un gruppo di amici o una famiglia con bambini (va calcolato anche il risparmio sulla baby sitter!).
L'idea ha fatto venire i brividi ai distributori e agli esercenti. Temono che la proposta di Sean Parker – già inventore di *Napster* per lo scambio di file musicali, e ora dirigente di *Spotify* – contribuisca al brutto momento già attraversato dai negozi di cd e dalle librerie. I registi sono divisi. Fra i favorevoli Martin Scorsese e Steven Spielberg. Contrarissimo è, invece, James Cameron, che intanto annuncia non uno ma ben quattro sequel di *Avatar* entro il 2022: il cinema va goduto tutti insieme in sala.
The Screening Room è il nome dell'ultima minaccia verso il cinema come lo conosciamo oggi. O della splendida opportunità per conquistare altro pubblico con il portafoglio ben fornito, l'abitudine allo *streaming* (legale o illegale che sia) e poca voglia di uscire la sera. Quali saranno gli sviluppi è troppo presto per dirlo. Intanto, per frenare l'emorragia di spettatori, le poltrone sono sempre più comode, i *multiplex* si sforzano di far vivere ai propri spettatori esperienze video e audio sempre più coinvolgenti, e già qualcuno sta pensando a salette dove sia consentito l'uso degli *smartphone*. Così da non dover twittare di nascosto, mentre i vicini borbottano. Non sarà la fine del cinema, annunciata già decine di volte. La prima, quando in tutte le case entrò un elettrodomestico chiamato televisione. Hollywood rilanciò con il formato gigante del *cinemascope* e il primo tentativo di film in 3D, da vedersi con gli occhialini di carta.

da Iodonna.it

Indica se le seguenti affermazioni sono contenute nel testo.

a Il prezzo dell'apparecchio per poter vedere i film è di cinquanta dollari. ☐
b L'ideatore della *Screening Room* è già noto per altre invenzioni famose. ☐
c Hollywood è contraria a questa invenzione. ☐
d Alcuni cinema stanno già facendo nuove proposte per limitare la fuga di spettatori. ☐
e La *Screening room* mette in serio pericolo l'esistenza delle sale cinematografiche. ☐

i gusti son gusti!

15 Sinonimi

Per ogni parola vengono dati due sinonimi, tutti e due corretti. Trova il significato più adatto per ogni parola all'interno del testo del punto **14**. *Le parole sono in ordine.*

1. marchingegno → ☐ stratagemma / ☐ aggeggio
2. brividi → ☐ tremori / ☐ paura
3. esercenti → ☐ conduttori / ☐ venditori
4. ben → ☐ bene / ☐ addirittura
5. opportunità → ☐ possibilità / ☐ utilità
6. sviluppi → ☐ evoluzioni / ☐ miglioramenti
7. emorragia → ☐ sanguinamento / ☐ perdita
8. coinvolgenti → ☐ compromettenti / ☐ interessanti
9. borbottano → ☐ parlano / ☐ si lamentano

16 *Far fare*

Nel testo ci sono tre esempi della costruzione fare + *infinito. Insieme a un compagno rifletti sul suo uso e indica la risposta esatta.*

- *The Screening room* è il nome di un marchingegno che ti **fa vedere** i film in streaming a casa tua.
- L'idea **ha fatto venire** i brividi ai distributori.
- I multiplex si sforzano di **far vivere** ai propri spettatori esperienze video e audio sempre più coinvolgenti.

La costruzione fare + *infinito si usa quando...*

a. ☐ il soggetto non compie direttamente l'azione.
b. ☐ la frase è impersonale.
c. ☐ la frase è passiva.

E 9·10

17 Gli ebook faranno scomparire i libri?

In piccoli gruppi forma delle frasi con i seguenti elementi.
Vince il gruppo che nel tempo minore ha il maggior numero di frasi corrette.

| Es. Credi che gli ebook faranno scomparire i libri cartacei? |

	rivedere	libri cartacei
	riparare	il DVD della *Vita è bella*
	assaggiare	le tue scarpe da montagna
Far	rivivere	la macchina
	sentire	ricordi della scuola
	prestare	le foto delle ultime vacanze
	scomparire	una tartina
	provare	il podcast che hai scaricato

LEZIONE 6

i gusti son gusti!

18 Cinema italiano

Ascolta il dialogo e indica quali film vengono nominati. Se necessario puoi ascoltare più volte. Dopo ogni ascolto confrontati con una persona diversa.

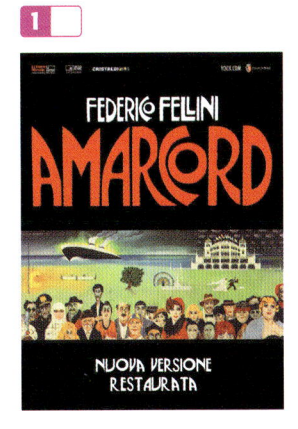

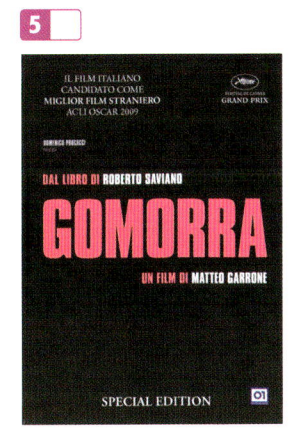

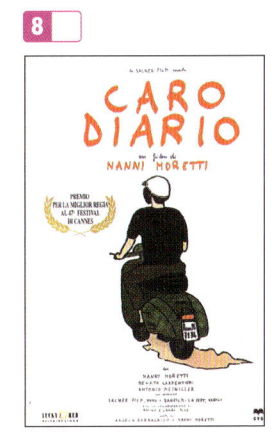

1	2	3	4
AMARCORD – Federico Fellini	MEDITERRANEO – Gabriele Salvatores	LA VITA È BELLA – Roberto Benigni	LA STRADA – Federico Fellini

5	6	7	8
GOMORRA – Matteo Garrone	UN BORGHESE PICCOLO PICCOLO – Mario Monicelli	I CENTO PASSI – Marco Tullio Giordana	CARO DIARIO – Nanni Moretti

Ascolta ancora e indica per ogni periodo del cinema italiano quante più informazioni riesci a capire. In piccoli gruppi prepara poi alcune domande da fare agli altri gruppi.

Cinema neorealista	
Commedia all'italiana	
Cinema d'autore	
Cinema anni '80/'90	
Cinema contemporaneo	

LEZIONE 6

video e grammatica

'ALMA.tv

Vai su *www.alma.tv* nella rubrica In viaggio con Sara e guarda il video **Roma | Prima parte**.
In un quaderno rispondi alle seguenti domande: quali aggettivi usa Sara per descrivere Roma? Qual è la particolarità del locale in cui entra? Chi è il personaggio intervistato e perché è famoso?
Confrontati con un compagno e con il resto della classe.

Grammatica

La posizione dell'aggettivo

È veramente un **bravo** regista. (soggettivo)
È veramente un regista **bravo**. (oggettivo)

*L'**aggettivo qualificativo** in genere segue il nome, ma la sua posizione può variare, a seconda di quello che vogliamo esprimere, se vogliamo dare cioè alla frase un carattere più oggettivo, neutro o più connotato/soggettivo.*

Si tratta di un progetto internazion**ale**.

Alcuni aggettivi qualificativi hanno una posizione fissa. Seguono sempre il nome:
*- gli aggettivi relazionali (che derivano cioè da un nome e che terminano con suffissi come -**ale**, -**are**, -**istico**, -**ista**, -**ano**, -**oso**, -**ario**, -**ico**, -**ato**, -**ivo**).*

È una casa piccol**ina**.
La ragazza **sorridente**.
È una zona **protetta**.

- le forme alterate.
- i participi (presente e passato) usati come aggettivi.

Uso del congiuntivo con frase principale negativa

Non è che i film francesi **siano** tutti uguali!
Non dico che **sia** noioso, però preferirei vedere altro.

Quando nella frase principale c'è un verbo negativo, in italiano si usa il congiuntivo.

Uso del congiuntivo con *purché*

Ti aiuto a fare matematica **purché** tu **stia** attento.
Ammesso che tu **abbia** ragione, io non glielo dico comunque.

Nelle frasi introdotte da parole o espressioni che esprimono una condizione, un'eventualità come **purché**, **a condizione che**, **ammesso che**, **a patto che**, **nell'eventualità che**, *si usa il congiuntivo.*

La struttura *fare* + infinito

Io non so installare il programma, **lo faccio fare** dal nostro tecnico.
L'idea **ha fatto venire** i brividi ai produttori.

*La costruzione **fare** + infinito viene usata per sottolineare che il soggetto della frase non compie direttamente l'azione.*

In giro per musei

7

comunicazione

- Iniziare e concludere un'esposizione
- Concludere, mettere a fuoco
- Raccontare precisando particolari
- Descrivere un'immagine
- Esprimere accordo e/o disaccordo

grammatica

- Ripresa e ampliamento delle preposizioni di luogo *In* e *A*
- La concordanza dei tempi al congiuntivo: ripresa e approfondimento
- L'infinito usato come sostantivo
- I pronomi relativi: ripresa e approfondimento
- Il pronome relativo possessivo *Il cui*
- Il pronome relativo *Il che*

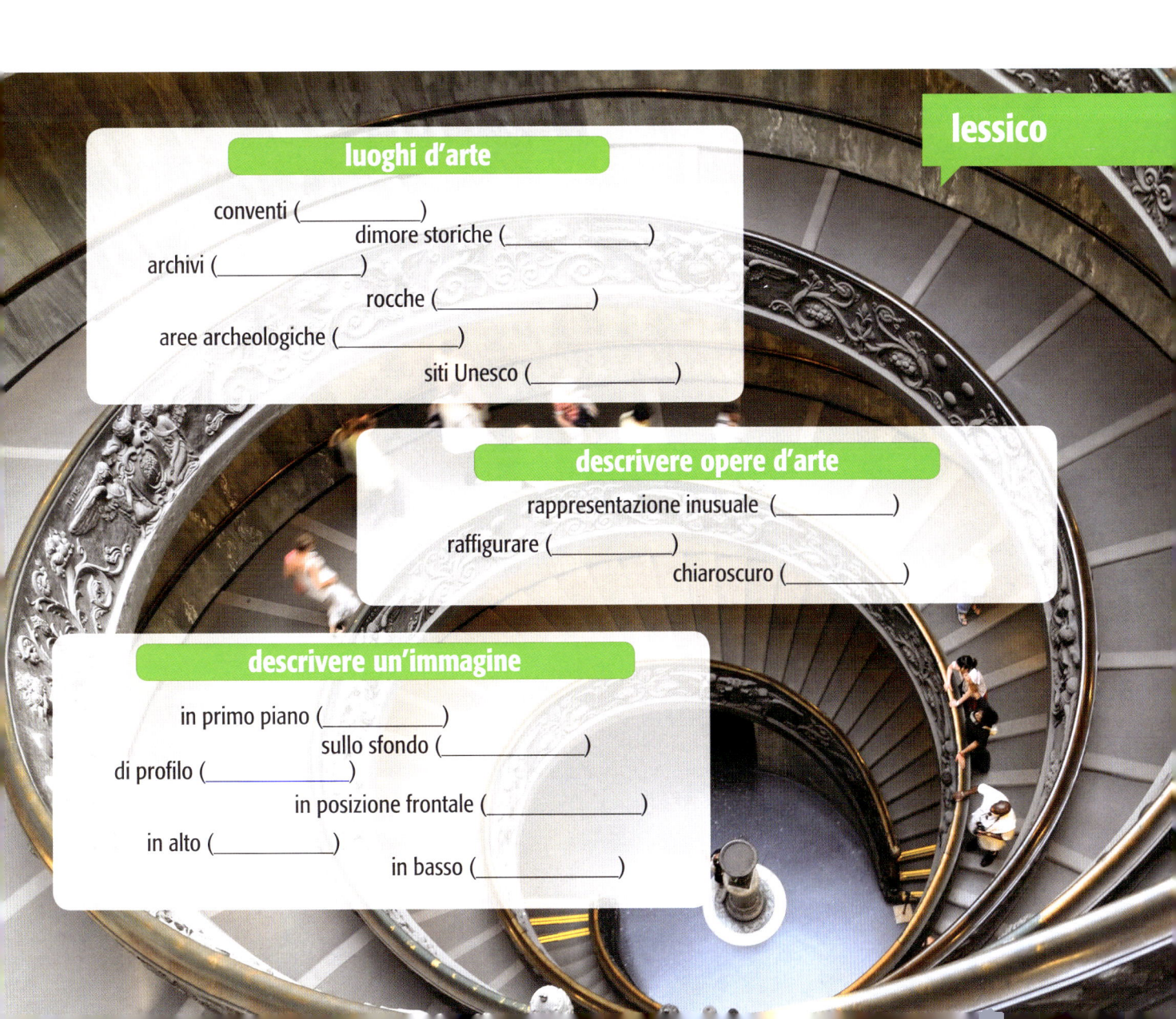

lessico

luoghi d'arte
- conventi (_____)
- dimore storiche (_____)
- archivi (_____)
- rocche (_____)
- aree archeologiche (_____)
- siti Unesco (_____)

descrivere opere d'arte
- rappresentazione inusuale (_____)
- raffigurare (_____)
- chiaroscuro (_____)

descrivere un'immagine
- in primo piano (_____)
- sullo sfondo (_____)
- di profilo (_____)
- in posizione frontale (_____)
- in alto (_____)
- in basso (_____)

in giro per musei

1 Sai dov'è?

Guarda le foto. Sai di quali luoghi si tratta e dove si trovano? Con un compagno fai delle ipotesi e verifica poi in plenum.

Se pensi ai luoghi d'arte in Italia, cosa ti viene in mente? Prendi qualche appunto, confrontati in piccoli gruppi e poi in plenum.

_____
_____
_____

1. Caserta, La Reggia; 2. Firenze, Piazza della Signoria; 3. Venezia, Piazza San Marco; 4. Pompei, la Necropoli; 5. Torino, Mole Antonelliana; 6. Roma, Piazza Navona

LEZIONE 7

in giro per musei

2 L'Italia dell'arte
Prova a completare il testo con le parole o i numeri della lista. Poi confrontati con un compagno.

Campania	centri storici	Centro Italia	città d'arte	Firenze	mondo
Nord	Paese	Pompei	Umanità	50	95.000

L'Italia, il Paese dell'arte e della storia

L'Italia è sinonimo di arte e storia. Le bellezze artistiche sono ovunque e ogni angolo del _____ riserva infinite e meravigliose sorprese. Il nostro è uno dei maggiori patrimoni artistico-culturali del _____.

Roma, Firenze, Assisi, Venezia, Siena, Pisa, Napoli, sono tra le più note _____ del Paese, ma il territorio è pieno di centri storici di incomparabile bellezza. I numeri lo confermano: _____ chiese monumentali, 40.000 fra rocche e castelli, 30.000 dimore storiche con 4.000 giardini, 36.000 fra archivi e biblioteche, 20.000 _____, 5.600 musei e aree archeologiche, 1.500 conventi.

In Italia si possono effettuare viaggi alla scoperta di residenze private di antiche e nobili famiglie, visitare musei conosciuti a livello mondiale, come la Galleria degli Uffizi a _____, i Musei Capitolini a Roma, la Pinacoteca di Brera a Milano, il museo Egizio a Torino, la Scuola Grande di San Rocco a Venezia, scoprire eccezionali siti archeologici, come _____ ed Ercolano, dove si può respirare la storia di un passato emozionante e grandioso.

L'Italia annovera ben _____ siti inseriti dall'Unesco nella Lista del Patrimonio dell'_____, la World Heritage List.

Si tratta di luoghi ben conosciuti come le Dolomiti, Verona, Ferrara e il delta del Po, al _____; il centro storico di San Gimignano in Toscana, quello di Urbino nelle Marche e quelli di Firenze e Roma, Villa Adriana e Villa D'Este a Tivoli, nel _____; l'area archeologica di Pompei, Ercolano e Torre Annunziata, i Sassi e il parco delle chiese rupestri di Matera, la costiera amalfitana in _____, le isole Eolie in Sicilia, e via dicendo.

da italia.it

3 *In o a?*
Sottolinea nel testo le preposizioni **in** *e* **a** *(semplici e articolate) e completa la regola.*

La preposizione *a* si usa prima di una _____. Es: _____
La preposizione *in* si usa prima di una _____. Es: _____
La preposizione *in* + articolo si usa quando il nome della _____ che segue è al plurale. Es: _____
La preposizione *in* + articolo si usa anche quando il nome della città, della regione o del Paese è ulteriormente connotato, ovvero, se c'è un'ulteriore informazione.
  Es: _____
Con i punti cardinali (Nord, Sud, Ovest, Est) si usa la preposizione: _____.
  Es: _____

LEZIONE 7 | 79

in giro per musei

4 Una ricerca
Dei luoghi nominati nel testo del punto **2** *ne conosci qualcuno? In un piccolo gruppo sceglietene uno e fate una ricerca in Internet che presenterete poi al resto della classe.*

5 Che meraviglia!
Ascolta un paio di volte e rispondi alle domande parlando con un compagno.

a Perché una delle due donne mette fretta all'altra?
b Qual è la reazione di Laura alla vista della chiesa di Sant'Agostino e alla vista del quadro?
c Perché la rappresentazione del quadro viene definita "inusuale"?
d In che modo le due foto qui sotto sono collegate tra di loro?

Leggi e verifica.

■ Laura, dai, vieni! Ce ne manca ancora una…
▼ Oddio, **pensavo le avessimo viste già tutte!** Mi fanno male i piedi. Non possiamo fare una pausa? Che ne so, prenderci un bel gelato?
■ Per il gelato c'è sempre tempo. Ci dobbiamo sbrigare perché **temo che la chiesa chiuda a ora di pranzo**. Dai, ti prometto che è l'ultima. Per oggi…
▼ Speriamo!
■ Ci siamo, eccola! La Basilica di Sant'Agostino.
▼ Ah! **Sei sicura che sia questa? Immaginavo fosse più vistosa, più grande**.
■ Il bello è nascosto all'interno. Dai entriamo! Ecco, guarda lì, la Madonna del Pellegrino di Caravaggio.
▼ Che meraviglia! È una rappresentazione alquanto inusuale della Madonna.
■ Infatti! L'opera all'epoca fece scalpore perché Caravaggio raffigurò la Madonna come una donna qualunque, scalza, vestita male, rappresentata sul portone di una casa con i muri scrostati che guarda due fedeli malridotti e con i piedi sporchi.
▼ **Immagino allora che il quadro glielo abbiano rifiutato**.
■ No, invece alla fine, pur se criticatissimo, venne accettato perché in fondo esaltava valori tipici cristiani come povertà e umiltà.
▼ Bellissimo, veramente!
■ **Alcuni dicono che la donna rappresentata fosse una delle sue amanti**. E la cosa più interessante è che il portone del quadro è lo stesso della casa in cui il pittore ha vissuto per un periodo, è qui vicino, quando usciamo te lo faccio vedere.
▼ Ah! Veramente **pensavo che saremmo andate a prenderci un gelato**!

LEZIONE 7

in giro per musei

6 La concordanza dei tempi
Con un compagno completa l'ultima frase della definizione della concordanza dei tempi.

> Per concordanza dei tempi si intende il rapporto cronologico che c'è tra frase principale e frase secondaria. Il tempo della secondaria definisce la relazione temporale (di anteriorità, contemporaneità, posteriorità) tra l'evento espresso nella frase secondaria e quello espresso nella principale.
> Stabilisce cioè se l'evento della *principale / secondaria* è accaduto prima, durante o dopo quello della *principale / secondaria*.

7 Cerca gli esempi
*Con un compagno inserisci nella tabella le frasi **evidenziate** nella trascrizione del dialogo del punto 5, a seconda del rapporto temporale che esprimono. Confronta poi in plenum.*

	anteriorità	contemporaneità	posteriorità
Frase principale al presente			
Frase principale al passato			

Osserva le due frasi con principale al presente e azione della dipendente anteriore. Che tempi avrebbero all'indicativo?

- Dicono che la donna fosse la sua amante. → So che la donna _____ la sua amante.
- Immagino che il quadro glielo abbiano rifiutato. → So che il quadro glielo _____.

8 La concordanza al congiuntivo
Completa la tavola dei verbi usati nella concordanza con frase della secondaria al congiuntivo.

Tempo della principale	Azione della secondaria		
	anteriore (prima)	contemporanea (durante)	posteriore (dopo)
presente	Congiuntivo passato o _____	Congiuntivo _____	Congiuntivo _____
passato	Congiuntivo _____	Congiuntivo imperfetto	Congiuntivo imperfetto o _____

> Pensavo che **saremmo andate** a casa.
> Pensavo che **andassimo** a casa.

E 4·5
6·7

LEZIONE 7 | 81

in giro per musei

9 Tu lo sai?

Prova ad abbinare le opere all'autore che le ha realizzate e al luogo in cui si trovano, come nell'esempio. Le sei opere sono divise in coppie.

Opera	Autore	Dove è custodita
La Camera degli sposi	Botticelli	Castello di S. Giorgio, Mantova
La nascita di Venere	*Mantegna*	Museo degli Uffizi, Firenze
L'ultima cena	Michelangelo	S. Maria delle Grazie, Milano
Il Giudizio universale	Leonardo	Musei vaticani, Roma
Gli affreschi della cappella degli Scrovegni	Bernini	Padova
La fontana dei quattro fiumi	Giotto	Piazza Navona, Roma

Ora confrontati con un compagno seguendo l'esempio. Alla fine controllate sulla soluzione in fondo alla pagina quanti abbinamenti avete indovinato.

- ■ Chi pensi sia l'autore della **Camera degli sposi**?
- ▼ Penso sia **Mantegna**.
- ■ E dove pensi sia custodita l'opera?
- ▼ Credo si trovi a **Mantova, nel Castello di San Giorgio**.

10 Concordiamo

Si lavora in piccoli gruppi. Ogni partecipante sceglie l'inizio di una frase, lancia il dado e, a seconda del numero lanciato, completa la frase secondo le seguenti corrispondenze: 1/2=anteriorità; 3/4=contemporaneità; 5/6=posteriorità.

Temo che …
Non immaginavo che …
Ho pensato che …
Penso che …
Suppongo che …

Credevo che …
Mi piacerebbe che …
Non sono sicuro che …
Non sapevo che …

11 Al museo

Ci sono comportamenti che ti infastidiscono nei musei o in altri luoghi d'arte? Parlane in piccoli gruppi.

La Camera degli sposi, Mantegna, Castello di S. Giorgio, Mantova; La nascita di Venere, Botticelli, Firenze, Museo degli Uffizi; L'ultima cena / Cenacolo, Leonardo, S. Maria delle Grazie, Milano; Il Giudizio universale, Michelangelo, Musei vaticani, Roma; Gli affreschi della cappella degli Scrovegni, Giotto, Padova; La fontana dei quattro fiumi, Bernini, Piazza Navona, Roma

in giro per musei

12 Una lettera al giornale
Leggi la lettera e confrontati poi con un compagno. Sei d'accordo con la posizione del lettore?

Caro Augias,

qualche giorno fa sono tornato agli Uffizi. Contemplare dal vivo i grandi capolavori è un'immensa emozione. Ovviamente ero in compagnia di molti turisti, la maggior parte provenienti dall'Estremo Oriente. I capolavori dell'arte italiana attirano ammiratori da tutto il mondo e questo è un fatto che ci fa onore, ma c'è un però... Durante le tre ore della visita è stato tutto un susseguirsi di scatti fotografici, selfie, flash, riprese video; molti turisti non guardavano neppure i quadri, tenevano l'occhio fisso sul display del telefonino, spostandolo a casaccio, senza curarsi di ciò che stavano inquadrando; molti giravano con le braccia alzate, filmando tutto quello che capitava a tiro; uno spettacolo deprimente. È vero che un attuale decreto legge permette di fotografare all'interno dei musei (però senza flash, regola ampiamente disattesa), ma a tutto c'è un limite. Se fossi il ministro della cultura ci ripenserei. La cultura esige rispetto; perché nei musei si può disturbare chi vorrebbe ammirare i capolavori in santa pace? Il ministro ha voluto adeguarsi all'Europa, ma mi risulta che molti Paesi europei ci stiano ripensando.
Gino Moretti

da *La Repubblica*

> È stato tutto **un susseguirsi** di scatti.

13 Cerca l'equivalente
Cerca nel testo le parole (P) o le espressioni (E) corrispondenti.

sinonimi	parole (P) o espressioni (E) del testo
guardare intensamente	P _____
importanti opere d'arte	P _____
tuttavia	E _____
hanno continuato senza sosta a fare	E è stato tutto un susseguirsi di
in modo casuale	E _____
ogni cosa, senza scegliere	E _____
non rispettata	P _____
pretende	P _____
con calma	E _____
so	E _____

14 Caro Augias, ...
Rispondi alla lettera del lettore esprimendo la tua opinione sul tema trattato.

in giro per musei

15 La Presentazione al tempio

Ascolta più volte la lezione universitaria e indica quale delle due opere viene descritta.
Dopo ogni ascolto confrontati con un compagno.

1 Nome artista: _____

2 Nome artista: _____

Riascolta e indica quali parole vengono nominate.

- ☐ opera
- ☐ quadro
- ☐ rappresentazione
- ☐ in primo piano
- ☐ pittore

- ☐ chiaroscuro
- ☐ tridimensionalità
- ☐ spettatore
- ☐ di profilo
- ☐ scultore

- ☐ sullo sfondo
- ☐ in basso
- ☐ in controluce
- ☐ prospettiva
- ☐ in posizione frontale

LEZIONE 7

in giro per musei

E ora leggi e verifica.

▼ Passiamo ora ad analizzare un'altra opera giovanile del nostro pittore, ossia la *Presentazione al Tempio* del 1455. In primo piano ci sono i protagonisti: la Vergine Maria a sinistra di profilo è coperta da un velo bianco e porge Gesù Bambino al vecchio sacerdote Simeone, anch'egli rappresentato di profilo nell'atto di prendere tra le mani il bambino. Quest'opera ha una particolarità: osservate il davanzale su cui è poggiato il gomito della Madonna. Sembra quasi dividere la scena fittizia da quella reale. Il gomito della Vergine poi dà al quadro una certa tridimensionalità, il che per l'epoca rappresentava una grande novità.

Ma torniamo ai personaggi. Notiamo la dolcezza dei tratti della Madonna e l'austerità del vecchio Simeone che è rappresentato con una lunga barba bianca riccia e crespa che simboleggia la saggezza del personaggio, il cui profilo mette in risalto il lungo naso aquilino. Guardate anche la ricchezza di particolari delle vesti di Simeone coperto da un mantello rosa tutto ricamato con motivi floreali. In secondo piano, quasi nascosto, si intravede il vecchio Giuseppe in posizione frontale il quale sembra quasi osservare la scena con un'aria severa. Inoltre sullo sfondo, a destra, spunta il viso di un giovane ragazzo. Sapete chi è? Gli storici dell'arte concordano sul fatto che si tratti di un autoritratto dell'autore dell'opera: Andrea Mantegna. A sinistra invece, con lo sguardo rivolto verso l'esterno il pittore raffigura la propria moglie, Nicolosia Bellini. Forse il nome vi dice qualcosa. Nicolosia era la sorellastra del pittore veneziano Giovanni Bellini, anche lui autore di un'altra famosissima *Presentazione al Tempio* di cui analizzeremo tra breve le differenze.

> sorellastra, fratellastro

16 A caccia di pronomi relativi

Abbina le regole ai pronomi relativi. Se necessario riguarda i relativi nella trascrizione del punto **15**.

1 ☐ È il pronome relativo più usato. Può essere solo soggetto o oggetto diretto.

2 ☐ Questo pronome relativo in genere è preceduto dalla preposizione semplice.

3 ☐ Si può usare questo pronome relativo soprattutto nella lingua scritta, sempre preceduto dall'articolo determinativo o dalla preposizione articolata.

a quale

b che

c cui

Prova a modificare le due frasi usando due casi particolari dei pronomi relativi. Poi confrontati con un compagno. Alla fine verifica gli esempi nella trascrizione del punto **15**.

1 Il pronome relativo può avere un significato "possessivo".
Es: La lunga barba simboleggia la saggezza del personaggio, **il profilo di questo personaggio** mette in risalto il lungo naso aquilino → *La lunga barba simboleggia la saggezza del personaggio, _____ profilo mette in risalto il lungo naso aquilino.*

2 C'è un pronome relativo che può significare *questo fatto, questa cosa*.
Es: Il gomito della Vergine poi dà al quadro una certa tridimensionalità, **questa cosa** per l'epoca rappresentava una grande novità → *Il gomito della Vergine poi dà al quadro una certa tridimensionalità, _____ per l'epoca rappresentava una grande novità.*

E 9-10-11

in giro per musei

17 Questione di punti di vista

Guarda queste immagini: a cosa ti fanno pensare? Le consideri arte? Parlane in piccoli gruppi.

Ora ascolta il dialogo e rispondi alle domande parlando con un compagno.

1. Dove si svolge l'intervista?
2. Qual è l'opinione del ragazzo riguardo all'arte di strada?
3. Qual è invece l'opinione della donna?
4. Ti convince di più la posizione del ragazzo o quella della donna? Perché?

18 Io la penso diversamente

In coppia dividetevi i ruoli e fate un dialogo.

A

Sei un appassionato e convinto sostenitore della *street art*. Qualche volta, con un gruppo di amici, ti diletti anche a dipingere sui muri della tua città. Per te la *street art* rappresenta la massima espressione della libertà, l'arte emancipata dai musei, l'arte per tutti. Un tuo amico però, la pensa diversamente.

B

Un tuo amico ha cominciato a dipingere con le bombolette spray delle discutibili immagini sui muri. Questa nuova forma d'arte, così la definiscono alcuni, ti disturba e non ne capisci assolutamente il significato. Per te le immagini non hanno nulla a che vedere con l'arte. Ne discuti con il tuo amico "artista".

video e grammatica

'ALMA.tv

Vai su *www.alma.tv* nella rubrica *In viaggio con Sara* e guarda il video **Venezia | La biennale**.
Come si chiamano le strade a Venezia e da cosa dipende il loro nome? Cosa si racconta della Biennale? Scrivi le risposte in un quaderno, confrontati poi con un compagno e con la classe.

Grammatica

Ripresa e ampliamento delle preposizioni di luogo *in* e *a*

Gli Uffizi sono **a** Firenze.
Lampedusa è **a** sud.

In Toscana, **nelle** Marche
In Italia, **negli** Stati Uniti
Nella Roma antica, **nell'**Italia del Nord
Mi riferisco **alla** Toscana di Lorenzo il Magnifico.

*La preposizione **a** si usa:*
- prima di una città.
- prima dei punti cardinali.
*La preposizione **in** si usa prima di*
- una regione (con articolo quando la regione è al plurale).
- un Paese (con articolo quando il Paese è al plurale).
*Le preposizioni **in** e **a** sono sempre articolate con città, regioni, Paesi quando sono ulteriormente connotati.*

La concordanza dei tempi al congiuntivo: ripresa e approfondimento

Pensavo che **avessi mandato** tu la mail. (anteriorità)
Pensavo che Marco **fosse** contento del lavoro. (contemporaneità)
Pensavo che domani non **lavorassi / avresti lavorato**. (posteriorità)

*Dopo una frase principale con un verbo al passato, si usa il **congiuntivo trapassato** per esprimere anteriorità, il **congiuntivo imperfetto** per esprimere un'azione contemporanea, il **congiuntivo imperfetto** o il **condizionale passato** per esprimere posteriorità.*

L'infinito usato come sostantivo

Il bere tanta acqua aiuta a eliminare le tossine.
Il correre può far male alle ginocchia.

*In alcuni casi l'**infinito** può essere usato anche come sostantivo maschile.*

I pronomi relativi: ripresa e approfondimento

È la ragazza **che** vive al piano di sopra.
Ti faccio vedere la macchina **che** vorrei comprare.
Questo è il DVD **di cui** ti avevo parlato.

Potrà rivolgersi alla nostra ambasciata, **la quale** si trova in via Salaria.
La lettera **per cui / per la quale** mi sono arrabbiata!
I candidati **che** (**NON**: i quali) non conoscono l'inglese non possono sostenere l'esame.

Il libro **del** quale parliamo oggi si intitola "Io".
Come si chiama l'uomo **al quale** si riferisce?

*Il pronome relativo **che** è invariabile e può essere usato sia come soggetto che come oggetto diretto.*
*Il pronome relativo **cui** è invariabile e si usa per sostituire un oggetto indiretto. Di solito è preceduto da una preposizione.*
*Le forme **il quale/la quale/i quali/le quali** possono sostituire **che** (come soggetto o oggetto) e **cui** (come oggetto indiretto) in una lingua più formale, tecnica o retorica.*
Attenzione, la sostituzione non è possibile quando la frase relativa si riferisce ad "una parte" dell'insieme presentato nella principale.
*Quando **il quale** sostituisce **cui**, la preposizione forma con l'articolo, quando previsto, una preposizione articolata.*

I pronomi relativi *il che* e *il cui*

In questo quadro l'uomo, **il cui figlio** è rappresentato di profilo, è il pittore stesso.
Se osserviamo il quadro notiamo che il braccio della donna non è del tutto proporzionato, **il che** è un po' strano.

***Cui** può avere valore di possessivo. In questo caso è preceduto dall'articolo determinativo e seguito dall'oggetto posseduto.*
*Il pronome relativo **il che** si riferisce a un intero concetto espresso e si usa per introdurre una conclusione o un commento.*

facciamo il punto 3

Bilancio

Cose nuove che ho imparato

☐ Parlare di gusti in fatto di cinema
☐ Recensire un film
☐ Espressioni legate ai generi cinematografici
☐ Criticare qualcuno
☐ Descrivere un'immagine

☐ Iniziare e concludere un'esposizione
☐ Concludere, mettere a fuoco
☐ Raccontare precisando particolari
☐ Espressioni legate all'arte e alla descrizione di immagini

Progetto

Organizziamo una mostra con le vostre opere d'arte preferite

1. Si lavora in piccoli gruppi. Ogni gruppo sceglie un'opera d'arte (può trattarsi di un'opera italiana o del vostro Paese, scelta tra pittura, scultura, architettura, fotografia)
2. Il gruppo esegue una ricerca in Internet sull'opera scelta e prepara poi un cartellone che, oltre a fornirne informazioni generali e sull'autore, dovrà anche presentarla con supporto di foto e disegni.
3. I cartelloni vengono affissi in classe.
4. Tutta la classe si muove come all'interno di una mostra e sceglie la sua opera preferita.
5. Alla fine ognuno dovrà dire quale opera ha scelto e perché.

Per approfondire

Film consigliati

Otto e mezzo
regia di Federico Fellini, 1963

La storia di un regista alle prese con una crisi d'ispirazione.

Nuovo Cinema Paradiso
regia di Giuseppe Tornatore, 1988

Una dichiarazione d'amore al cinema.

Splendor
regia di Ettore Scola, 1989

La storia di un vecchio appassionato di cinema e proprietario di una sala cinematografica, lo Splendor, *che è costretto a vendere. Un film sulla nostalgia per i film del passato e per una stagione ormai conclusa.*

Libri consigliati

Il colore del sole
di A. Camilleri, Mondadori, 2007

Un libro sulla tormentata vita del grande pittore Caravaggio.

Artemisia
A. Banti, Bompiani, 1947

Biografia in forma di diario della pittrice Artemisia.

L'Italia sostenibile

8

comunicazione

- Esprimere un giudizio, una valutazione
- Esprimere una perplessità
- Parlare di problemi ambientali
- Fare proposte
- Esprimere desideri

grammatica

- La posizione dei pronomi con gerundio, participio, infinito e imperativo
- Ripresa e ampliamento della posizione dell'aggettivo
- I diversi usi del futuro
- La posizione dell'avverbio

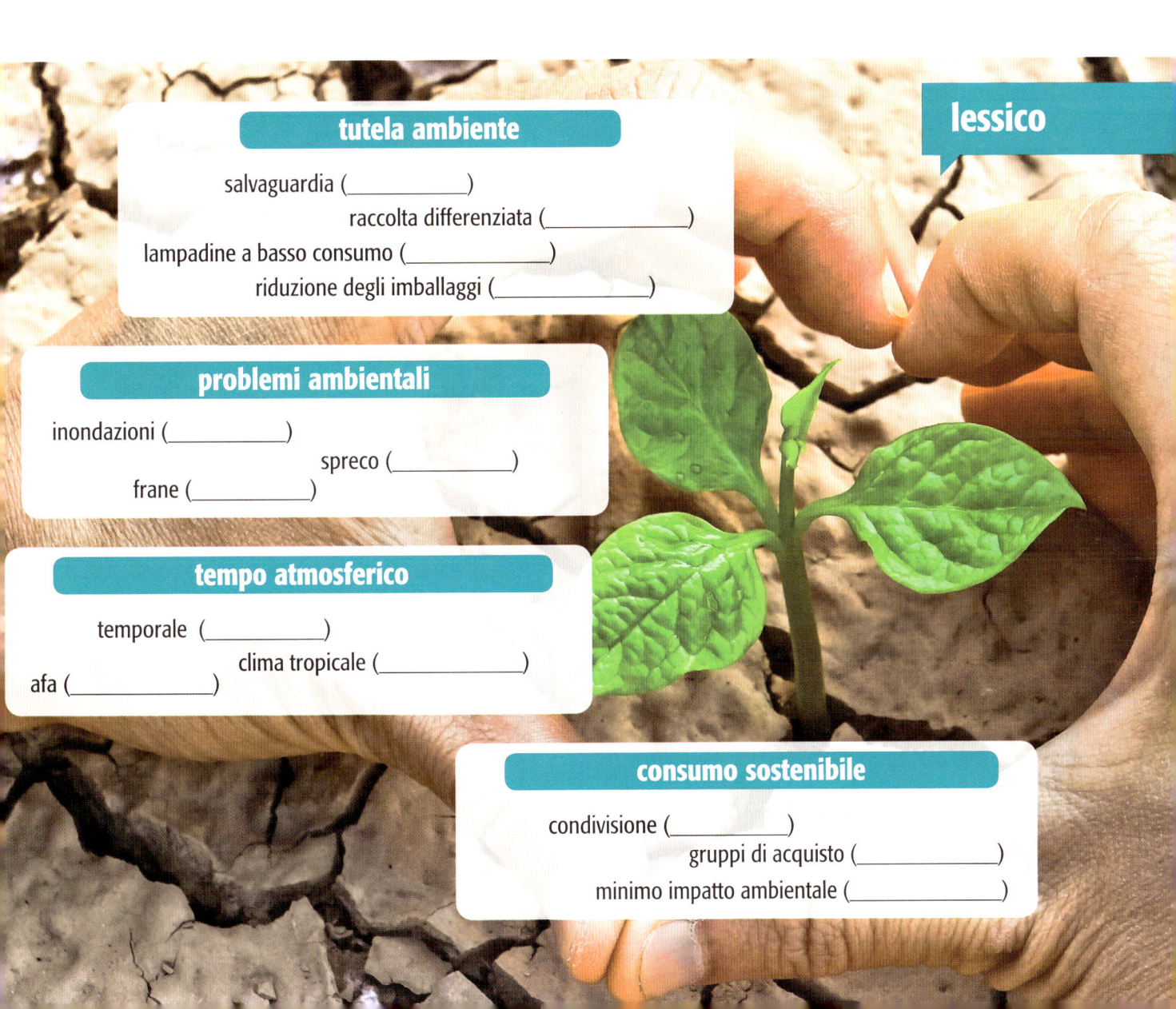

lessico

tutela ambiente
- salvaguardia (_____)
- raccolta differenziata (_____)
- lampadine a basso consumo (_____)
- riduzione degli imballaggi (_____)

problemi ambientali
- inondazioni (_____)
- spreco (_____)
- frane (_____)

tempo atmosferico
- temporale (_____)
- clima tropicale (_____)
- afa (_____)

consumo sostenibile
- condivisione (_____)
- gruppi di acquisto (_____)
- minimo impatto ambientale (_____)

l'Italia sostenibile

1 Riflessioni
Guarda le foto. A cosa ti fanno pensare? Confrontati in piccoli gruppi.

2 Succede che...
A quali titoli di giornale potrebbero corrispondere le foto? Confrontati con un compagno.

- **a** ☐ Gli orti urbani raddoppiati in un anno: da 90 a 180
- **b** ☐ 100 modi per ridurre lo spreco degli imballaggi
- **c** ☐ Autostrade ciclabili, firma storica per 1500 km in tutta Italia
- **d** ☐ Acqua, ogni giorno seimila litri a testa: ecco tutti gli sprechi nascosti
- **e** ☐ Raccolta differenziata, la rimonta delle regioni del sud
- **f** ☐ L'auto da condividere che fa bene all'ambiente e all'economia

l'Italia sostenibile

3 Per un mondo sostenibile
Quali delle seguenti iniziative per la salvaguardia dell'ambiente ritieni utili?
A quali partecipi personalmente? Ne aggiungeresti altre? Confrontati in un piccolo gruppo.

- Partecipare alla raccolta differenziata dei rifiuti
- Spegnere gli apparecchi - quando non utilizzati - e non lasciarli in standby
- Usare le lampadine a basso consumo
- Usare i mezzi pubblici
- Preferire il treno all'aereo quando possibile
- Chiudere il rubinetto quando ci si lava i denti
- Condividere l'auto, se possibile
- Portare con sé borse di stoffa o simili quando si va a fare la spesa
- Evitare gli spray
- Preferire i prodotti a chilometro zero (prodotti che non provengono da Paesi lontani)
- Evitare gli imballaggi
- Evitare di acquistare acqua, e altre bevande, nelle bottiglie di plastica

_____
_____

4 L'Italia che cambia
Leggi i testi e indica con un punteggio quali delle iniziative presentate ti sembrano utili (1 = poco utile, 5 = molto utile). Confrontati poi con un compagno.

1 ☐ Le Banche del Tempo: ore al posto di denaro

Le Banche del Tempo nascono da una grande intuizione: trasformare il denaro in tempo. Sono organizzate come istituti di credito in cui le transazioni sono basate sulla circolazione del tempo, anziché del denaro. Una persona, una volta <u>iscrittasi</u> al circuito, offre un servizio della durata di un'ora a un altro iscritto, per esempio <u>riparandogli</u> la macchina o <u>tagliandogli</u> i capelli. Alla fine, il primo avrà maturato un credito di un'ora, mentre il secondo un debito di pari importo. Nella Banca del Tempo il valore delle attività scambiate corrisponde unicamente alle ore impiegate per <u>realizzarle</u> e la regola è coniugare l'utilità con il piacere.

2 ☐ *GAS: un nuovo modo di fare la spesa*

Cerchi un altro modo di fare la spesa? <u>Iscriviti</u> ai GAS! I GAS (Gruppi di Acquisto Solidale) sono gruppi di famiglie residenti nello stesso quartiere, o talvolta anche nello stesso condominio, che si auto-organizzano per effettuare collettivamente i propri acquisti, entrando direttamente a contatto con in produttori della zona. A differenza dei normali gruppi di acquisto, i GAS sono ispirati ai principi del consumo critico, di equità e solidarietà, della salvaguardia dell'ambiente. Pertanto scelgono quei produttori che possano garantire, oltre alla qualità, anche il minimo impatto ambientale, attraverso le colture biologiche, la riduzione degli imballaggi, l'uso di materie prime locali.

3 ☐ *Leila: per capire che non tutto ciò che abbiamo ci occorre veramente*

Avete in casa un oggetto nuovo o poco usato? <u>Condividetelo</u>! È possibile <u>farlo</u> in modi diversi, ma il più semplice è *Leila*, la "biblioteca degli oggetti", dove le persone lasciano in deposito cose che utilizzano poco, <u>mettendole</u> a disposizione degli altri. È un modo per costruire una nuova forma di scambio basata sulla condivisione anziché sulla mediazione del denaro. All'iniziativa hanno ormai aderito diverse persone. Diffondetela anche nella vostra città!

da italiachecambia.org

l'Italia sostenibile

5 Caccia alla parola

In piccoli gruppi cercate i sinonimi (sin.) o i contrari (con.) delle parole presenti nei testi che avete letto. Vince il gruppo che finisce per primo.

1 Le Banche del tempo
- **a** sin. di *banca* _____
- **b** sin. di *soldi* _____
- **c** con. di *credito* _____
- **d** sin. di *unire* _____

2 Leila
- **a** sin. di *palazzo* _____
- **b** con. di *disuguaglianza* _____
- **c** sin. di *tutela* _____
- **d** sin. di *effetto* _____

6 Prima o dopo?

Alcuni aggettivi qualificativi in italiano cambiano molto il significato se la loro posizione è prima o dopo il nome a cui si riferiscono. Scegli, per le espressioni della lista, il significato dell'aggettivo scrivendo PRE se si trova in posizione pre-nominale (prima del nome) e POST se si trova in posizione post-nominale (dopo il nome). Poi confronta con un compagno.

1 **grande** intuizione — [____] di grandi dimensioni / [____] importante
2 oggetto **nuovo** — [____] un altro, ulteriore / [____] non usato
3 modi **diversi** — [____] molti, numerosi / [____] di diverso genere, differenti
4 **nuova** forma — [____] un'altra, ulteriore / [____] non usata
5 **diverse** persone — [____] molte, numerose / [____] di diverso genere, differenti

Scrivi, insieme a un compagno, una frase con l'aggettivo **grande** *in posizione post-nominale.*

_____

Lavora con un gruppo di compagni. Provate a scrivere delle frasi con gli aggettivi della lista, usandoli sia prima che dopo i nomi a cui si riferiscono.
Poi in plenum, con l'aiuto dell'insegnante, verificatene i significati.

| alto | bello | buono | povero | vecchio |

7 La posizione dei pronomi

Osserva nel testo del punto **4** *le parole* <u>sottolineate</u> *e indica l'opzione corretta.*

1 Con **il gerundio** i pronomi ☐ precedono ☐ seguono
2 Con **l'infinito** i pronomi ☐ precedono ☐ seguono
3 Con **il participio passato** i pronomi ☐ precedono ☐ seguono ⎱ il verbo.
4 Con **l'imperativo informale singolare** (tu) i pronomi ☐ precedono ☐ seguono
5 Con **l'imperativo informale plurale** (voi) i pronomi ☐ precedono ☐ seguono

l'Italia sostenibile

8 Pensieri...

Completa questi aforismi con il pronome adeguato nella posizione che ritieni giusta rispetto al verbo. Commenta poi con un compagno gli aforismi. Quale ti colpisce maggiormente?

1 **Andrea Zanzotto**
Devo lasciare un biglietto a mio nipote: la richiesta di perdono per non _____ aver _____ lasciato un mondo migliore di quello che è.

2 **Francesco Bacone**
Non possiamo comandare la Natura se non _____ *obbedendo* _____.

3 **Andy Warhol**
Credo che avere la terra e non _____ *rovinar* _____ sia la più bella forma d'arte che si possa desiderare.

4 **Proverbio del popolo navajo**
Non ereditiamo la terra dai nostri antenati, _____ *prendiamo* _____ in prestito dai nostri figli.

5 **Anonimo**
Diciamo di amare i fiori, ma _____ *strappiamo* _____. Diciamo di amare gli alberi, ma _____ *abbattiamo* _____. E la gente ancora si chiede perché alcuni hanno paura quando _____ *viene detto* _____ che sono amati.

9 Una mail

Hai partecipato a una delle iniziative presentate al punto **4**. *Scrivi una mail a un amico seguendo lo schema qui sotto.*

- Descrivi l'iniziativa.
- Racconta come ti senti a parteciparvi.
- Cerca di convincere l'amico a parteciparvi.

l'Italia sostenibile

10 Sempre colpa del tempo!

Ascolta il dialogo e indica di quali fenomeni si parla e quali animali vengono nominati.

- 1 ☐ inondazioni
- 2 ☐ frane
- 3 ☐ scioglimento dei ghiacciai
- 4 ☐ desertificazione
- 5 ☐ diffusione di nuove specie animali
- 6 ☐ innalzamento del livello dei mari
- 7 ☐ estinzione di alcune specie animali
- 8 ☐ orsi polari
- 9 ☐ lupi
- 10 ☐ lucciole
- 11 ☐ cinghiali
- 12 ☐ pappagalli
- 13 ☐ cornacchie
- 14 ☐ gabbiani

Completa il dialogo con le parole della lista.

| afa | allarmismi | clima | inondazioni | ombra |
| pappagalli | primavere | sparizione | stagioni | temporali |

■ Madonna che caldo, c'è un'_____ che sembra di stare ai Tropici! Ci saranno almeno 30 gradi all'_____. Se fa già così caldo a maggio figurati che caldo farà a luglio!

▼ E una volta fa troppo caldo, una volta troppo freddo… poi tira troppo vento, ma insomma, basta lamentarsi del tempo!

■ Guarda che il tempo influenza moltissimo lo stato d'animo della gente!
E poi scusa, mica è colpa mia se non ci si capisce più niente… _____ in estate, inverni che sembrano _____… e poi lo dicono tutti no? Ormai non esistono più le mezze _____.

▼ Mah, sarà poi vera questa cosa? Io ho i miei dubbi. Secondo me sono solo i soliti _____ dei media. Mi ricordo che mia nonna trent'anni fa diceva esattamente le stesse cose.

■ Bè, tua nonna avrà detto pure le stesse cose, però ammetterai che il _____ è cambiato! Guarda lassù i _____, siamo in Italia e sembra di stare in Brasile! Per non parlare poi delle cornacchie, mica ce n'erano così tante prima!

▼ E le _____, le frane, la _____ delle lucciole…

■ Che fai prendi in giro?

▼ No, è che il problema viene affrontato in modo sbagliato.

■ In che senso?

▼ Nel senso che poi alla fine ci si limita a lamentarsi del tempo, ma poi passata l'emergenza continuiamo a vivere come sempre, a usare la macchina per fare 100 metri, a correre dietro all'ultimo modello di *smartphone*, a comprare più cose del necessario…

Adesso ascolta e verifica.

94 LEZIONE 8

l'Italia sostenibile

11 C'è futuro e futuro
Nel dialogo compaiono diversi esempi di futuro. Insieme a un compagno cercali e scrivili accanto alla funzione a cui corrispondono, come nell'esempio. Confrontati poi in plenum.

1 Il futuro è usato per esprimere un dubbio nel presente	
2 Il futuro è usato per parlare di eventi futuri	
3 Il futuro è usato per fare una supposizione, un'ipotesi	
4 Il futuro è usato per attenuare un'affermazione	ammetterai
5 Il futuro è usato per fare una concessione, per ammettere qualcosa	

12 Continuate voi
Scegli uno di questi incipit e con un compagno continua il dialogo. Il dialogo deve avere un minimo di dieci battute. In ogni dialogo usate almeno tre tipi di futuro tra quelli presentati al punto **11**.

1 Che dici, arriveranno tutti?

2 Sarà questo il prezzo?

3 Però ammetterai che avevo ragione io!

4 50 anni? No! Tu dici?

l'Italia sostenibile

13 Le *Social Street*

Guarda le parole chiave estratte dall'articolo che leggerai. Secondo te cosa sono le Social Street *del titolo? Discutine con un gruppo di compagni*

| bacheca | città | favori | gesti utili | gruppo facebook |
| progetti | reale | rete | risorsa | scambi |

Ora leggi l'articolo.

"Da virtuale a reale, a virtuoso", questo lo slogan delle *Social Street* che in Italia si stanno diffondendo velocemente. Prendete una via qualsiasi in una città qualsiasi. Un residente lancia un gruppo su Facebook e lo pubblicizza nella zona. L'idea è creare una rete comune per compiere piccoli gesti utili agli altri e riceverne in cambio. Come prestare una bicicletta e ottenere come ringraziamento una bottiglia di vino, magari da bere insieme. Sulla bacheca del gruppo Facebook appaiono post di ogni tipo: chi sa suggerire un buon medico? C'è un ferramenta in zona? Mi aiutate a montare una libreria? Qualcuno ha provato già la pizzeria all'angolo? La gente è pronta a rispondere, a dare una mano, e la cosa veramente sorprendente è che tutto è completamente gratuito, perché il principio alla base delle *Social Street* è la socialità fine a se stessa.
Oggi le *Social Street* in Italia sono oltre 300. E ogni giorno se ne aggiungono di nuove.
Padre del primo esperimento, in via Fondazza a Bologna, è Federico Bastiani, giornalista che racconta: "Mi ero appena trasferito da un paesino toscano, un posto dove conoscevo tutti. Sono cresciuto in un cortile, dove puoi suonare il campanello alle nove di sera per chiedere il sale senza paura di disturbare. Una volta arrivato a Bologna non sono riuscito a rassegnarmi al fatto di non sentirmi a casa, di non poter fare affidamento sui vicini. Allora ho tentato: non avevo nulla da perdere". Bastiani ha creato il gruppo Facebook di via Fondazza, l'ha pubblicizzato nella strada e ha aspettato adesioni. "Mia moglie era abbastanza ottimista, io meno. Mi aspettavo che rispondesse una manciata di persone, invece siamo 930 in 9 mesi in una strada che conta circa duemila abitanti".
All'inizio la *Social Street* è fatta di piccoli scambi, favori di buon vicinato, poi si sviluppano progetti che coinvolgono più persone legate da interessi comuni.
Le persone oggi sono spesso sole e vedono il vicino come un problema: le *Social Street* invece, nascono dal presupposto che ognuno è un risorsa per gli altri, ma anche per la città.

da *L'Espresso*

14 La posizione dell'avverbio

Osserva queste frasi tratte dal testo e completa le regole.

1 Si stanno diffondendo **velocemente**.
2 Qualcuno ha provato **già** la pizzeria all'angolo?
3 La cosa **veramente** sorprendente è...
4 Mi ero **appena** trasferito.
5 Mia moglie era **abbastanza** ottimista.
6 Le persone oggi sono **spesso** sole.

> La posizione dell'avverbio in italiano non è fissa.
> Normalmente l'avverbio va *prima dell'aggettivo / dopo l'aggettivo* (Esempi __, __).
> Quando accompagna un verbo, l'avverbio *va prima del verbo / dopo il verbo* (Esempi __, __). Nei tempi composti va *tra l'ausiliare e il participio passato / dopo il participio passato / sia tra ausiliare e participio passato che dopo il verbo* (Esempi __, __).

l'Italia sostenibile

15 Idee ce ne sono

Ordina le seguenti iniziative in ordine di importanza. Delle proposte elencate solo tre potranno essere realizzate dalla giunta comunale. Decidi in piccoli gruppi a quali dare la priorità.

☐ Creare gruppi di acquisto
☐ Promuovere attività per aiutare gli anziani
☐ Abbellire le strade e le piazze
☐ Organizzare un comitato per pulire il quartiere
☐ Organizzare attività culturali
☐ Promuovere attività per integrare i nuovi arrivati, soprattutto se stranieri
☐ Creare dei momenti di incontro per bambini e ragazzi
☐ Organizzare un servizio di *carsharing*
☐ Combattere contro la chiusura dei piccoli negozi
☐ Organizzare feste di quartiere

16 Architettura green

Ascolta e indica quale degli edifici è il cosiddetto "bosco verticale" e quale l'edificio chiamato "25 verde".

Riascolta e indica se le seguenti affermazioni sono vere. In caso contrario prova a correggerle.

		vero	falso
a	Il Bosco verticale è fuori Milano.	☐	☐
b	Il Bosco verticale ha vinto il premio come grattacielo più alto d'Italia.	☐	☐
c	Il Bosco verticale aiuta a filtrare i rumori.	☐	☐
d	L'edificio si trova in una zona molto inquinata.	☐	☐
e	Un altro esempio di architettura *green* si trova a Torino.	☐	☐
f	L'edificio 25 verde è su un solo piano.	☐	☐
g	Gli appartamenti del 25 verde sono diversi l'uno dall'altro.	☐	☐

video e grammatica

'ALMA.tv

Vai su *www.alma.tv* nella rubrica In viaggio con Sara e guarda il video **Roma | Seconda parte**.
Da dove deriva il nome del quartiere di cui si parla? Qual è la particolarità di questo quartiere? Quale la sua storia? Scrivi le risposte in un quaderno, confrontati poi con un compagno e con la classe.

Grammatica

La posizione dei pronomi con gerundio, participio, infinito e imperativo

Mi sono fatto male alzando**mi** dal letto.
Ho letto del convegno e mi piacerebbe parteciparvi.
Una volta usato**lo** puoi buttar**lo**!
Se vedi Carla chiedi**le** se può venire alle 7.00.

*Con le forme implicite (**gerundio**, **infinito**, **participio**) e con l'**imperativo informale** il pronome (diretto, indiretto, riflessivo) e le particelle pronominali seguono il verbo.*

I diversi usi del futuro

Domenica **andremo** a trovare i nonni.

Sarà questa la strada giusta?
Ci saranno stati più di cento invitati.
I giornali **diranno** pure che il tempo cambia, ma io non ci credo.
Sarà che sono nervoso.

Oltre che per parlare di eventi futuri, in italiano il futuro si usa anche per:
- esprimere un dubbio.
- fare una supposizione.
- attenuare un'ipotesi.

- fare una concessione, ammettere qualcosa.

La posizione dell'avverbio

Parla **lentamente**, per favore!
Mi dispiace, ma l'esercizio è **completamente** sbagliato.

Roma è una città **straordinariamente bella**!

Improvvisamente si spalancò la finestra.
La finestra si spalancò **improvvisamente**.

La posizione dell'avverbio in italiano non è fissa.
Di solito gli avverbi che si riferiscono a verbi vanno dopo il verbo.

Gli avverbi che si riferiscono ad aggettivi vanno prima dell'aggettivo.

Quando l'avverbio si riferisce a un'intera frase la sua posizione è mobile.

La posizione dell'aggettivo

Ma sì è un **buon** uomo. (alla buona, semplice)
Un uomo davvero **buono**. (generoso)
È un libro **nuovo**. (non vecchio)
È il **nuovo** libro di Saviano. (l'ultimo)
C'erano **diverse** persone. (molte)
C'erano persone **diverse**. (differenti, di vario tipo)
Aldo Moro è stato un **grande** uomo politico. (importante)
Il maglione non ti sembra **grande**? (di misura)

*L'**aggettivo qualificativo** in genere segue il nome, ma la sua posizione può variare, a seconda di quello che vogliamo esprimere (vedi Lezione 6).*

*Ci sono inoltre alcuni aggettivi che assumono un significato diverso a seconda dello loro posizione. Eccone alcuni: **grande**, **buono**, **diverso**, **nuovo**.*

Curiosità d'Italia

9

comunicazione

Esprimere un dubbio

Spiegare qualcosa

Fare i complimenti

Chiedere e dare consigli

Parlare di un evento culturale in modo dettagliato

grammatica

La posizione dell'articolo determinativo con i nomi geografici

Il gerundio presente e passato: ripresa e approfondimento

Il gerundio concessivo

Alcune espressioni con verbi pronominali: *A dirla tutta*, *Sbrigarsela da soli* e *Arrampicarsi sugli specchi*

Gli omonimi

Parole con due plurali

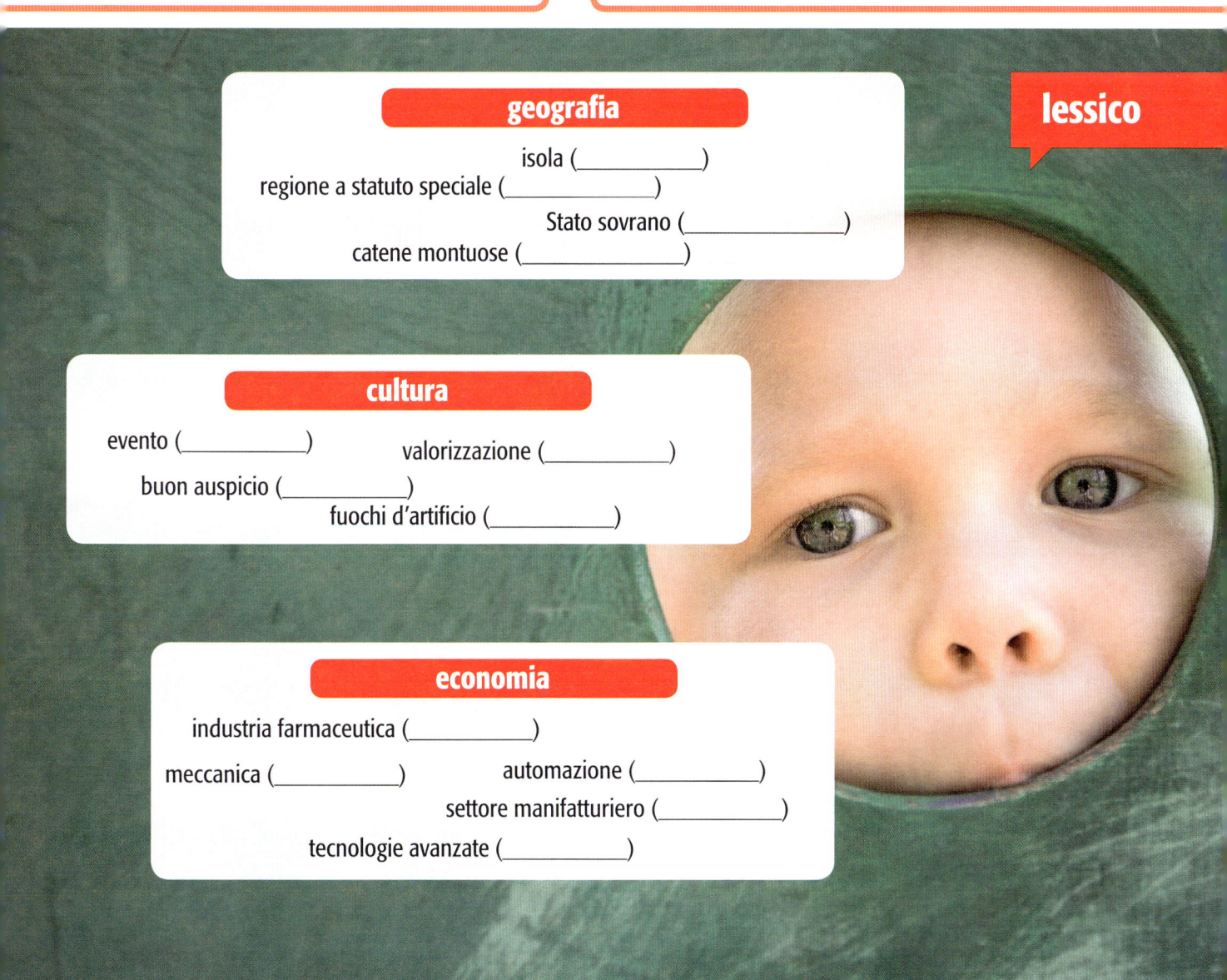

lessico

geografia

isola (_____)
regione a statuto speciale (_____)
Stato sovrano (_____)
catene montuose (_____)

cultura

evento (_____)   valorizzazione (_____)
buon auspicio (_____)
fuochi d'artificio (_____)

economia

industria farmaceutica (_____)
meccanica (_____)   automazione (_____)
settore manifatturiero (_____)
tecnologie avanzate (_____)

curiosità d'Italia

1 Lo stivale

La classe si divide in due o più squadre. Ogni squadra ha 5 minuti di tempo per completare la cartina con i nomi mancanti, come negli esempi (nomi di regioni, capoluoghi di regione, mari). Vince la squadra che allo scadere del tempo ha la cartina più completa e corretta.

Mar _____

Toscana

Mar Ligure

Roma

Mar _____

Mar Ionio

2 Curiosità geografiche

Insieme a un compagno prova a completare le frasi. Poi ascolta il dialogo e verifica.

1. La regione più piccola d'Italia è _____.
2. Il fiume più lungo d'Italia è _____.
3. Il lago di Garda appartiene a _____ regioni.
4. In Val d'Aosta, oltre all'italiano, si parla anche _____.
5. Le isole Eolie sono in _____.
6. In una zona della _____ (regione italiana) si parla il catalano.
7. L'Italia, dopo l'Islanda, è uno dei paesi con il maggior numero di _____ attivi.

100 | LEZIONE 9

curiosità d'Italia

3 E l'articolo?

Riascolta il dialogo, completa la regola e scrivi gli esempi. Se necessario, ascolta più volte. Dopo ogni ascolto confrontati con un compagno diverso.

L'articolo determinativo con i nomi geografici di solito si mette:	Esempi dal dialogo
1 ☐ davanti ai nomi di città.	
2 ☐ davanti ai nomi di Stati.	
3 ☐ davanti ai nomi di regioni.	
4 ☐ davanti ai nomi di laghi.	
5 ☐ davanti ai nomi di monti/catene montuose.	
6 ☐ davanti ai nomi di fiumi.	
7 ☐ davanti ai nomi di isole.	

4 Quiz di geografia

Insieme a un compagno prepara un quiz di otto domande sulla geografia d'Italia da sottoporre a un altro gruppo. Vince il gruppo con il maggior numero di risposte esatte. Se necessario, aiutati con Internet. Fai attenzione all'uso dell'articolo.

5 Indovina il Paese

In gruppo (3/4 persone) scrivi su un foglio una breve descrizione di un Paese senza nominarlo. I fogli verranno poi raccolti dall'insegnante che li leggerà ad alta voce. La classe dovrà indovinare di quali Paesi si tratta.

curiosità d'Italia

6 Curiosità culturali

Leggi i seguenti testi su alcuni eventi religiosi e culturali italiani e rispondi poi alle domande nella prossima pagina.

Chi mi consiglia degli eventi culturali (e magari anche religiosi) italiani importanti ma poco noti? Biennale di Venezia, Salone del gusto di Torino, Umbria jazz li ho già in lista. Grazie, Andrea

Be', non è facile, ce ne sono una marea. **Essendo** io napoletana ti consiglierei ovviamente la festa di San Gennaro, il santo patrono della città. La festa è un mix tra religiosità e folklore, legata molto alla superstizione dei napoletani. Si celebra il 19 settembre che è il giorno in cui hanno tagliato la testa al santo. Secondo la tradizione dopo la decapitazione, il suo sangue venne raccolto da una donna in due ampolle[1] conservate oggi in una cassaforte[2] nel Duomo di Napoli. Il 19 settembre le ampolle vengono esposte nella chiesa, accanto all'altare, in attesa che il sangue diventi liquido.
Una curiosità: se il sangue diventa liquido in tempi rapidi è un segno positivo per la città e viene accolto dai fedeli con preghiere, urla di gioia ed applausi; al contrario, il ritardo o il mancato scioglimento del sangue sono considerati come segnali negativi per la città e per i napoletani.

Quest'anno, **tornando** dalla Puglia, mi sono ritrovata, per puro caso ad assistere a un evento che consiglio veramente a tutti, LA NOTTE DELLA TARANTA!!! Mi hanno detto che è una delle più importanti manifestazioni culturali in Europa. Si svolge in Salento durante tutto il mese di agosto ed è dedicata alla riscoperta e alla valorizzazione della musica tradizionale salentina e alla sua fusione con generi musicali diversi. Ti assicuro che, pur non **essendo** un'esperta di musica, sono rimasta affascinata dalla magia dell'evento.

Un evento culturale? Il festival della letteratura di Mantova. Senza ombra di dubbio! **Volendolo** sintetizzare in poche parole: splendida location (la città di Mantova), organizzazione impeccabile, eventi fantastici. Il festival c'è dal 1996, dura cinque giorni e oltre agli incontri con gli autori offre percorsi guidati per la città, spettacoli, concerti. Quest'anno ci ho portato anche mio figlio che ha 8 anni e vi assicuro che è stato un successone, fanno un sacco di cose pensate apposta per bambini e adolescenti. Insomma, se non ci siete ancora stati, ANDATECI!!!

Ti consiglio la FESTA DEL REDENTORE a Venezia. Un evento fantastico, credimi! Si tratta di un'antica festa tradizionale che ha luogo la terza domenica di luglio per festeggiare la fine della peste che colpì la città nel 1575. Alla fine dell'epidemia, nel luglio del 1577, si decise di festeggiare ogni anno **costruendo** un ponte, che all'epoca era fatto di barche, che portasse direttamente alla chiesa del Redentore che, tra l'altro, è del Palladio. E ancora oggi il sabato che precede la terza domenica di luglio viene allestita una passerella[3] sul Canale della Giudecca in modo che la chiesa si possa raggiungere anche a piedi.
Pur **essendo** un evento sostanzialmente religioso, la festa è famosa anche per il magnifico spettacolo di fuochi d'artificio[4] che ha luogo nella notte tra il sabato e la domenica davanti alla basilica di San Marco.
Ti ho convinto???

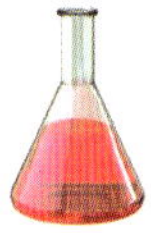

1 ampolla    2 cassaforte    3 passerella    4 fuochi d'artificio

LEZIONE 9

curiosità d'Italia

1 Quale evento è legato alla buona o cattiva sorte della città?

2 In quale evento si pone una particolare attenzione al coinvolgimento dei ragazzi?

3 In occasione di quale evento si costruisce qualcosa?

4 In quale evento si festeggia la fine di qualcosa?

5 Quale evento è dedicato alla scoperta di uno specifico patrimonio folcloristico?

6 Quale evento ha luogo in un unico giorno?

7 Tra di voi
*Quale evento ti incuriosisce maggiormente tra quelli presentati al punto **6**? A quale ti piacerebbe partecipare e perché? Parlane con un compagno.*

8 Il gerundio
*Con un compagno inserisci nella tabella i verbi al gerundio __evidenziati__ nel testo del punto **6** corrispondenti alle funzioni indicate. Attenzione: nel caso del gerundio concessivo, il verbo è introdotto da una congiunzione.*

Funzioni del gerundio	Esempi
temporale (sostituisce una frase introdotta da *mentre*)	
causale (sostituisce una frase introdotta da *poiché, siccome*)	
concessiva (sostituisce una frase introdotta da *anche se*)	
modale (indica come è avvenuto qualcosa)	
ipotetica (sostituisce una frase introdotta da *se*)	

LEZIONE 9

curiosità d'Italia

9 Volendo concordare
Osserva le frasi e collega gli elementi delle tre colonne.

FRASI	AZIONI	GERUNDIO
1 Gino passeggiava **curiosando** tra le vetrine.	**a** L'azione espressa dal gerundio avviene **prima** di quella espressa dalla principale.	GERUNDIO PRESENTE
2 **Essendo stati** a Creta già tre volte, abbiamo deciso di cambiare meta.	**b** L'azione espressa dal gerundio avviene **durante o dopo** quella espressa dal verbo della principale.	GERUNDIO PASSATO
3 Non **avendolo** mai **assaggiato**, non posso dire se il caviale mi piaccia o no.		
4 Pur **avendo mangiato** tutta la sera, ha ancora fame.		

10 Volendo provare...
*Trasforma le parti **evidenziate** usando il gerundio e indica di che tipo di gerundio si tratta, come nell'esempio. Attenzione, in alcuni casi, le funzioni del gerundio possono essere doppie.*

> **Mentre torno** dal lavoro passo a fare la spesa, d'accordo?
> *Tornando dal lavoro passo a fare la spesa, d'accordo?* — *temporale*

1 **Se lo avessi saputo** ti avrei chiamato senz'altro!

2 L'ho trovato **mentre mettevo in ordine in cantina**.

3 **Anche se ci sono stata già tre volte** mi piacerebbe tornarci.

4 Si riesce a memorizzare meglio le parole **se le si scrive più volte**.

5 **Poiché ho fatto tardi** non sono riuscita a passare in farmacia.

6 Ho perso peso **perché ho fatto** un sacco di sport.

7 **Se si vuole** si può anche andare a piedi.

8 Luca si è rotto un braccio **mentre giocava a tennis**.

11 Il tuo post
*Immagina di dover rispondere a una richiesta simile a quella di Andrea al punto **6**, fatta però in riferimento al tuo Paese e scrivi un post su un evento culturale o religioso che consiglieresti. Ricordati di indicare il luogo, il periodo in cui si svolge l'evento, la descrizione e, se possibile, l'origine.*

curiosità d'Italia

12 Curiosità linguistiche
Ascolta il dialogo e indica se le seguenti affermazioni sono vere o false.

	vero	falso
1 Tina si stupisce che la sorella non sappia cos'è l'omonimia.	☐	☐
2 La sorella di Tina fa un esempio di omonimia sbagliato.	☐	☐
3 La sorella di Tina ha avuto difficoltà a spiegare una cosa a sua figlia Sara.	☐	☐
4 La sorella di Tina non è sicura del plurale da usare con alcune parole.	☐	☐
5 La sorella di Tina aiuta spesso sua figlia Sara a fare i compiti.	☐	☐

Leggi e verifica.

- ■ Ehi, Tina, che fai lì, tutta concentrata?
- ▼ Niente sorellina, preparo un esercizio sulle omonimie.
- ■ Su cosa?
- ▼ Omonimie. Parole che hanno la stessa grafia, ma un significato diverso, tipo *pesca* e *pesca*, *affetto* e *affetto*, *esca* ed *esca*, e così via!
- ■ Tipo *leccornia*, *leccornìa*…
- ▼ No, quella non è omonimia; è che la maggioranza della gente non sa qual è la pronuncia esatta.
- ■ Ah! Senti, visto che siamo in tema, ieri Sara mentre faceva i compiti mi ha chiesto una cosa e io mi sono un po' arrampicata sugli specchi, anzi a dirla tutta mi sa che le ho proprio detto una stupidaggine, ma il plurale di *gesto* è *gesta* o *gesti*?
- ▼ Ma, in realtà esistono entrambi, ma hanno un significato diverso, i gesti sono i movimenti, le gesta le imprese, tipo *le gesta dei romani*. Ci sono diverse parole in italiano che hanno un doppio plurale.
- ■ Tipo?
- ▼ Tipo *ciglio*, che può avere *cigli* o *ciglia* a seconda del significato. O la parola *fondamento*: al plurale può essere *fondamenta* o *fondamenti*. Anche *dito* può avere *dita* e *diti*… dipende.
- ■ Ah, non lo sapevo. Oh, comunque, meno male che Sara con i compiti se la sbriga da sola, perché io in italiano…

> **A dirla tutta** mi sa che ho sbagliato.
> Sara **se la sbriga da sola**.
> Mi ha chiesto una cosa e io **mi sono** un po' **arrampicata sugli specchi**.

13 Omonimie
Nel dialogo vengono nominati alcuni esempi di parole omonime. Con un compagno abbina il significato alla parola corrispondente.

1 ☐ pèsca (*e* aperta)   **a** Imperativo formale del verbo *uscire*
2 ☐ pésca (*e* chiusa)   **b** Sinonimo di *amore*
3 ☐ affétto (*e* chiusa)   **c** Frutto estivo
4 ☐ affètto (*e* aperta)   **d** L'atto del pescare
5 ☐ ésca (*e* chiusa)   **e** Prima persona del verbo *affettare*
6 ☐ èsca (*e* aperta)   **f** Oggetto usato per pescare

LEZIONE 9 | 105

curiosità d'Italia

14 Gioco degli omonimi

Si gioca in piccole squadre. Con l'aiuto del dizionario ogni squadra ha 6 minuti di tempo per scrivere per ogni parola il numero maggiore di frasi, ognuna con un significato diverso della parola. Allo scadere del tempo le frasi verranno lette. La squadra riceve un punto per ogni frase corretta.

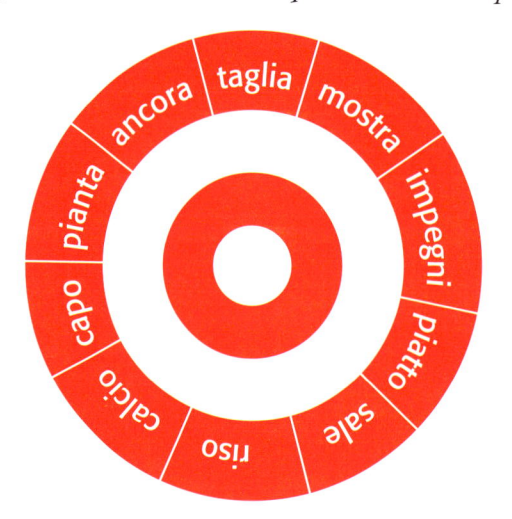

Parole: ancora, taglia, mostra, impegni, piatto, sale, riso, calcio, capo, pianta

15 Tanti plurali

Alcune delle parole nominate da Tina nel dialogo del punto **12** *hanno un doppio plurale. Leggi le frasi e abbina ogni plurale al suo significato.*

1. Hai delle **dita** lunghissime!
2. I principali **fondamenti** di fisica li trovi qui.
3. Carla ha delle **ciglia** lunghissime, non trovi?
4. I nostri **diti** mignoli sono identici, incredibile!
5. Le **fondamenta** della casa sono stabili.
6. I cinghiali erano distesi sui **cigli** delle strade.

	Primo plurale	Secondo plurale
il ciglio	parte degli occhi:	bordi di una strada:
il dito	viste nel loro insieme:	considerate singolarmente:
il fondamento	principi di una disciplina:	parte di un edificio:

16 Tutto quel che avreste voluto sapere...

Immagina di poter porre 2 domande/dubbi/curiosità sull'italiano a un esperto di lingua italiana. Cosa gli chiederesti? Scrivi le tue domande su un foglietto e consegnalo poi all'insegnante. La classe cercherà poi di rispondere, dove possibile, alle domande poste.

17 Curiosità

Si gioca in squadre: **A** *e* **B** *(due o quattro persone) sedute una di fronte all'altra e con un solo libro. A turno, ogni squadra pone la sua domanda, offre le possibili soluzioni e valuta la risposta della squadra avversaria. Vince la squadra che ha il maggior numero di risposte corrette.*

curiosità d'Italia

Domande squadra A

1. Da dove deriva il nome Italia?

a. Da una popolazione.
b. Da una divinità.
c. Da un re.

Risposta
Il nome deriva forse dal vocabolo *Itali*, termine con cui i greci chiamavano una popolazione (in latino si chiamavano *Vituli*) che abitava nella attuale regione a sud di Catanzaro, in Calabria, i quali adoravano l'immagine di un vitello (*vitulus*, *vitulu*, in latino). Il nome significa cioè "abitanti della terra dei vitelli".

3. Quanti sono gli italiani?

a. 40 milioni ca.
b. 80 milioni ca.
c. 60 milioni ca.

Risposta
Gli italiani sono poco più di 60 milioni. In Europa l'Italia è al quinto posto come numero di abitanti, dopo Russia, Germania, Francia e Inghilterra.

5. Perché il vincitore del giro d'Italia indossa una maglia rosa?

a. Per ricordare Alberto Rosa, il nome dell'ideatore.
b. È rosa come la *Gazzetta dello Sport*, il giornale organizzatore della corsa.
c. In omaggio alla prima moglie dell'organizzatore della famosa corsa.

Risposta
La maglia rosa è del colore della maglia del primo corridore in classifica generale. È nata nel 1931 ed è rosa come la *Gazzetta dello Sport* che da sempre organizza la competizione.

7. Cosa simboleggiano i colori della bandiera italiana?

a. Verde: lotta, bianco: purezza, rosso: sangue.
b. Verde: boschi, bianco: neve delle Alpi, rosso: passione.
c. Verde: speranza, bianco: fede cattolica, rosso: sangue.

Risposta
La bandiera italiana è verde, bianca e rossa. Il verde simboleggia la speranza, il bianco la fede cattolica, il rosso è il simbolo del sangue versato da coloro che hanno combattuto per l'unità del Paese.

9. Chi era Ettore Scola?

a. Un famoso giornalista.
b. Un fisico.
c. Un regista.

Risposta
Ettore Scola è stato regista e sceneggiatore. Importante icona del cinema italiano, è noto soprattutto per aver diretto capolavori come *C'eravamo tanto amati*, *Brutti, sporchi e cattivi*, *Una giornata particolare*, *La terrazza* e *La famiglia*.

Domande squadra B

2. Chi era Giuseppe Garibaldi?

a. L'ideatore politico dell'unità d'Italia.
b. Il primo ministro dell'Italia unita.
c. Un rivoluzionario che guidò la battaglia per l'unificazione dell'Italia.

Risposta
Uno dei personaggi più noti del Risorgimento. Dopo aver combattuto in Sud America mise la sua passione e le sue abilità militari a servizio dell'unità d'Italia. Guidò l'impresa dei Mille per liberare il sud dai Borboni.

4. Qual è in media il numero di figli per famiglia in Italia?

a. 3,6
b. 1,4
c. 2,0

Risposta
Anche negli ultimi anni si è confermato il trend: aumentano i figli unici, con una media di circa 1,4 figli per famiglia. Se le donne italiane continueranno ad avere un unico figlio, in media, nel 2050 il numero degli italiani sarà ridotto di un terzo.

6. Cos'era il Cavallino rampante, simbolo della Ferrari, leggendaria macchina da corsa?

a. Il simbolo di una scuola di cavalleria.
b. Un disegno fatto dal giovane Enzo Ferrari.
c. La riproduzione di un portafortuna che usò il primo pilota della Ferrari.

Risposta
Deriva da un'immagine dipinta sull'aereo del famoso aviatore Francesco Baracca durante la I guerra mondiale. Era il simbolo della scuola di cavalleria che aveva frequentato. Regalato personalmente a Enzo Ferrari nel 1923, divenne il simbolo del suo marchio.

8. Chi ha scritto l'inno dell'Italia e quando?

a. Goffredo Mameli nel 1847.
b. Giuseppe Verdi nel 1841.
c. Gioachino Rossini nel 1816.

Risposta
Le parole del nostro inno sono state scritte nel 1847 da Goffredo Mameli, poeta genovese morto a soli 21 anni. È curioso che l'Italia abbia scelto come inno quello di Mameli senza che alcuna legge l'abbia mai formalizzato.

10. Chi era Rita Levi Montalcini?

a. Una pedagoga.
b. Una poetessa.
c. Una scienziata.

Risposta
Rita Levi Montalcini è stata una neurologa italiana, Premio Nobel per la medicina nel 1986. Negli anni cinquanta le sue ricerche la portarono a un'importante scoperta sullo sviluppo del sistema nervoso.

LEZIONE 9

video e grammatica

'ALMA.tv

Vai su *www.alma.tv* nella rubrica *In viaggio con Sara* e guarda il video **Bologna**.
Quali sono gli aspetti curiosi di questa città? Quali quelli delle osterie? E cosa si racconta dell'Osteria del sole?
Scrivi le risposte in un quaderno, confrontati poi con un compagno e con la classe.

Grammatica

La posizione dell'articolo determinativo con i nomi geografici

L'**Asia** è il continente più grande?
La **Francia** è molto più grande dell'Italia.
La **Toscana** è famosa in tutto il mondo.
Le **Alpi Carniche** sono poco note.
Il **lago di Garda** è amato dai turisti.
Il **Po** è il fiume più lungo d'Italia.
Il **Vesuvio** è un vulcano ancora attivo.

Normalmente hanno l'articolo determinativo:
- i nomi di continenti, nazioni, Stati, regioni.
- i nomi di catene montuose, monti, mari e oceani, fiumi, laghi, vulcani e valli.

Roma è la capitale d'Italia.
La **Roma** barocca è affascinante.

Normalmente non hanno l'articolo i nomi di città, a meno che non siano connotati.

Il gerundio presente e passato: ripresa e ampliamento

Giocando (presente); **Avendo giocato** (passato)
Non **essendo arrivata** in tempo, ha trovato il suo posto occupato.

*Il **gerundio** ha due tempi: **presente** e **passato**.*
*Il **gerundio passato** si usa solitamente nella lingua scritta per indicare un'azione anteriore a quella della principale.*

*Le funzioni del **gerundio** sono moltissime. Tra queste le più frequenti sono:*
*- la funzione **temporale**.*
*- la funzione **causale**.*
*- la funzione **ipotetica**.*
*- la funzione **concessiva**. In questo caso la forma al gerundio è preceduta dalla congiunzione **pur**.*
*- la funzione **modale**.*
Attenzione. La funzione modale è solo implicita: non ha un corrispondente con un verbo in forma esplicita.

L'ho trovato **mettendo** a posto in cantina.
Essendo vissuto a Parigi conosce bene la città.
Avendolo saputo ti avrei chiamato.
Pur avendo già mangiato, provo lo stesso una fetta della tua splendida torta.
Ho imparato l'inglese **ascoltando** i Beatles.

Gli omonimi

Metti il **sale** nella pasta!
Ma signora, **sale** a piedi?
Ti sbuccio una **pesca**, va bene?
Andiamo a **pesca** domenica?

*Gli **omonimi** sono parole che hanno la stessa grafia, ma un significato diverso.*

Parole con due plurali

I **cigli** della strada.
Le tue **ciglia** sono lunghissime.
Nel primo anno si spiegano i **fondamenti** di psicologia.
Le **fondamenta** della casa.

*Alcuni nomi maschili in -**o** presentano una doppia forma di plurale, in -**i** e -**a**. Nella maggioranza dei casi i due plurali hanno un significato differente.*

Una… centomila

10

comunicazione

Condurre un'intervista
Contraddire un'opinione diffusa
Puntualizzare
Discutere

grammatica

Il congiuntivo con le frasi comparative
Il congiuntivo con alcune espressioni consecutive: *In modo che, Far sì che*
Il plurale delle parole composte
L'uso di *Mica*
Alcune forme colloquiali: *Prendersela, Darci giù,* ecc.
Il comparativo di uguaglianza *Tanto quanto*

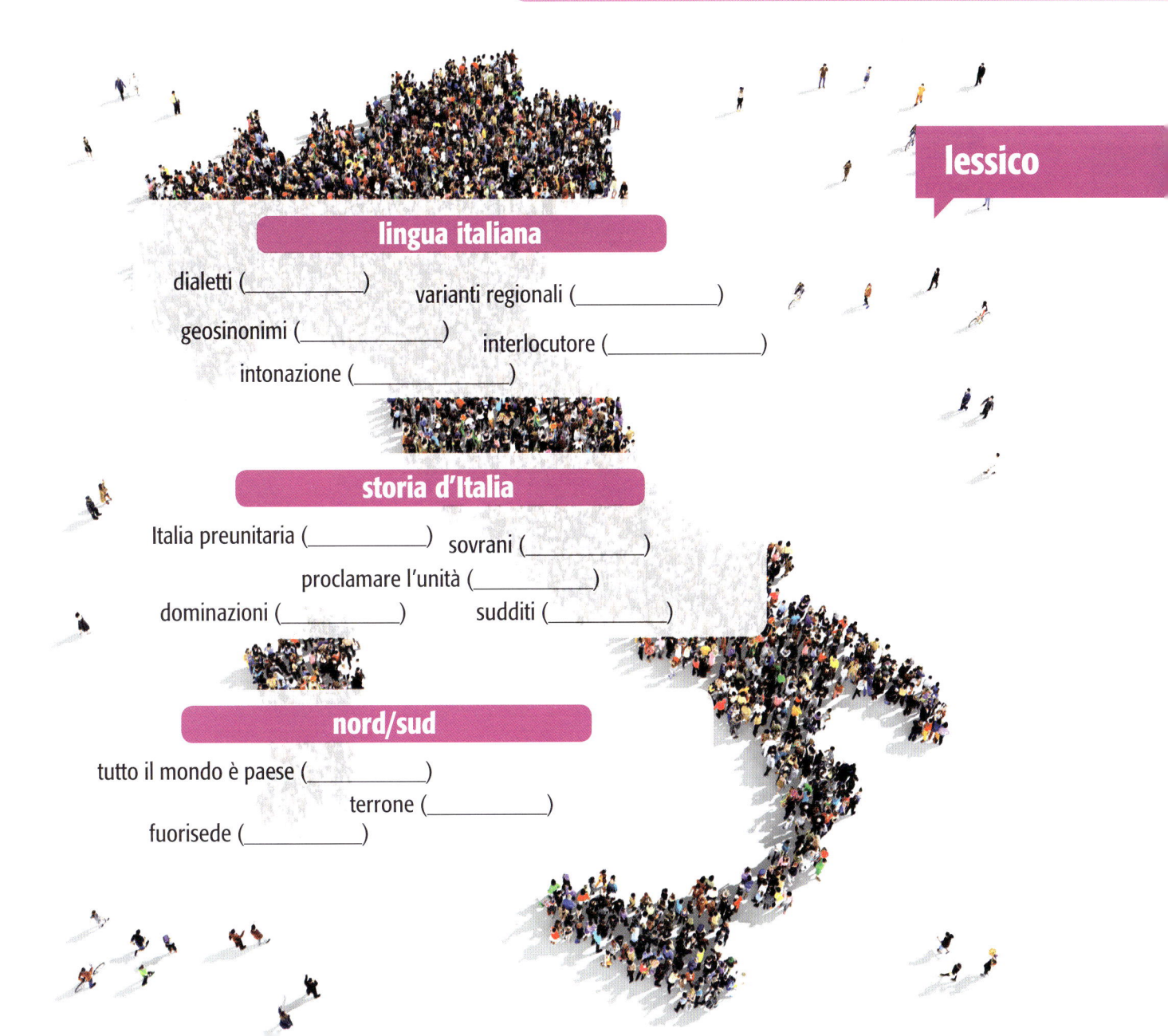

lessico

lingua italiana

dialetti (_____)
varianti regionali (_____)
geosinonimi (_____)
interlocutore (_____)
intonazione (_____)

storia d'Italia

Italia preunitaria (_____) sovrani (_____)
proclamare l'unità (_____)
dominazioni (_____) sudditi (_____)

nord/sud

tutto il mondo è paese (_____)
terrone (_____)
fuorisede (_____)

una... centomila

1 Riflessioni

Guarda queste immagini. A cosa ti fanno pensare? Se dovessi dare un titolo a questa serie di foto, quale sceglieresti? Parlane in piccoli gruppi.

Indica quali delle seguenti parole assoceresti all'idea che hai dell'Italia. Confrontati poi con un compagno.

- ☐ disorganizzazione
- ☐ caos
- ☐ cordialità
- ☐ passione
- ☐ creatività
- ☐ contraddittorietà
- ☐ inaffidabilità
- ☐ generosità
- ☐ ospitalità
- ☐ molteplicità
- ☐ fantasia
- ☐ buongusto

una… centomila

2 Mille e una lingua

Ascolta l'intervista al professor Marani e indica per le parole che seguono la zona di "appartenenza".

		Nord	Centro	Sud
	stampella gruccia	☐ ☐	☐ ☐	☐ ☐
	giacchetto golfino/maglione	☐ ☐	☐ ☐	☐ ☐
	anguria mellone cocomero	☐ ☐ ☐	☐ ☐ ☐	☐ ☐ ☐
	tegoline cornetti	☐ ☐	☐ ☐	☐ ☐
	inzuppare pucciare/pocciare	☐ ☐	☐ ☐	☐ ☐
	ramaiolo sgommarello	☐ ☐	☐ ☐	☐ ☐
	gomma cicca ciunga	☐ ☐ ☐	☐ ☐ ☐	☐ ☐ ☐

Ora riascolta e combina le frasi.

1 L'italiano e il dialetto

2 Le varietà regionali

a si distinguono per alcuni tratti fonetici.
b non corrispondono necessariamente alla regione.
c hanno molte cose in comune.
d hanno la stessa origine.
e dovrebbero avere una nuova definizione.
f si usano in modo alternato.

1 / ___ - **1** / ___ - **1** / ___ - **2** / ___ - **2** / ___ - **2** / ___

LEZIONE 10

una... centomila

3 Comparare

Leggi questo estratto dall'intervista che hai ascoltato e trova i due esempi di comparativo. Noti qualcosa? Quale modo verbale si usa nel secondo termine di paragone? Confrontati con un compagno.

> Mah, io a dire il vero, la smetterei di vedere l'italiano e il dialetto come qualcosa di contrapposto, o questo o quello, o nero o bianco. Siamo ormai lontani da una situazione in cui gli italiani parlavano o l'uno o l'altro. In fondo le differenze tra l'italiano e il dialetto sono meno numerose e meno importanti di quanto la gente creda. L'italiano e il dialetto, insomma, sono più vicini di quanto si possa immaginare.

> Le differenze sono **più/meno** importanti **di quanto** / **di quello che** tu **creda/credessi**.
> (registro più controllato)
>
> Le differenze sono **più/meno** importanti **di quanto** / **di quello che** tu **credi/credevi**.
> (registro meno controllato)

4 Con un po' di immaginazione

Scegli nella lista tre temi di cui ti piacerebbe parlare. Poi scrivi vicino a ogni tema una serie di aggettivi che potrebbero descriverlo. Insieme a un compagno forma poi delle frasi sui temi indicati cercando di usare gli aggettivi e la forma comparativa. Infine gira per la classe e ascolta le frasi di altri compagni.

> La lingua italiana è più difficile di quanto pensassi.

☐ lingua italiana _____
☐ storia italiana _____
☐ musica italiana _____
☐ arte italiana _____
☐ cucina italiana _____
☐ città italiane _____
☐ letteratura italiana _____

5 La vostra indagine

In piccoli gruppi rispondi alle seguenti domande. Confronta poi i risultati del tuo gruppo con quelli di altri gruppi.

- Usi il dialetto? Se sì, in quali contesti e con chi?
- Alterni dialetto e lingua standard?
- Nella tua lingua esistono molti dialetti? Se sì, sono molto diversi tra di loro?
- Esistono, oltre ai dialetti, delle varianti regionali simili a quelle di cui si parla nell'intervista?

una... centomila

6 L'Italia prima dell'Italia

In piccoli gruppi discuti sulla seguente domanda.

> L'Italia per secoli è stata divisa in tanti piccoli Stati. Pensi che questo fatto abbia avuto delle conseguenze sul suo sviluppo? Se sì, riesci a immaginare quali?

Ora leggi il testo.

1 Dal punto di vista geografico l'Italia è sempre esistita, solo che dal VI secolo fino alla metà del XIX secolo è stata divisa in tanti Stati, quindi per più di mille anni il nostro Paese è esistito geograficamente, ma non come nazione.
L'Italia nasce il 17 marzo 1861, quando la camera dei Deputati proclama l'Unità d'Italia e
5 riconosce il titolo di Re a Vittorio Emanuele II.
La storia degli Stati preunitari è legata a quella dell'Italia unita. Prima del 1861 le dominazioni si susseguono e ogni volta i sudditi devono fare i conti con governanti molto diversi tra loro per cultura e lingua, che impongono usi e tradizioni, regole e leggi.
I re di origine austriaca governano la Lombardia e il Veneto, le province di Parma, Piacenza
10 e Guastalla e anche la Toscana. I Savoia, di origine francese, il Piemonte e la Sardegna. Sono invece di origine spagnola i Borbone, i sovrani del Regno delle Due Sicilie, lo Stato che conta la maggior presenza di abitanti perché costituito da tutte le regioni meridionali.
Un aspetto che purtroppo accomuna i piccoli e i grandi Stati in cui è divisa l'Italia è la volontà di mantenere la penisola divisa in modo che ogni sovrano possa mantenere il
15 controllo sul proprio territorio. Queste differenti dominazioni fanno sì che le condizioni di vita non siano uguali in tutti gli Stati. Nelle regioni settentrionali, per esempio, e anche parzialmente nelle regioni del centro, Toscana, Umbria e Marche, l'impiego di tecniche più moderne (fertilizzanti, macchine agricole, ecc) aumenta la produzione e facilita il lavoro ai contadini. Al sud, invece, la terra è divisa in enormi appezzamenti, i latifondi, in mano
20 a piccoli gruppi di aristocratici poco interessati a investire per aumentare la produttività e migliorare le coltivazioni e le condizioni di vita dei contadini.
Le conseguenze di queste dominazioni straniere sono giunte fino a noi. Fanno parte delle profonde differenze che spesso, ancora oggi, caratterizzano regioni addirittura confinanti.
Gli italiani per secoli hanno vissuto separati, fisicamente, culturalmente, economicamente.
25 Per troppo tempo hanno vissuto "ognuno a casa propria", e questo ha fatto sì che siciliani e piemontesi, liguri e napoletani appaiano ancor oggi in qualche modo distanti.
Nelle stesso tempo, benché esistano ancora delle differenze, ovviamente non paragonabili a quelle dell'epoca preunitaria, gli italiani condividono molto di più di quel che credono. E
29 forse, paradossalmente, è proprio nella diversità che va cercata la loro unità.

adattato da A. Nicaso, M. Pignotti, L'Italia spiegata ai ragazzi, Mondadori, 2011

7 Lo sai?

In piccoli gruppi prepara 4 domande sul contenuto del testo da sottoporre poi agli altri gruppi. Vince il gruppo con il numero maggiore di risposte corrette.

una... centomila

8 Ancora congiuntivo
Osserva queste frasi estratte dal testo del punto 6 e completa la lista delle espressioni consecutive che richiedono obbligatoriamente il congiuntivo.

1 La volontà di mantenere la penisola divisa in modo che ogni sovrano possa mantenere il controllo sul proprio territorio.

2 Queste differenti dominazioni fanno sì che le condizioni di vita non siano uguali in tutti gli stati.

3 Questo ha fatto sì che siciliani e piemontesi, liguri e napoletani appaiano ancor oggi in qualche modo distanti.

| cosicché | in maniera tale che | _____ | _____ |

9 Sinonimi
Scegli, per le parole o le espressioni estratte dal testo del punto 6, il significato più appropriato nel contesto.

riga	parola/espressione		
7	fare i conti con	☐ combattere	☐ confrontarsi
8	impongono	☐ diffondono	☐ costringono ad adottare
13	accomuna	☐ rende uguali	☐ rende lontani
22	sono giunte	☐ sono arrivate	☐ sono sparite
26	appaiono	☐ sembrano essere	☐ vogliono essere

10 Tutto il mondo è paese!
Quali di queste abitudini vengono attribuite al Nord (N) e quali al Sud (S) secondo te?

1 Mangiare presto la sera (___)
2 Essere superstiziosi (___)
3 Usare il passato remoto (___)
4 Viaggiare con molti bagagli (___)
5 Far pagare l'acqua al bar quando si ordina il caffè (___)
6 Usare la costruzione "ho uscito" (___)
7 Farsi spedire dai genitori cose da mangiare (___)
8 Usare l'articolo determinativo davanti ai nomi di persona (___)

Ora ascolta e verifica.

11 Parole composte
Con un compagno completa la tabella, poi verifica sulla trascrizione del dialogo nella prossima pagina.

Singolare	Plurale
sottaceto	_____
stuzzicadenti	_____
_____	lavastoviglie
cavolfiore	_____
cavatappi	cavatappi
lasciapassare	lasciapassare
dormiveglia	dormiveglia

LEZIONE 10

una... centomila

▲ Luigi, l'hai visto il video del milanese imbruttito sulla Repubblica?
◆ E certo che l'ho visto! I soliti cliché sui meridionali!
▲ Non te la prenderai mica per un video! E poi anche quello del terrone fuori sede ci dà giù su quelli del Nord.
◆ Sì, ma alcune cose sono ridicole! Io non mi porto tre valigie ogni volta che parto, non mi fermo quando passa un gatto nero e non dico "ho uscito"!
▲ Va be', che c'entra? Non è neanche vero che al Nord ti fanno pagare l'acqua quando ordini il caffè! Queste cose non vanno prese sul serio, dai! Anche se indubbiamente delle differenze tra nord e sud esistono. Un po' superstiziosi in genere lo siete, e il passato remoto lo usate!
◆ E allora? Mica è un errore! Voi piuttosto che usate l'articolo davanti ai nomi di persona!
▲ E va bè, suona meglio. Comunque i pacchi da giù te li fai spedire pure tu!
◆ E certo, la mozzarella, i sottaceti, il caffè, il salame piccante, i tarallucci...
▲ E gli stuzzicadenti, la carta igienica, il detersivo per la lavastoviglie, i cavolfiori ... sembra che i supermercati al nord non ci siano!
◆ Che c'entra, quelli mia mamma me li spedisce per farmi risparmiare! E poi i cavolfiori del paese mio sono più buoni!
▲ Va bè va, lasciamo stare! Dai andiamo a mangiare che ho fame!
◆ Ma sono le sette e mezza! Come fate a mangiare così presto? Io così alle undici tengo un'altra volta fame!
▲ Ho fame, non tengo.
◆ E va buò! Tengo fame, ho fame, sempre fame è!

> Non te la prenderai **mica** per un video!
> **Mica** è un errore!

Riguarda lo schema delle parole composte. Purtroppo per la formazione del plurale non c'è una regola generale. Si può dire che di solito la parola composta è invariabile quando il secondo elemento è:

1 ☐ un sostantivo al plurale   **2** ☐ un sostantivo dello stesso genere del primo elemento
3 ☐ un verbo   **4** ☐ un aggettivo

12 Alcune forme colloquiali
Trova nel dialogo le espressioni che hanno lo stesso significato di quelle della lista e scrivile nello spazio corrispondente.

1 Non ti arrabbierai	**2** Si esprime in modo molto forte	**3** Non ha nulla a che fare con questo	**4** Non si deve dare importanza a questo	**5** Ha un effetto migliore su chi ascolta	**6** Meglio cambiare argomento!

LEZIONE 10 | 115

una... centomila

13 Alfabeto italiano

L'articolo che stai per leggere è stato scritto dal giornalista Michele Serra in occasione dei 150 anni dell'Unità d'Italia. Completa l'introduzione con le parole della lista. Confrontati poi con un compagno.

gratificazione   arcinote   condivisibili   sofferenza   dibattute

Alfabeto italiano
Dalle Alpi fino allo zibibbo perché qui la vita è dolce

Le ragioni di _____, nell'essere italiano, sono _____ e in fondo condivise. Meno _____, e anche meno sedimentate, sono le ragioni di _____ e di gioia che l'identità italiana può consegnarci. Queste sono le mie, non necessariamente _____. Ognuno provi a ripassare le sue.

Ora leggi il resto dell'articolo nella prossima pagina e abbina le foto ai paragrafi.

una... centomila

a **Alpi** – Cintura montuosa di impareggiabile bellezza, chiude inequivocabilmente a Nord la penisola italiana. Pochi paesi al mondo possono vantare un confine così netto.

b **Bar** – Tratto costitutivo dei nostri luoghi urbani tanto quanto le chiese e i municipi. Impensabile una città italiana senza i bar con i tavolini all'aperto. Leggere il giornale al tavolino di un bar in una mattinata di sole è uno degli ingredienti inconfondibili della felicità italiana.

c **Diaspora** – Gli italiani espatriati sono tanti quanti quelli residenti: si calcolano in circa sessanta milioni. Impossibile frequentare le terre più lontane del pianeta senza trovare un italiano o un post-italiano. La nostra diaspora è stata prodotta dalla fame e risolta dalla migrazione, dal lavoro e da una quasi prodigiosa adattabilità.

d **Identità** – Quella italiana è fragile e composita. Piuttosto che lamentarcene, dovremmo apprezzarne la naturale indisponibilità a generare stupidi nazionalismi.

e **Lavoro** – Poveri di materie prime e di fonti energetiche, abbiamo imparato a far funzionare le mani come nessun altro. C'è un ingegno manuale italiano che vale quanto l'ingegno artistico. Analfabeti seppero creare oggetti meravigliosi. Persone umili trovarono forme geniali. Il mito del "fatto a mano" trova in Italia il suo acme.

f **Riassunto** – A parte il deserto e la foresta pluviale, l'Italia è un incredibile riassunto del pianeta. Si va dai ghiacci alle grandi pianure; dalle spiagge tropicali alle brughiere nebbiose. In Italia è sempre estate e sempre inverno, basta spostarsi di pochi centimetri sulla carta geografica.

g **Tavola** - Povera o ricca, la tavola imbandita è l'anima di ogni casa italiana. Infelice la casa dove non si apparecchia per gli amici. Le cucine regionali italiane sono un'enciclopedia vivente della sconfitta della penuria, dell'abbandono, della fame. Ci sono tavoli pluricentenari che hanno visto molte generazioni discutere, litigare, odiarsi, amarsi. Nei letti si nasceva o si moriva, ma è attorno al tavolo che si viveva.

da Repubblica

> Il bar è un tratto costitutivo dei nostri luoghi urbani **tanto quanto** le chiese e i municipi.
>
> Gli italiani espatriati sono **tanti quanti** quelli residenti.

Indica quali affermazioni sono state fatte dall'autore dell'articolo.

1 Pochi Paesi sono penisole come l'Italia.
2 Iniziare la mattinata senza prima andare al bar è impensabile.
3 Il numero di italiani emigrati è circa la metà di quello degli italiani residenti.
4 Gli italiani sono molto patriottici.
5 Pur non essendo ricca di fonti di energia o materie prime, l'Italia è riuscita a far apprezzare il proprio ingegno nel mondo.
6 L'Italia ha un paesaggio vario, ma privo di deserti.
7 La tavola è uno dei luoghi più importanti della vita degli italiani.

Quale riflessione ti colpisce di più? Quale ti stupisce? Confrontati in piccoli gruppi.

14 La giusta collocazione

*Lavora con un compagno e provate a spiegare il significato di queste combinazioni di **nome** + **aggettivo** presenti nel testo del punto **13**, nei paragrafi indicati tra parentesi.*

1 cintura montuosa (a)
2 tratto costitutivo (b)
3 fonti energetiche (e)
4 foresta pluviale (f)
5 spiagge tropicali (f)
6 carta geografica (f)
7 tavola imbandita (g)
8 cucine regionali (g)

una... centomila

*Elimina, tra le combinazioni proposte, quella che secondo te non funziona, come nell'esempio.
Poi con l'aiuto della classe verifica e rifletti sui diversi significati.*

cintura	di forza	~~marina~~	nera
tratto	fondamentale	di legge	di penna
fonte	di neve	di calore	rinnovabile
foresta	amazzonica	boscosa	vergine
spiaggia	deserta	libera	truccata
carta	di credito	di viaggio	da regalo
tavola	apparecchiata	familiare	calda
cucina	locale	tipica	urbana

15 L'Italia dei contrari

Trova nel testo del punto **13** *il contrario delle seguenti parole. Le parole compaiono in ordine.*

1 _____ pianeggiante
2 _____ confuso
3 _____ rurali, di campagna
4 _____ solida
5 _____ intellettuale
6 _____ vanitose
7 _____ spoglia
8 _____ ricchezza

16 Il tuo alfabeto italiano

Scegli due lettere dell'alfabeto differenti da quelle dei tuoi compagni di classe. Pensa a due parole che inizino con quelle lettere e che indichino due temi legati all'Italia. Poi scrivi un breve testo per ogni parola, sul modello del punto **13**.
I testi verranno poi raccolti e letti in plenum. La classe dovrà esprimere un giudizio sui testi e dire se le associazioni scritte dagli altri corrispondono o meno alle loro.

17 Caccia all'intruso progressiva

Gioca in coppia contro due compagni. La prima coppia deve scegliere, tra le 12 della lista, una parola da eliminare perché non omogenea alle altre. La coppia che indica la parola deve anche scegliere e dire il motivo, che può essere grammaticale o legato al significato. Attenzione: l'unico motivo che non si può scegliere è il numero delle lettere. Se l'altra coppia accetta il motivo dell'esclusione, la coppia guadagna un punto e la parola non può più essere scelta. Il gioco prosegue a turno sulle parole rimaste e finisce quando restano solo due parole.

IMPAREGGIABILE   INEQUIVOCABILMENTE   IMPENSABILE

IMPOSSIBILE   ADATTABILITÀ   INDISPONIBILITÀ

INCREDIBILE   IMBANDITA   INFELICE   PLURICENTENARI

INCONFONDIBILI   ANALFABETI

video e grammatica

'ALMA.tv

Vai su *www.alma.tv* nella rubrica Grammatica Caffè e guarda il video **Lingua e dialetti**.
Cosa si dice degli accenti regionali? Che esempi si fanno per spiegare il ruolo di certi dialetti? La situazione linguistica nel tuo Paese è simile? Scrivi le risposte in un quaderno, confrontati poi con un compagno e con la classe.

Grammatica

Il congiuntivo con le frasi comparative

Il libro è più difficile **di quanto pensassi**.
La strada è più lunga **di quanto tu creda**.
È più bello **di quello che pensavo**.

In genere, quando la frase secondaria è introdotta dal termine di paragone di quanto, si usa il congiuntivo.
Con di quello che solitamente si usa l'indicativo.

Il congiuntivo con alcune espressioni consecutive: *in modo che, far sì che*

Ero così stanco **che** mi sono addormentato.
Non lo conosco **cosicché** preferisco non dire nulla.
Apriamo il tavolo in **modo che possano** sedersi più persone.
Ho cambiato la data **per far sì che potesse** venire anche Paolo.

Le frasi subordinate consecutive indicano la conseguenza dell'azione o del fatto espresso nella principale.
Le frasi consecutive sono introdotte da che, cosicché, in modo che, al punto che, ecc.
Quando la conseguenza è anche uno scopo è preferibile, in un registro linguistico più curato, usare il congiuntivo.

L'uso di *mica*

Ho sentito benissimo! **Mica** sono sordo!
Ho sentito benissimo! **Non** sono **mica** sordo!
Mica è vero che la sorella di Rita si sposa!
Non è **mica** vero che la sorella di Rita si sposa!

L'avverbio di negazione mica ha la funzione di rafforzare la negazione della frase. È tipico dell'uso parlato e informale ed è quindi sconsigliabile nello scritto.
Come per gli altri aggettivi e pronomi indefiniti negativi, richiede la doppia negazione quando si trova dopo il verbo.

Il plurale delle parole composte

Per la formazione del plurale dei nomi composti è difficile definire una regola generale. I nomi composti formano il plurale in modo diverso, a seconda del tipo di parole da cui sono costituiti.

l'arcobalen**o** → gli arcobalen**i**
Nome + nome dello stesso genere → di solito si trasforma al plurale solo il secondo nome.

il pesc**e**spada → i pesc**i**spada
Nome + nome di genere diverso → di solito si trasforma al plurale il primo nome.

la cassaforte → le casseforti
Nome + aggettivo → in genere si trasformano al plurale entrambi gli elementi.

il sordomut**o** → i sordomut**i**
Aggettivo + aggettivo → in genere si trasforma al plurale solo il secondo elemento.

il lasciapassare → i lasciapassare
Verbo + verbo → in genere restano invariati.

il cavatappi → i cavatappi
Verbo + nome plurale → in genere restano invariati.

Il comparativo di uguaglianza *tanto quanto*

Il film è (**così**) bello **come** dicono?
Ha un lavoro (**tanto**) interessante **quanto** il tuo.
Ha un lavoro interessante **come** il tuo.

Nel comparativo di uguaglianza l'aggettivo può presentarsi da solo o può essere preceduto da così (per anticipare come) e tanto (per anticipare quanto). Il secondo termine di paragone è introdotto, indifferentemente, da come o da quanto.

facciamo il punto 4

Bilancio

Cose nuove che ho imparato

- ☐ Esprimere un giudizio, una valutazione
- ☐ Esprimere una perplessità
- ☐ Parlare di problemi ambientali
- ☐ Parlare di un evento culturale in modo dettagliato
- ☐ Contraddire un'opinione diffusa
- ☐ Discutere
- ☐ Espressioni legate alla sostenibilità
- ☐ Espressioni legate alla lingua

Progetto

Progetti sostenibili

- Si lavora in gruppi di tre/quattro persone, a seconda del numero degli studenti.
- Ogni gruppo fa una ricerca in Internet per cercare esempi di progetti sostenibili presenti nel proprio Paese.
- Una volta scelto il progetto, ogni gruppo prepara un cartellone in cui presenta il progetto al resto della classe. Il tutto può essere arricchito da foto, brevi testi, disegni, scritte, ecc.
- I cartelloni vengono poi affissi.
- Gli studenti girano per la classe e si informano sui progetti presentati, chiedendo, se necessario, ulteriori spiegazioni.
- Alla fine si decide in plenum, per alzata di mano, qual è il progetto più interessante e innovativo.

Per approfondire

Film consigliati

Il Gattopardo
regia di Luchino Visconti, 1963

Dal romanzo (1958) di G. Tomasi di Lampedusa ambientato nel 1860 durante lo sbarco di Garibaldi e le sue camicie rosse in Sicilia. Splendida storia del passaggio della Sicilia dai Borbone ai sabaudi.

Noi credevamo
regia di Mario Martone, 2011

Un film sul Risorgimento italiano.

Nuovo Mondo
regia di Emanule Crialese, 2007

Un film sull'emigrazione italiana in America nei primi del Novecento.

Benvenuti al Sud
regia di Luca Miniero, 2011

Una commedia sui pregiudizi sul Sud Italia.

Benvenuti al Nord
regia di Luca Miniero, 2012

Una commedia sui pregiudizi sul Nord Italia.

Libri consigliati

Vita
di M. Mazzucco, Rizzoli, 2003

Romanzo sull'emigrazione italiana negli Stati Uniti.

Il Gattopardo
di G. Tomasi di Lampedusa, Feltrinelli

Il libro a cui è ispirato l'omonimo film di Luchino Visconti.

Siti

www.150anni.it — *Sito sui 150 anni di storia italiana.*
www.emigrati.it — *Sito sull'emigrazione.*
www.orda.it — *Sito sull'emigrazione.*

esercizi e test

esercizi 1

1 Trova, in ogni lista, la parola fuori posto.

a
Sala dei professori
Aula
Salotto
Palestra
Portineria

b
Scuola secondaria
Scuola primaria
Scuola paritaria
Scuola materna

c
Matematica
Letteratura
Copisteria
Geografia
Lingua straniera

2 Ausiliari

In queste frasi ci sono degli errori nell'uso degli <u>ausiliari</u>. Trovali! Poi unisci le lettere associate alle frasi giuste e scopri come si chiama l'esame finale della scuola superiore.

1 I prezzi dei libri **hanno** aumentato a dismisura. (L)
2 Marco **ha** cambiato scuola perché la sua famiglia si è trasferita in un'altra città. (M)
3 Il governo **ha** diminuito i fondi per la scuola pubblica. (A)
4 Stanotte dei teppisti hanno sfondato la porta della palestra e **sono** bruciato gli attrezzi per fare ginnastica. (C)
5 "Mi dispiace signora, quest'anno suo figlio **è** peggiorato in tutte le materie scientifiche". (T)
6 Giorgio e la sua famiglia **sono** trascorso un buon fine settimana prima della fine delle vacanze scolastiche. (E)
7 "**Ho** salito la prima rampa di scale e la prima porta a destra era quella del preside. Grazie per le sue informazioni". (U)
8 Marta **ha** passato il compito di matematica a Sara che non sa fare le equazioni. (R)
9 Il professore **è** cambiato la data del compito di geografia. (N)
10 "**Sono** passate tre settimane dall'inizio della scuola e abbiamo già imparato un sacco di cose"! (I)
11 Per fortuna la prof **ha** diminuito i compiti da fare a casa, così potrai riposarti. (T)
12 "Le vacanze di Natale **sono** trascorse troppo velocemente. Domani si torna a scuola". (À)

Risposta: _ _ _ _ _ _ _ _

3 Completa con i verbi della lista.

ce l'ha fatta	c'entra	ci ha messo	ci tengo	la finisci	te la sei cavata

1 Hai studiato solo per una settimana ma _____ anche questa volta.
2 Olivia doveva fare un sacco di compiti e _____ tutto il pomeriggio.
3 Se non _____ di fare confusione ti mando nell'ufficio del preside.
4 Maria ha studiato per tre mesi e _____! Ha passato il concorso ed è diventata professoressa.
5 Sono io che ho copiato il compito, Carlo non _____ niente!
6 Non ho ancora finito di studiare, _____ troppo ad avere un buon voto in Storia, è la mia materia preferita!

4 Riassumendo

Completa con le parole della lista il riassunto del testo di pag 11.

fu   che   professore   come   apprezzare   studente   insegnava   lezioncina

Nel testo il narratore racconta di quando era uno _____ e di quando nella sua classe arrivò ad insegnare un _____ molto bravo: Walter Mauro. Questo professore trattava i ragazzi da adulti e _____ loro ad apprezzare quello _____ studiavano e a capirlo fino in fondo, senza imparare la _____ a memoria. Insegnava anche ai suoi studenti ad _____ la cultura in generale, _____ i libri e la musica. Il narratore racconta che _____ proprio il professore Mauro a consigliargli di scrivere.

5 I tempi passati all'indicativo

Completa le frasi con i verbi al passato prossimo, imperfetto o passato remoto.

scegliere   riformare   abbandonare   studiare   pubblicare   elaborare   stabilire

1. Nei primi anni del '900 quasi tutti i bambini _____ la scuola dopo i primi anni della scuola elementare.
2. Nel 1948 la Costituzione della Repubblica _____ che l'istruzione fosse pubblica e gratuita.
3. Nel 2014, 121.686 ragazzi _____ di iscriversi al Liceo Scientifico.
4. Ieri il Preside _____ online il piano di offerta formativa della scuola.
5. La legge Casati del 1859 _____ tutto l'ordinamento scolastico italiano.
6. Durante il Fascismo, i bambini _____ sui libri di scuola che contribuivano alla propaganda del regime di Mussolini.
7. Nel 1923 Giovanni Gentile _____ una nuova riforma del sistema scolastico.

INFOBOX — Breve storia della scuola italiana

La scuola italiana nasce nel 1859 (prima ancora dell'unità d'Italia del 1861) grazie alla legge Casati.

La scuola contribuisce ad abbassare gli altissimi livelli di analfabetismo, anche se nella prima parte del Novecento i bambini che lasciano la scuola per lavorare sono la maggioranza. Nel 1923 la riforma Gentile definisce la struttura della scuola elementare, media e superiore. Con la nascita della Repubblica (1946), la Costituzione stabilisce che la scuola deve essere pubblica e gratuita.

Oggi la scuola italiana è divisa in tre cicli di istruzione:
- istruzione primaria: scuola d'infanzia (da 3 a 6 anni) e scuola primaria (da 6 a 11 anni).
- istruzione secondaria: di primo grado (da 11 a 14 anni) e di secondo grado (da 14 a 19 anni). L'obbligo scolastico finisce a 16 anni di età.
- istruzione superiore: università.

6 Il primo giorno
Completa le frasi con i verbi al passato prossimo, trapassato prossimo *o* imperfetto.

1. (Io - *Mettere*) _____ un quaderno e una penna dentro uno zaino enorme che la mia mamma mi (*comprare*) _____ il giorno prima.
2. Quel giorno né mio padre né mia madre (*potere*) _____ accompagnarmi, così (io - *andare*) _____ a prendere lo scuolabus insieme a un mio compagno di classe.
3. Alle 6 di mattina (noi - *prendere*) _____ l'aereo per la Sardegna. (*Avere*) _____ un sacco di valigie con tutto l'occorrente per la vacanza.
4. La sveglia (*suonare*) _____ per 20 minuti ma io non l'(*sentire*) _____. (Io - *arrivare*) _____ in ritardo e non (io - *fare*) _____ una buona impressione al capo.
5. Il primo giorno di scuola mia madre (*svegliarmi*) _____ molto presto. (Io - *Fare*) _____ colazione velocemente per non arrivare in ritardo perché (*volere*) _____ fare bella figura con la maestra.
6. Le lezioni (*iniziare*) _____ alle 8.00 in punto. Per prima cosa la maestra (*scrivere*) _____ il suo nome sulla lavagna.
7. Appena arrivato all'aeroporto, non (*sapere*) _____ la lingua. (Io - *Dire*) _____ l'indirizzo del mio ostello al tassista e lui (*portarmi*) _____ dall'altra parte della città.
8. (Io - *Vivere*) _____ il primo giorno come un vero incubo. Primo: siccome (io - *perdere*) _____ lo scuolabus, (*andare*) _____ a piedi. Secondo, arrivando di corsa, (*entrare*) _____ nella classe sbagliata. Che figuraccia!

7 La valigia dei ricordi
Inserisci nella valigia dei ricordi i numeri delle frasi dell'esercizio 6 *che si riferiscono al primo giorno di scuola. Prova a indovinare a cosa si riferiscono le frasi che non parlano del primo giorno di scuola.*

8 Descrivere un professore
Guarda alcuni aggettivi che si possono usare per descrivere un professore. Inserisci nella colonna B *gli aggettivi della lista, contrari a quelli della colonna* A, *come nell'esempio.*

incompetente
freddo
comprensivo
ingiusto
noioso
incomprensibile

A	B
severo	comprensivo
chiaro	
competente	
divertente	
empatico	
imparziale	

9 Un forum

Leggi i post di un forum di discussione sul ruolo dei professori nella scuola. Inserisci negli spazi tratteggiati l'aggettivo che ti sembra più giusto tra quelli dell'esercizio 8. L'ultima casella è vuota. Inserisci la tua opinione descrivendo un tuo professore.

Gigi71
Secondo me il ruolo dei prof nella scuola è fondamentale. Io a scuola ho avuto sempre dei professori odiosi: incompetenti, ingiusti e…noiosissimi! ☹Ho detestato la scuola con tutto me stesso.

Cesare_P
Da quello che dite sembra che un professore severo sia un mostro. Non sono d'accordo. Ricordo in particolare un mio professore di Storia e Filosofia che era molto severo, ma era _____, conosceva la sua materia a fondo ed esigeva serietà da parte nostra. Poi era _____, giudicava tutti allo stesso modo, cosa fondamentale in un bravo prof. Si parla di scuola mica di un centro ricreativo! Mi chiedo dove si andrà a finire di questo passo!

Ornella_bella
Ti capisco Gigi71…☹☹ Il mio incubo a scuola era il prof di matematica. Era molto _____, dava dei voti bassissimi. E poi era _____, non aveva mai una parola gentile né se facevamo bene, né se facevamo male. Il risultato è che odio la matematica!

MayaXX
La mia professoressa di lettere al liceo era favolosa. Era estremamente _____, quando spiegava capivamo tutto, senza confusione e poi era _____. Mi ricordo che scriveva i verbi da coniugare con il rossetto sulla finestra. Non la finivamo di ridere ma quei verbi non li ho più dimenticati. :D

10 Proverbi

Completa i proverbi inserendo chi o ciò che, come nell'esempio.

| chi | ~~chi~~ | ciò che | chi | ciò che | chi |
| chi | chi | chi | ciò che | ciò che | |

1. __Chi__ dorme non piglia pesci.
2. _____ si accontenta gode.
3. _____ è causa del suo mal pianga se stesso.
4. Non è bello _____ è bello, è bello _____ piace.
5. _____ la fa, l'aspetti.
6. _____ ha beni e fortuna in abbondanza può fare _____ gli piace.
7. _____ non risica non rosica.
8. _____ dice ciò che vuole può sentire _____ non vorrebbe.

11 Che significa?

Abbina i proverbi dell'esercizio 10 al loro significato, come nell'esempio.

a. Chi fa qualcosa di brutto a qualcuno deve aspettarsi che lo stesso potrà essere fatto a lui.
b. Chi sta fermo e non fa niente non otterrà mai nulla.
c. Il bello assoluto non esiste, ognuno ha i propri gusti e trova bello quello che preferisce.
d. Le cose si ottengono solo se si ha il coraggio di rischiare.
e. Chi non ha troppe aspettative non rischia delusioni ed è sempre contento.
f. Le persone ricche hanno la possibilità di fare tutto quello che desiderano.
g. Chi ha causato da solo delle situazioni che lo danneggiano, deve rimproverare solo se stesso.
h. Chi dice tutto quello che vuole permette agli altri di fare lo stesso, anche con delle conseguenze negative.

1 / _b_ - 2 / ___ - 3 / ___ - 4 / ___ - 5 / ___ - 6 / ___ - 7 / ___ - 8 / ___

esercizi 2

1 Cruciverba
Completa il cruciverba.

➡ **orizzontali**

4 Attrezzo con i buchi, dentro cui si versa la pasta per scolarla.
6 Cuocere nell'olio o nel grasso.
7 Trasformare gli alimenti da crudi a cotti.
8 Cospargere un alimento di farina.

⬇ **verticali**

1 Aggiungere olio, sale e altre spezie per rendere un cibo più gustoso.
2 Tavoletta di legno che si usa per tagliare i cibi.
3 Con un coltello, dividere un alimento in più parti, in fette o pezzi.
5 Recipiente usato per cuocere.

2 Indefiniti
Scegli l'indefinito giusto, come nell'esempio.

1 ~~Qualunque~~ / *Ciascuno* di voi ha un foglio e una penna. L'esame può cominciare.
2 *Qualcuno* / *Qualsiasi* mi ha telefonato ma non ho fatto in tempo a rispondere. Ecco il numero. Hai idea di chi possa essere?
3 *Qualsiasi* / *Chiunque* cosa sia successa fra loro, non dovrebbero lasciare che interferisca con il lavoro.
4 Avevo invitato gli amici alla mia mostra di pittura ma non è venuto *nessuno* / *qualcuno*.
5 Passerò *qualche* / *qualcuno* giorno di vacanza in campagna da mia sorella.
6 Le iscrizioni sono libere, aperte a *chiunque* / *qualunque* voglia partecipare.
7 *Ogni* / *Alcuno* giorno mi ripeto che voglio cambiare lavoro ma poi non mi decido mai.
8 Il mio compagno ha cercato di dirmi *qualcosa* / *qualsiasi* nell'orecchio ma parlava così piano che non ho capito niente.
9 In questo periodo ho *ciascuno* / *poco* lavoro, posso uscire qualche minuto prima dell'orario di chiusura.
10 Possiamo spostare il nostro appuntamento a un *altro* / *tanto* giorno? Mi sono ricordata che avevo già un impegno.
11 Passeremo il fine settimana in montagna con *qualsiasi* / *alcuni* amici di Milano.

> **INFOBOX** **Massimo Bottura**
> Massimo Bottura è uno degli chef italiani più conosciuti al mondo. Nel suo ristorante, *Osteria Francescana* a Modena, crea piatti mescolando tradizione e innovazione. Le sue ricette sono spesso ispirate all'arte contemporanea e al design ma sempre a partire da ingredienti che appartengono alla tradizione italiana, per esempio l'aceto balsamico e il parmigiano. Nel 2012, dopo il terribile terremoto che ha colpito il Nord Italia e in particolare l'Emilia Romagna, Bottura ha organizzato degli eventi in tutto il mondo per salvare la produzione di parmigiano che era stata danneggiata dal terremoto. Per l'occasione ha creato una speciale ricetta, la sua versione del risotto "Cacio e pepe", che è stata cucinata contemporaneamente in tanti Paesi del mondo da chef molto conosciuti. Nel 2016 l'Accademia internazionale della cucina di Parigi lo ha premiato come miglior chef al mondo.

3 Un grande chef italiano
Elimina le frasi sbagliate. Le frasi giuste ti daranno le caratteristiche della cucina di Massimo Bottura.

1. Ogni piatto viene preparato mescolando tradizione e innovazione.
2. Qualcuno piatto è preparato secondo la tradizione.
3. Lui non sceglie ingredienti qualsiasi ma li sceglie tra quelli di grande qualità.
4. Lui sceglie chiunque ingrediente che sia prodotto in Italia.
5. Per lui nessuna di queste cucine esiste: molecolare, tradizionale, moderna. Per lui una cucina è solo buona o cattiva.

4 Ricetta del risotto cacio e pepe, versione tradizionale
Completa la ricetta con gli indefiniti *della lista.*

> tanto   qualcuno   qualche   ogni

Sciogliete il burro in una padella, aggiungete il riso e fatelo tostare per _____ minuto. Aggiungete un mestolo di brodo _____ volta che si consuma, per non fare attaccare il riso alla pentola. Quando il riso è cotto, spegnete il fuoco; è il momento di farlo mantecare. Aggiungete il pecorino, poco o _____, dipende dal vostro gusto. _____ aggiunge anche il parmigiano grattugiato per rendere il risotto più saporito. E non dimenticate, alla fine, di aggiungere il pepe in grani. Buon appetito!

5 Intervista radiofonica: i *food truck*
Inserisci nell'intervista i pronomi indefiniti.

> comunque   chiunque   uno   qualsiasi

– Oggi abbiamo con noi Marco Di Mattia, _____ dei più conosciuti blogger culinari in Italia. Ci parla del fenomeno crescente dei *food truck*. Ciao Marco, ci dici che cosa sono?

– Ciao, buongiorno a tutti gli ascoltatori. Sì, sono dei camioncini dove si prepara cibo da comprare per la strada. _____ sia la loro specialità (hamburger, polpette, piatti regionali, succhi di frutta fresca) la cosa che hanno in comune è che puntano all'altissima qualità.

– Sì ma a volte si ha l'impressione che _____ abbia fallito con un ristorante ci provi con un *food truck*…

– È vero, molti dei proprietari di *food truck* hanno provato prima con un ristorante ed era stata un'esperienza negativa, adesso invece si sentono molto più liberi perché hanno investito meno, possono essere molto più creativi e pensano che _____ vada sarà stata un'esperienza indimenticabile…

6 Indefiniti e congiuntivo
Coniuga i verbi al congiuntivo presente o imperfetto.

1. Apprezzava qualsiasi cosa (noi - *fare*) _____.
2. Chiunque (*volere*) _____, può donare viveri o vestiti per i rifugiati.
3. Qualunque (*essere*) _____ le sue intenzioni, non ce le spiegò mai.
4. A qualsiasi ora tu (*arrivare*) _____, noi ti aspettiamo.
5. Dovunque (lui - *andare*) _____, veniva considerato da tutti una celebrità.
6. Qualunque (*essere*) _____ il premio, io partecipo alla corsa.
7. Comunque (*andare*) _____ le cose, io sarò con voi.
8. Accoglievano chiunque (*arrivare*) _____ all'albergo.
9. Dovunque (loro - *trovarsi*) _____, ti telefoneranno presto.

7 Il futuro anteriore
Coniuga i verbi al futuro anteriore.

1. Per l'estate prossima ho già tutto previsto: dopo che (*frequentare*) _____ il corso di inglese, partirò per l'Inghilterra.
2. Maria ha ricevuto il conto da pagare, (*arrivare*) _____ per posta.
3. Quando (*concludere*) _____ il mio discorso, risponderò alle vostre domande.
4. Dopo il fine settimana enogastronomico in Piemonte (*prendere*) _____ due chili! Devo fare ginnastica.
5. Dopo che (*finire*) _____ il secondo, potrai mangiare il dessert.
6. Appena (*portare*) _____ gli scatoloni, cominceranno a sistemare la casa.

8 Pizza e partita
Maria ha invitato gli amici a casa sua per guardare tutti insieme la partita mangiando una pizza. Aiutala a programmare la serata coniugando i verbi al futuro semplice o al futuro anteriore.

1. *Farò / Avrò fatto* la spesa il giorno prima della festa.
2. *Preparerò / Avrò preparato* l'impasto della pizza nel primo pomeriggio.
3. Dopo che *accenderò / avrò acceso* il forno, *cuocerò / avrò cotto* la pizza.
4. Dopo che *metterò / avrò messo* in frigo le bevande, *apparecchierò / avrò apparecchiato* la tavola.
5. Quando *finirò / avrò finito* di preparare, *aspetterò / avrò aspettato* gli amici.

9 Conservare i cibi
In queste frasi ci sono tre errori nell'uso dei passivi. Trovali.

1. La carne macinata si conserva congelata per uno o due mesi.
2. Le lasagne surgelate vanno scaldate nel forno.
3. Si possono pulire l'insalata uno o due giorni prima di consumarla: va lavata, asciugata bene e sistemata in un sacchetto che deve essere sigillato tirando via l'aria.
4. Per conservare i cibi nel frigo, si deve mettere dentro contenitori di vetro o plastica.
5. I cibi crudi o cotti si mantengono più a lungo se si toglie l'aria dal sacchetto con un attrezzo per metterli "sottovuoto".
6. Prima vengono tagliate le verdure, poi vengono grigliate, infine viene conservate in strati divisi con la carta di alluminio.

10 Il *si* passivante
Coniuga i verbi della lista usando il **si** *passivante.*

comprare   cercare   cambiare   conservare   mangiare   vivere

1. In Italia _____ buon cibo e _____ una vita sana.
2. Scandalo al ristorante dello chef Ugo Manzoni: le carni _____ fuori dal frigo.
3. La verdura _____ dal fruttivendolo.
4. _____ le cause della malattia che ha colpito gli alberi da frutto.
5. In questo ristorante _____ il menù a seconda dei prodotti di stagione.

11 TEST: Salutista o golosone?
Fai il test scegliendo la risposta più adatta a te.

1. Torni a casa tardi dal lavoro e non c'è niente in frigo. Cosa fai?
   a. Salto il pasto, tanto a pranzo avevo mangiato troppo.
   b. Ordino una pizza e la mangio sul divano.

2. Al ristorante cosa ordini come dessert?
   a. Una macedonia di frutta.
   b. Un bel tiramisù.

3. Sei a pranzo dai tuoi e le lasagne sono buonissime. Tua madre ti offre la seconda porzione, tu che fai?
   a. Rifiuto, c'è troppo da mangiare.
   b. Accetto senza esitare.

4. Sono le quattro del pomeriggio e hai una fame da lupo. Cosa fai?
   a. Bevo due bicchieri d'acqua e aspetto la cena.
   b. Vado al bar e mi mangio qualcosa.

12 Il tuo profilo
Completa i profili inserendo i passivi *e gli* impersonali *della lista.*

va apprezzato   viene ingurgitato   si è   va saputa   si rischiano

si gustano   si mangia   si vive   si preferisce

Hai risposto prevalentemente A?
Sei salutista!
Se _____ salutisti, _____ una quantità di cibo giusta. Così gli alimenti _____ di più e _____ più a lungo. Il cibo _____ poco per volta sennò fa male!

Hai risposto prevalentemente B?
Sei un vero golosone.
Ami il cibo, non ti fai problemi, ma attenzione: quando il cibo _____ senza limiti, ci appesantisce. Il corpo non è contento se _____ una siesta a una passeggiata, o una pizza sul divano a una cena da cucinare. La gola _____ gestire o _____ gravi problemi di salute!

test 1

1 Completa le frasi con i verbi al passato prossimo o all'imperfetto

1. Quando ero bambino (*andare*) _____ al mare tutte le estati con la mia famiglia. Poi, purtroppo, (noi - *comprare*) _____ la casa in montagna!
2. Ieri (noi - *andare*) _____ a cena fuori con Mara! (Noi - *Divertirsi*) _____ un sacco!
3. Ieri, mentre (*guardare*) _____ la TV, sola in casa, (loro - *suonare*) _____ alla porta. Io (*impaurirsi*) _____ perché non (*aspettare*) _____ nessuno, ma fortunatamente (*essere*) _____ solo la vicina di casa.
4. Ieri (*andare*) _____ a letto tardi e oggi a lezione (*guardare*) _____ continuamente l'orologio ma il tempo non (*passare*) _____ mai!
5. Il ladro era alto, molto alto. Quando (*scappare*) _____ ho visto chiaramente che (*portare*) _____ degli stivali neri.

Ogni verbo corretto 1 punto. Totale: ___ / 14

2 Completa le frasi con i verbi *passare* e *salire* al passato prossimo

1. Quest'anno (noi - *passare*) _____ un mese fantastico in Puglia.
2. Finalmente il piede non mi fa più male. Pensa che ieri (io - *salire*) _____ le scale due alla volta!
3. Quest'anno per la prima volta (io - *salire*) _____ sulla torre di Pisa. Che spettacolo!
4. Ieri pomeriggio (noi - *passare*) _____ da casa ma non c'eri! Come mai?

Ogni verbo corretto 4 punti. Totale: ___ / 16

3 Scegli l'indefinito e completa con il verbo al tempo e modo corretti

1. *Chiunque / Qualsiasi* (*essere*) _____ la risposta, a me non interessa!
2. *Qualcuno / Qualsiasi* dovrebbe occuparsi di aggiustare il lavandino, ma non posso certo farlo io!
3. *Qualsiasi / Chiunque* (*sapere*) _____ qualcosa, dovrebbe parlare!
4. Uffa, non voglio più organizzare feste, non viene mai *nessuno / qualcuno*!
5. Ti va di andare *qualche / qualcuno* giorno in montagna?
6. *Dovunque / Qualunque* cosa tu (*dire*) _____, non ho intenzione di ascoltarti!
7. *Ogni / Alcuna* volta sempre la solita storia! E ora basta!
8. Vorrei provare *qualcosa / qualsiasi* per lei, ma purtroppo non sono innamorato.
9. Non decido io dove andremo in vacanza! *Qualunque / Qualcuno* posto mia moglie (*scegliere*) _____ a me va bene.
10. *Qualunque / Dovunque* (*trovarsi*) _____ ora Marta, noi la troveremo!

Ogni indefinito corretto 1 punto. Totale: ___ / 10
Ogni verbo corretto 3 punti. Totale: ___ / 15

130 | TEST 1

4 Completa le frasi con i pronomi relativi doppi della lista

    chi   quelle che   quelli che   quello che   quello che

1. Ci sono dei buonissimi antipasti in questo ristorante. Puoi prendere _____ vuoi.
2. Io non sono una di _____ parlano senza sapere le cose.
3. Non sopporto _____ parcheggia in seconda fila.
4. Sono pochi _____ possono permettersi una vacanza in un posto così lontano!
5. Ecco, brava! Questo è proprio _____ volevo dire!

Ogni pronome inserito in modo corretto 2 punti.   Totale: ___ / 10

5 Completa le frasi con i verbi al futuro anteriore e abbina ogni frase alla funzione del verbo

a il futuro anteriore indica un evento futuro che accade prima di un altro fatto futuro.

b il futuro anteriore è un'ipotesi che si riferisce al passato.

1. ☐ Mi ha chiamato Gino, ha detto che non viene alla festa. (*Avere*) _____ da studiare!
2. ☐ Certo che voglio passare un anno all'estero! Ma solo quando (*finire*) _____ gli studi.
3. ☐ Ma perché Mara non è ancora arrivata? (*Perdersi*) _____? Lei non conosce per niente questa zona!
4. ☐ (*Essere*) _____ una buona idea quella di dirgli la verità?
5. ☐ Dopo che l'(*conoscere*) _____, potrò dirti se il tuo nuovo fidanzato mi è simpatico.

Ogni verbo corretto 2 punti.   Totale: ___ / 10
Ogni abbinamento corretto 2 punti.   Totale: ___ / 10

6 Coniuga i verbi usando il *si* passivante

1. In quell'enoteca (*trovare*) _____ dell'ottimo vino.
2. Con il lettore e-book (*leggere*) _____ libri, riviste e articoli di giornale senza fatica.
3. Fidati! Qui (*mangiare*) _____ i gelati più buoni di Roma!
4. Scusi, in questo bar (*vendere*) _____ l'abbonamento per la metropolitana?
5. Le fettuccine (*fare*) _____ con la pasta all'uovo.

Ogni verbo corretto 3 punti.   Totale: ___ / 15

Totale test: ____ / 100

esercizi 3

1 Grafici
Guarda il grafico e forma le frasi, come negli esempi.

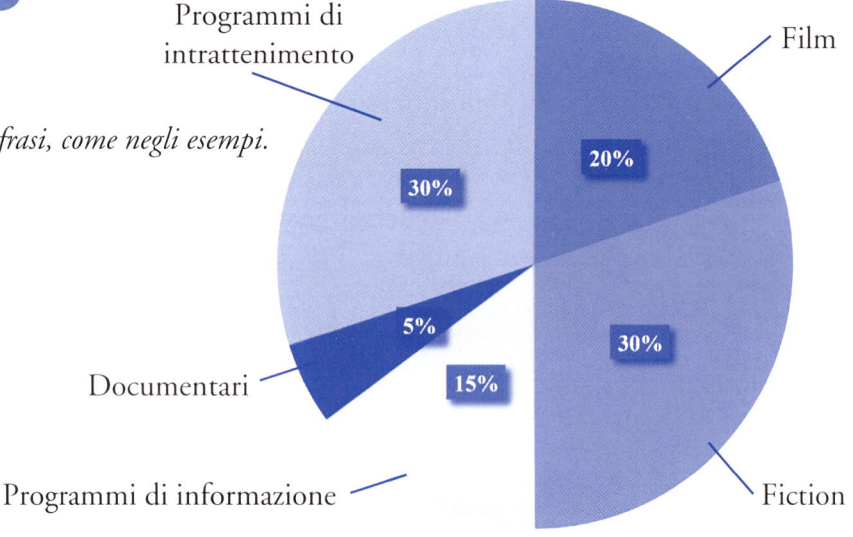

Programmi di intrattenimento 30%
Film 20%
Fiction 30%
Programmi di informazione 15%
Documentari 5%

1 Il 20% degli italiani guarda film.
2 _____.
3 _____.
4 _____.
5 _____.

1 Due italiani su dieci guardano film.
2 _____.
3 _____.
4 _____.
5 _____.

2 Come si informano gli italiani
Completa il testo con la forma corretta.

L'articolo parla del risultato di una ricerca dell'osservatorio *Demos-Coop* dal titolo "Gli italiani e l'informazione". Le interviste vogliono chiarire come gli italiani **accedono dell' / accedono all'**informazione. Molti **affermano di / affermano a** informarsi ogni giorno principalmente attraverso la TV. Tanti comunque **navigano a / navigano su** internet per molto tempo anche se la fiducia nell'utilizzo della rete come mezzo di informazione sta diminuendo. **Si tratta di / Si tratta su** un fenomeno che viene chiamato "era del disincanto digitale". Insomma gli italiani usano internet ma **continuano a / continuano di** guardare la TV.

3 La radio
Inserisci nelle frasi le espressioni della lista.

le tre   del '900   Nel 1924   Il 19

1 Il 5 marzo del 1896 Guglielmo Marconi presenta a Londra la richiesta di brevetto per l'invenzione della radio. _____ dello stesso mese la domanda viene accettata. Nasce ufficialmente la radio.
2 La radio è stata una grande novità _____.
3 _____ va in onda la prima trasmissione radiofonica italiana.
4 La radio lanciò il Trio Lescano, composto da tre sorelle che cantavano canzonette divenute popolarissime fra gli anni '30 e '40. Nonostante _____ fossero di nascita e lingua olandese, cantavano in italiano.

4 Il mondo è cambiato
Inserisci gli avverbi di tempo *nel paragrafo.*

    Allora   Oggi   Ieri   cento anni fa

_____ è uscito un articolo sul *Corriere della Sera* che diceva che _____, quando non c'erano né la TV né internet, le persone passavano più tempo insieme.
_____ le persone si riunivano nelle case dopo cena, parlavano e si raccontavano le storie.
_____ invece restiamo a casa nostra e accendiamo la TV o il computer.
Come è cambiato il mondo!

5 Il discorso indiretto introdotto dalla preposizione *di*
Trasforma al discorso indiretto *usando l'infinito preceduto dalla preposizione* **di**.

1. Connettiti da casa mia.   Le ha detto _____
2. Ho trovato il tema per il mio prossimo articolo!   Dice _____
3. Mi sono iscritto a un sito di informazione libera.   Dice _____
4. Prendi appunti!   Gli ha detto _____
5. Accendi il computer e connettiti a internet.   Gli ha ordinato _____
6. Non passate troppe ore di fronte allo schermo!   Il dottore consiglia _____
7. Sono rimasta in casa tutta la notte!   Ha raccontato al giornalista _____
8. Non sono mai stato ospite di un programma TV.   Aveva detto _____

6 Il discorso indiretto
Trasforma le frasi usando il discorso indiretto.

1. Sara dice: "Io mi informo con internet perché è un mezzo più libero."

2. La mamma dice: "Pino, spegni subito la TV!"

3. Dieci anni fa hanno detto: "La gente si informerà solo su internet."

4. Luca mi ha assicurato: "Ti manderò l'articolo per posta elettronica."

5. Mi ha chiesto: "Posso leggere il giornale?"

6. Mi consiglia: "Guarda questa nuova serie TV!"

7. Mi avete chiesto: "Ti sei iscritto al forum?"

8. Mi dicono: "Quel documentario ti piacerà tantissimo."

7 Notizie del giorno
Coniuga al condizionale presente *o* passato.

1. Secondo alcuni testimoni l'uomo (*cominciare*) _____ a sparare appena entrato nel bar.
2. La manovra del governo (*portare*) _____ a un aumento del bilancio economico entro tre anni.
3. Questa mattina la polizia (*trovare*) _____ un'auto bruciata appartenente a un boss mafioso della zona.
4. Secondo i meteorologi, la prossima la perturbazione (*arrivare*) _____ nei prossimi giorni e (*investire*) _____ tutta l'Italia del Nord.
5. Secondo il rapporto della Confcommercio la situazione economica italiana (*migliorare*) _____ nell'ultimo anno.
6. Il problema del riscaldamento globale (*diventare*) _____ il problema più urgente.
7. L'opinione degli italiani sul Presidente del Consiglio (*cambiare*) _____ dopo le ultime accuse di corruzione.

8 Notizie dall'antichità
Trasforma i verbi sottolineati *al* condizionale *per esprimere una notizia poco certa.*

Una nave romana è stata ritrovata (_____) al largo delle costa tirrenica. La nave è affondata (_____) mentre trasportava un carico di olio e unguenti profumati provenienti dalla Sicilia. La soprintendenza dei beni culturali sta (_____) mettendo insieme una squadra di studiosi per cercare di datare il ritrovamento. Il preziosissimo carico è (_____) ancora intatto, secondo il racconto di alcuni sub di Grosseto che hanno affermato (_____) di essere gli autori della clamorosa scoperta.

9 Un'intervista
Marta Fossi, una famosa giornalista, ha preparato le domande per un'intervista al nuovo sindaco di Roma. Aiutala a scrivere l'articolo, trasformando le domande dalla forma diretta a quella indiretta con il congiuntivo.

Ho chiesto al sindaco…

1. Come è entrata in politica?
2. Quando ha deciso di candidarsi a sindaco?
3. Si immaginava di vincere le elezioni?
4. È possibile fermare la corruzione a Roma?
5. Che cosa pensa del Presidente del Consiglio?
6. Crede nel programma del suo mandato?

1. _____
2. _____
3. _____
4. _____
5. _____
6. _____

INFOBOX — **Carosello**

Carosello era un famoso programma italiano che è andato in onda dal 1957 al 1977. Veniva trasmesso tutti i giorni dalle 20.50 alle 21.00 e presentava delle pubblicità di prodotti. Nel programma c'erano quattro sketch comici di teatro o animazione. Alla fine di ogni sketch che durava un minuto e 45 secondi, c'erano 30 secondi di pubblicità, caratterizzati da uno slogan o da una canzoncina. Carosello era un programma molto amato dagli adulti ma soprattutto dai bambini che lo guardavano prima di andare a dormire. Per questo motivo la frase "A letto dopo Carosello" è diventata famosa. Carosello rappresentava l'Italia degli anni del boom economico e una società in rapido cambiamento.

10 Un vecchio programma televisivo: *Carosello*

Trasforma il dialogo alla forma indiretta. Decidi quando usare il congiuntivo e quando l'indicativo.

Caterina Mamma ti ricordi di Carosello?
Mamma Certo che mi ricordo di Carosello era il mio programma preferito!
Caterina Ce ne ha parlato la prof. a scuola. Ma cos'era?
Mamma Era un programma di pubblicità che piaceva sia a noi bambini che ai nostri genitori. Piaceva ai piccoli perché c'erano i cartoni animati e ai grandi per gli spettacoli di varietà.
Caterina Ma che cartoni animati c'erano?
Mamma Ah, c'erano dei personaggi indimenticabili come Calimero, un pulcino tutto nero che faceva la pubblicità di un detersivo. Ma non tutti erano cartoni animati, per esempio c'era topo Gigio che era un pupazzo.

1. Caterina ha chiesto alla mamma _____
2. La mamma ha risposto _____
3. Caterina allora le ha detto _____
4. Poi le ha chiesto _____
5. La mamma le ha spiegato _____
6. Infine Caterina ha domandato alla mamma _____
7. La mamma ha risposto _____

11 Topo Gigio

Trasforma dal discorso diretto al discorso indiretto.

Piccolo, grandi orecchie e capelli biondi a paggetto. E sempre alle prese con problemi più grandi di lui. Poi credulone e tenero, con quel suo "Ma cosa mi dici mai?", incarna lo stupore di un bimbo di fronte alla società dei grandi. Topo Gigio è famoso in tutto il mondo. Abbiamo intervistato Maria Perego, la sua creatrice.

Signora Perego, quando ha inventato Topo Gigio?
L'ho inventato nel 1959.
Quali sono le ragioni del successo di Topo Gigio?
I bambini si riconoscevano nel suo candore. E con la sua ingenuità insegnava ai grandi a sopportare meglio le difficoltà della vita nel mondo del dopoguerra.

Cos'era l'animazione in quegli anni?
Fare pupazzi non era considerato un'arte. Io ero un po' una ribelle perché fare animazione voleva dire ribellarsi al teatro borghese, era un modo di fare cultura che mi permetteva di dare forma e colore a tutto ciò che era stato proibito.
Oggi Topo Gigio cosa penserebbe del mondo?
Il suo invito è ancora lo stesso: non rinunciare a essere liberi.

Ho chiesto alla Signora Perego quando _____ Topo Gigio. Mi ha detto _____ nel 1959. Allora le ho chiesto quali _____ le ragioni del successo di Topo Gigio. Mi ha risposto che i bambini _____ nel suo candore e che con la sua ingenuità _____ ai grandi a sopportare meglio le difficoltà della vita nel mondo del dopoguerra. Poi ho chiesto che cosa _____ l'animazione in quegli anni e lei mi ha spiegato che fare i pupazzi non _____ considerato un'arte. Mi ha detto che lei _____ un po' una ribelle, perché fare animazione _____ dire ribellarsi al teatro borghese, _____ un modo di fare cultura che _____ permetteva di dare forma e colore a tutto ciò che era stato proibito. Infine le ho chiesto che cosa _____ oggi Topo Gigio del mondo e lei mi ha detto che il suo invito è ancora lo stesso: non rinunciare a essere liberi.

esercizi 4

1 I mestieri
*Inserisci le espressioni nelle interviste, poi indovina di quale **mestiere** parlano gli intervistati.*

impianto di illuminazione   terre coltivabili   a tempo indeterminato   strutture sanitarie

invecchiamento della popolazione   cura degli anziani   nuove tecnologie

1. Dopo aver frequentato una scuola, ho trovato lavoro in una mensa. Preparo il pranzo per gli impiegati di una banca. Sono molto soddisfatto perché è un lavoro _____. Faccio _____.
2. Io avevo sempre desiderato un lavoro in cui prevalesse il lato umano. Ho riflettuto e mi sono resa conto che negli ultimi anni, in seguito all' _____, un settore in crescita era quello della _____. Così ho investito in questa professione. Faccio _____.
3. Io faccio parte di un'impresa di costruzioni, per la quale mi occupo di installare l' _____ e il sistema elettrico nelle case. Faccio _____.
4. Io scrivo per molti siti di informazione. Con le _____ non è più necessario scrivere per un giornale stampato per fare il mio lavoro. Faccio _____.
5. Lavoro in campagna, mi occupo delle _____. Lavoro la terra e ottengo prodotti agricoli. Faccio _____.
6. Lavoro nelle _____. Mi occupo dei pazienti. Decido le cure e prescrivo i farmaci. Faccio _____.

2 Il manuale del buon dipendente
Scegli la forma verbale corretta.

Questi consigli servono sia a quelli che **vogliono / vogliano** migliorare la propria posizione professionale sia alle persone che **desiderano / desiderino** uscire da un colloquio di lavoro certe di aver lasciato il segno. Cominciamo l'elenco con quelle doti che **portano / portino** benefici a chi sta cercando un impiego.

1. **Nulla è dovuto**
   Può piacere poco al lavoratore ma tant'è. I datori di lavoro cercano persone che **danno / diano** il meglio di sé, talvolta dimenticando di guardare la propria *job-description* e l'orologio.
2. **Risolvere problemi**
   L'azienda cerca collaboratori che **sono / siano** in grado di risolvere problemi, non di crearli.
3. **Il ricavo è tutto**
   L'azienda vuole che ogni attività **mira / miri** al profitto.
4. **Risultare piacevoli**
   Il datore di lavoro preferisce qualcuno che **risulta / risulti** piacevole durante il colloquio. Entusiasmo, correttezza, gentilezza e proattività sono merce rara.
5. **Mantenere un contatto**
   Ogni candidato dovrebbe cercare qualcuno che **resta / resti** in contatto diretto con lui nell'azienda, anche se il colloquio non è andato bene, non si sa mai!

3 Indicativo o congiuntivo?
Completa con i verbi.

1. Cerchiamo qualcuno che (*essere*) _____ flessibile, disposto a lavorare anche il fine settimana.
2. Cerco un dentista che (*volere*) _____ lavorare part-time nel mio studio.
3. Voglio assumere quella sarta che (*sapere*) _____ manovrare anche il telaio. Ha fatto il colloquio da noi qualche giorno fa. Però ho perso il suo indirizzo e-mail…
4. Il nostro premio quest'anno va a un'impiegata che (*dimostrare*) _____ di avere talento, anche se è arrivata da poco. Sto parlando di Laura!
5. Ci interessa una persona dinamica che (*prendere*) _____ in mano la situazione.
6. Azienda di Terni cerca saldatore che (*avere*) _____ almeno tre anni di esperienza nel settore.
7. I direttori della nuova scuola sono interessati a un prof. che (*insegnare*) _____ nella nostra scuola da tre anni, vogliono assumerlo perché è molto bravo. Indovina chi è?

4 Congiuntivo e superlativo relativo
Forma delle frasi come nell'esempio.

> Periodo - stressante - passare → *È il periodo più stressante che io abbia mai passato.*

1. Telefonata - lunga - io - fare
2. Colloquio - difficile - io - affrontare
3. Progetto - redditizio - io - creare
4. Collega - strano - io - incontrare
5. Capo - autoritario - io - avere
6. Contratto - vantaggioso - offrirmi
7. Stipendio - alto - ricevere
8. Caffè - buono - prendere

5 *Finalmente* o *alla fine*
Completa le frasi scegliendo tra **finalmente** *e* **alla fine**.

1. _____ della giornata chiudo il negozio.
2. _____ parto per le vacanze, non ne potevo più di lavorare!
3. Ho fatto di tutto per non perdere il posto ma _____ mi hanno licenziato.
4. _____ è arrivato lo stipendio. Corro a fare spese!
5. Il rappresentante della casa editrice ha parlato per un'ora e _____ mi ha convinto a comprare l'enciclopedia.

6 Gerundio
Trasforma al gerundio la parte sottolineata delle frasi, come nell'esempio.

> Se finisco il progetto, parto più tranquilla per le vacanze.
> → *Finendo il progetto, parto più tranquilla per le vacanze*

1. Siccome dormo poco, la mattina non sono efficiente al lavoro.
2. Se sai usare il computer, lavori più facilmente.
3. Poiché lavoro troppo, passo periodi di stress.
4. Se ho colleghi simpatici, vado al lavoro volentieri.
5. Siccome insegna da tanti anni, ha molta esperienza.
6. Se lavorano full-time hanno uno stipendio decente.
7. Siccome abbiamo solo una pausa di mezz'ora, dobbiamo mangiare troppo in fretta.

7 Trasformazioni

Trasforma i verbi al gerundio nella forma esplicita, come nell'esempio.

> **Tornando** (_Siccome torno_) presto dal lavoro, posso passare a fare la spesa.

1. **Lavorando** (_____) troppo, mi stresso e divento ansiosa.
2. **Non trovando** (_____) lavoro, si resta dipendenti dalla propria famiglia.
3. **Non guadagnando** (_____) uno stipendio da sei mesi, sono tornato a vivere dai miei.
4. **Non accettando** (_____) un'offerta di lavoro, si ha paura di perdere un'opportunità importante.
5. **Non avendo** (_____) esperienza, non riesco a trovare un impiego.

8 Telelavorare

Completa le interviste con le frasi della lista.

| avendo più tempo per me | Avendo tre bambini |
| Andando in treno | Partendo da casa |

1. Ciao, mi chiamo Sara e ho 31 anni. Da due anni lavoro via internet. _____ al lavoro, perdevo circa tre ore ogni giorno per andare e tornare. Adesso, _____, ho cominciato a dipingere quadri.
2. Mi chiamo Mara, ho 38 anni e telelavoro da circa un anno. _____, è più facile per me gestire gli orari in cui li porto a scuola. _____ mia per portarli, perdo molto meno tempo che dal lavoro. Poi sono a casa, meno stressata e più concentrata per lavorare.

9 Un colloquio

Completa il colloquio di lavoro con le espressioni di cortesia della lista.

| Ma certo, si figuri | Allora, mi dica | se non la disturbo | La ringrazio tantissimo |
| Prego, si accomodi | Ma le pare | Buongiorno, posso entrare |

▼ _____? Sono qui per il colloquio.
■ _____. Lei come si chiama?
▼ Sono Bianca Nardi.
■ Sì, bene. _____, perché è interessata a questo posto di lavoro?
▼ Credo di avere tutti i requisiti richiesti nell'annuncio: sono precisa, flessibile e ho grandi capacità di lavoro in team.
■ Bene. Parla delle lingue straniere?
▼ L'inglese e lo spagnolo.
■ Perfetto.
▼ Posso fare una domanda, _____ troppo?

■ _____!
▼ Qual è l'orario di lavoro?
■ Quaranta ore settimanali ma molto flessibili, visto che lavorerebbe da casa. Ha altre domande?
▼ No.
■ Bene, allora le faremo sapere la nostra decisione al più presto.
▼ _____.
■ _____. Arrivederci.

10 Desideri

Completa le frasi con il condizionale e il congiuntivo, come nell'esempio.

> Mi (*piacere*) __piacerebbe__ che lei (*fare*) __facesse__ parte del nostro team.

1. (Io - *Volere*) _____ che Lei (*accettare*) _____ le nostre scuse per non averla contattata prima.
2. (Noi - *Volere*) _____ che Lei (*venire*) _____ di persona nella nostra sede per parlare direttamente con noi.
3. (Loro - *Preferire*) _____ che gli impiegati (*venire*) _____ al lavoro in giacca e cravatta.
4. Il capo (*volere*) _____ che (noi - *usare*) _____ meno il telefono.
5. I miei colleghi (*volere*) _____ che io (*andare*) _____ a prendere qualcosa da bere con loro dopo il lavoro.
6. Mio marito (*preferire*) _____ che io (*smettere*) _____ di lavorare dopo la nascita del nostro secondo figlio.

11 Congiuntivo presente o imperfetto

Coniuga i verbi al congiuntivo presente o imperfetto.

1. Luisa preferisce che suo marito (*prendere*) _____ il treno per andare al lavoro, è più sicuro.
2. Vorrei che (*parlare*) _____ fra voi prima di chiedere al capo.
3. Voglio che la Dottoressa Rossi (*avere*) _____ l'ufficio accanto al mio, così potremo collaborare meglio.
4. I colleghi preferiscono che Daniela (*parlare*) _____ di questa faccenda direttamente con il capo.
5. Non vorremmo che Lei (*pensare*) _____ che il suo lavoro non ci soddisfa.
6. Mi piacerebbe che (noi - *parlare*) _____ tutti insieme del problema piuttosto che stare ciascuno nel proprio ufficio.

12 Cruciverba

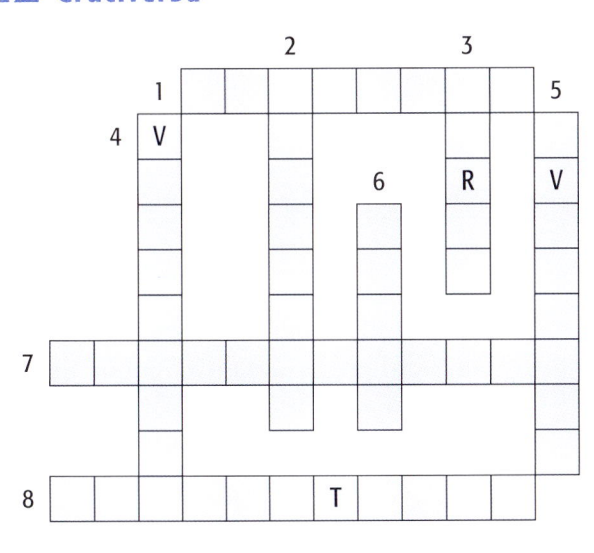

➡ orizzontali

1. Uomo che lavora in un negozio e assiste i clienti.
7. Si occupa dell'impianto elettrico di casa tua.
8. Donna che traspone un testo da una lingua a un'altra.

⬇ verticali

2. Donna che è stata scelta dal presidente del Consiglio per occuparsi di un ministero.
3. Uomo che fa i vestiti su misura, sa tagliare e cucire.
4. Donna che dirige il traffico in città e fa le multe.
5. Donna che difende i suoi clienti in tribunale.
6. Donna che lavora in cucina e prepara pranzi e cene.

esercizi 5

1 Aggettivi derivati
Completa la forma base (maschile singolare) degli aggettivi derivati dai sostantivi della lista.

1. DOLORE → d o _ _ _ _ s _
2. IMBARAZZO → _ _ b a r _ _ _ _ _ _
3. FASTIDIO → f a s _ _ _ _ _ _
4. CORAGGIO → _ _ _ _ g g i _
5. FIORE → f i o _ _
6. ABUSO → _ b u s _ _ _
7. ABBOZZO → _ _ _ o z z _
8. ANSIA → a n s _ _ _ _

2 Formazione delle parole
Trasforma gli aggettivi nei rispettivi sostantivi e completa le frasi, come nell'esempio.

fastidioso	~~stupito~~	impaurito	arrabbiato
orgoglioso	commosso	annoiato	disgustoso

1. Lo __stupore__ dei bambini di fronte alle cose più semplici, come uno starnuto o una risata, mi commuove sempre.
2. Durante la cerimonia per ricordare le vittime del massacro, la _____ di tutti era altissima.
3. Quando penso a come mi ha trattato provo ancora tanta _____ che gli telefonerei subito e gli urlerei contro.
4. Ho sempre _____ quando guardo i film horror.
5. Che _____ la lezione francese. La professoressa parla lentamente e io rischio di addormentarmi.
6. _____ e orrore, ecco cosa proviamo quando vediamo delle scene di violenza.
7. Vedere mio figlio prendere il diploma mi riempie di _____.
8. Al supermercato, le luci forti mi danno _____ agli occhi.

3 Prima o dopo?
Scegli l'opzione corretta.

1. *Mio figlio / Figlio mio*! Finalmente ti rivedo.
2. Sono veramente depresso. Non mi piace il *mio lavoro / lavoro mio*.
3. Passo le serate con i *miei amici / amici miei*, non con gli estranei. Sono molto timido.
4. *I tuoi figli / Figli tuoi* sono sempre gentili e ben educati.
5. Giulia è diventata scontrosa e depressa. È *tua colpa / colpa tua* che l'hai lasciata.
6. Preferisco restare a *mia casa / casa mia*. Non ho voglia di uscire.
7. *Miei signori / Signori miei*, voi dimenticate che le emozioni hanno molta importanza nelle relazioni tra le persone.
8. Oggi è la vostra festa e noi siamo felici di brindare alla *vostra salute / salute vostra*!

4 Possessivi posposti

Completa le frasi con le espressioni della lista.

| per amor mio | di testa tua | per colpa mia | da parte mia | per merito suo | per conto suo |

1. I fiori li ha comprati Luca ma i cioccolatini sono _____.
2. Gli ho parlato per ore dei miei problemi e _____ Guido ha fatto tardi al lavoro.
3. Se non vuoi farlo per te stesso, fallo _____. Sai che per me è importante.
4. Marco sta sempre _____, ha un carattere chiuso e non gli piace stare con le persone.
5. Sei ostinato come un mulo, fai sempre _____!
6. Devi ringraziare Paolo, ci ha telefonato alle 7 e siamo arrivati in tempo solo _____.

5 Uscire o uscirsene?

Scegli l'opzione corretta.

1. Roberta *esce / se ne esce* con Marco per la prima volta ed è molto emozionata.
2. Certa gente *esce / se ne esce* con dei commenti inutili sui social network.
3. Se *esci / te ne esci* ancora con una frase così arrogante non ti parlo più!
4. *Esci / Te ne esci* da sola stasera? Posso accompagnarti?

6 Come si dice?

Completa le frasi con le espressioni della lista

| sono su di giri | sono nero | mi fa impazzire | gli gira storto | sono fuori di me |
| mi fa schifo | vado pazzo | mi fai incavolare | sono al settimo cielo | ha un debole |

1. Sì, sì, lo ammetto: io _____ per le torte e i dolci.
2. La musica di quel DJ _____, potrei ballare per tutta la notte.
3. Mario, quando fai così _____, ti prenderei a schiaffi.
4. Massimo _____ per le ragazze more con gli occhi verdi. Appena ne incontra una le chiede il numero di telefono.
5. Oggi _____, è meglio che non vada al lavoro se no tratto male qualcuno.
6. Ho appena litigato con Aldo, mi ha detto delle cose orribili, _____ dalla rabbia.
7. Pronto Clara? Sono Giovanni. Senti che notizia: ho avuto il lavoro! _____, usciamo a far festa tutta la notte?
8. Ieri sera è nata la mia prima figlia, _____!
9. Non infastidire Mattia, stamattina _____. La sua ragazza ieri lo ha lasciato.
10. Oh no, non è possibile! Ancora la minestra per cena, lo sai che _____.

7 Trova l'errore

Nel testo ci sono due errori nell'uso delle espressioni che hai visto nell'esercizio **6**. *Trovali e prova a sostituirli con qualcosa di più appropriato!*

Vado pazzo quando gli amici mi trascinano in discoteca. C'è un rumore infernale, non si riesce a parlare. Andare in discoteca mi fa schifo, si è capito. Invece ho un debole per i jazz club. Lì si può parlare e ascoltare buona musica. Quando ci vado sono nero di gioia. Che posso farci se sono un tipo sensibile?

8 Proprio
Completa le frasi con le parole della lista.

proprio	suo	suoi	propria	propri	proprio

1. Si devono seguire i _____ principi se si vuole essere onesti.
2. Enzo adora i _____ amici.
3. Ciascuno ha il _____ carattere.
4. Ugo è lunatico: il _____ umore cambia ogni cinque minuti.
5. Ognuno ha il diritto di scegliere il _____ percorso di studi.
6. È obbligatorio parcheggiare la _____ macchina nel garage a pagamento.

9 Contrari
Scrivi i contrari.

1. felice _____
2. fortunato _____
3. onesto _____
4. paziente _____
5. attento _____
6. razionale _____
7. sensibile _____
8. tipico _____

10 Ancora contrari
Usa i contrari che hai trovato nell'esercizio 9 e completa le frasi. Modifica, dove necessario, il numero (singolare / plurale) e il genere (maschile / femminile).

1. Marta, sei troppo _____, vuoi tutto e subito. Devi imparare che per ottenere le cose ci vuole tempo.
2. Il figlio dei miei amici ha un po' di problemi a scuola perché è irrequieto e _____, non riesce a concentrarsi.
3. Marco è sempre depresso e _____, nessuno sa come aiutarlo a trovare un po' di serenità.
4. Il mio fidanzato è un _____, non l'ho mai visto commuoversi per niente.
5. I politici _____ e corrotti, che non si sentono in colpa per le loro azioni, non dovrebbero governare.
6. Il comportamento di Anna è decisamente _____; di solito non si comporta mai così.
7. Sono sempre _____, non ho mai vinto al lotto, eppure gioco tutte le settimane.
8. La parte più _____ che c'è in ognuno di noi viene fuori nei sogni.

11 Dallo psicologo
Scegli il prefisso giusto per modificare gli aggettivi tra parentesi, come nell'esempio.

s-	im-	~~in-~~	s-	in-	in-	im-	ir-	in-

1. Dottore, ho bisogno d'aiuto. In questo periodo mi sento (*utile*) __inutile__ in casa e (*visibile*) _____ al resto del mondo. Questa situazione mi rende profondamente (*contento*) _____.
2. Dottore, ho bisogno di una mano per capire che succede a mio figlio. Da un po' di tempo ha un carattere (*possibile*) _____ da gestire. Si comporta in modo (*ragionevole*) _____ e il suo atteggiamento è (*tollerabile*) _____!
3. Dottore, sono qui per parlarle di una situazione (*piacevole*) _____. Da una parte ho l'impressione che il mio fidanzato mi sia (*fedele*) _____. Dall'altra mi dico che è (*probabile*) _____ che trovi un'altra ragazza. È così brutto! Forse sono un po' paranoica…

12 Periodo ipotetico

Coniuga i verbi al congiuntivo imperfetto o trapassato.

1. Se Marcella non (*essere*) _____ così timida, gli chiederebbe di uscire.
2. Se tu non (*smettere*) _____ di studiare, saresti diventato un ingegnere, come volevano i tuoi genitori.
3. Se ti (*chiedere*) _____ di sposarmi, adesso saresti mia moglie, non quella di un altro.
4. Qualora lei non (*essere*) _____ interessato a iscriversi ai nostri corsi di meditazione e rilassamento, la pregheremmo di avvisarci per tempo.
5. Se io (*sapere*) _____ che mi dirai di sì, ti chiederei di uscire.
6. Se quando eri giovane tu (*essere*) _____ più ambizioso, avresti fatto lo scrittore, invece hai buttato via il tuo talento.
7. Nel caso in cui (Lei - *desiderare*) _____ una consulenza, mi trova a questo numero: 555-87752.
8. Se tu (*partire*) _____ per l'Inghilterra, ora non saremmo insieme.

13 Ipotesi

Completa le frasi della colonna A con quelle della colonna B.

A	B
1 Qualora ansia e insonnia non passassero,	a non lo avresti mangiato nella pasta senza accorgertene.
2 Nel caso in cui l'aereo dovesse perdere quota,	b ti avrei risposto con più gentilezza, scusami.
3 Se il gorgonzola ti avesse fatto veramente schifo,	c mantenete la calma e mattete la maschera per l'ossigeno.
4 Se non fossi stato fuori di me,	d ti accorgeresti che la vita è bella.
5 Sono calmissimo: se perdo il treno per l'aeroporto	e Le consiglierei di consultare un medico.
6 Se fossi più sereno,	f prendo un taxi.

14 Come se / senza che

Coniuga i verbi al congiuntivo imperfetto.

1. Mio nonno lo guardò come se (*arrivare*) _____ da Marte solo perché aveva i capelli lunghi e portava l'orecchino.
2. Lo guardai per un po' senza che (*aprire*) _____ bocca, poi finalmente mi riconobbe.
3. La prof. spiegava filosofia ma per noi era come se (*parlare*) _____ una lingua straniera. Quella materia non la capivamo e non ci interessava.
4. Suonò e risuonò il campanello senza che nessuno (*rispondere*) _____. Poi alla fine smise e andò via.
5. Lei mi baciò sulla bocca come se (*essere*) _____ la cosa più naturale del mondo. Io arrossii e cominciai a balbettare.
6. Senza che nessuno (*capire*) _____ cosa stava succedendo, il treno fece una brusca frenata e poi uscì dai binari.

test 2

1 Trasforma al discorso indiretto usando l'infinito preceduto dalla preposizione *di*.

1. Leggi bene!   Le ha ordinato _____
2. Ho vinto!   Luisa dice _____
3. Mi passi il sale?   Gli ho chiesto _____
4. Andiamo al cinema?   Gli ha chiesto _____
5. Non guardare la TV!   Gli ha ordinato _____

Ogni verbo corretto 2 punti.   Totale: ___ / 10

2 Indica il verbo SBAGLIATO nelle interrogative indirette.

1. Studiamo insieme domani?
   Mi ha chiesto se **abbiamo studiato / studiavamo / studiassimo** insieme il giorno dopo.
2. Perché sei uscita con Fabio ieri?
   Mi ha chiesto perché **fossi uscita / ero uscita / esco** con Fabio il giorno prima.
3. Al matrimonio viene anche tua sorella?
   Vuole sapere se al matrimonio **viene / verrà / sarebbe venuta** anche mia sorella.
4. Sai giocare come portiere?
   Vorrei sapere se tu **sai / sapessi / sappia** giocare come portiere.
5. Papà, mi presti la macchina?
   Ha chiesto al papà se gli **ha prestato / prestava / prestasse** la macchina.

Ogni scelta corretta 2 punti.   Totale: ___ / 10

3 Trasforma i verbi sottolineati al condizionale per esprimere una notizia poco certa.

Homo Sapiens. A quanto pare **è** (_____) in Italia la traccia più antica in Europa. Proprio nel nostro paese infatti **sono stati scoperti** (_____) i resti di Homo Sapiens più antichi d'Europa. La scoperta **lascia** (_____) davvero stupefatti: tutto **è partito** (_____) quando in due distinte grotte, in Veneto ed in Liguria, alcuni giorni addietro, **sono stati ritrovati** (_____) due denti che **risalgono** (_____) a 40 mila anni fa. **È** (_____) una scoperta clamorosa, che **cambia** (_____) radicalmente gli studi sulla presenza della nostra specie in Europa.

Ogni verbo corretto 2 punti.   Totale: ___ / 16

4 Trasforma al gerundio la parte sottolineata delle frasi.

1. <u>Poiché sono</u> (_____) stanco, stasera resto a casa!
2. <u>Se lo avessi saputo</u> (_____), avrei preso un permesso per accompagnarti.
3. <u>Se trovo</u> (_____) un lavoro, posso permettermi anche la settimana bianca.
4. <u>Siccome non ho mai visto</u> (_____) una partita di calcio in vita mia, non so dirti chi vincerà lo scudetto.

Ogni trasformazione corretta 3 punti.   Totale: ___ / 12

5 Indicativo o congiuntivo?

1. Voglio presentarti Lucia, una persona fantastica, che (*sapere*) _____ tutto del cinema francese.
2. Che ne pensi di prendere un cane che (*fare*) _____ compagnia al piccolo Luigi?
3. Casa editrice cerca grafico che (*conoscere*) _____ i più aggiornati programmi di impaginazione e (*potere*) _____ lavorare da casa.
4. Sto cercando una signora che (*passare*) _____ da qui cinque minuti fa. L'hai vista? Ha lasciato gli occhiali.

Ogni verbo corretto 2 punti.   Totale: ___ / 10

6 Completa le frasi con i verbi al congiuntivo presente o imperfetto.

1. Vorrei che tu domani (*prendere*) _____ un regalo per Massimo.
2. Desidero che tu (*venire*) _____ a trovarmi la prossima settimana
3. Antonella mi ha detto che per lei sarebbe meglio che la (*accompagnare*) _____ tu.
4. Secondo me è meglio che Lorenzo (*occuparsi*) _____ di altro.
5. Scusi, ma preferirei che (Lei - *parlare*) _____ in italiano, se non Le dispiace.
6. Ti ho già detto che voglio che la (*fare*) _____ tu, la relazione?
7. So che tu preferirisci il mare, ma anche quest'anno vorrei che (*andare*) _____ tutti in montagna!

Ogni verbo corretto 2 punti.   Totale: ___ / 14

7 Completa le frasi con i verbi al congiuntivo imperfetto o trapassato.

1. Se non (*avere*) _____ ancora mal di denti, verrei a giocare a calcio con voi.
2. Se (*passare*) _____ l'esame, oggi non starei qui a studiare.
3. Se l'anno scorso (tu - *ricordarsi*) _____ di me, a questo punto sarei ricco!
4. Se Michela (*volere*) _____ stare con me, sarebbe stato fantastico!
5. E se (noi - *andare*) _____ a teatro domani? Ti piacerebbe?

Ogni verbo corretto 2 punti.   Totale: ___ / 10

8 Completa le frasi con i verbi al congiuntivo o all'indicativo.

1. Cos'ha Andrea? Mi guarda come se (io - *essere*) _____ un mostro!
2. Nel caso in cui tu (*andare*) _____ in Africa, devi fare alcuni vaccini.
3. Marcello si comporta come se (*avere*) _____ ancora 20 anni.
4. Se (*guardare*) _____ bene nella borsa sicuramente trovi quello che cerchi.
5. Siamo usciti da casa senza che nessuno (*sapere*) _____ dove andavamo.
6. Qualora un'ora di massaggio non Le (*bastare*) _____, Le consiglio di fare l'intero trattamento.

Ogni frase corretta 3 punti.   Totale ___ / 18

Totale test: ____ / 100

esercizi 6

1 I generi cinematografici
Completa il cruciverba.

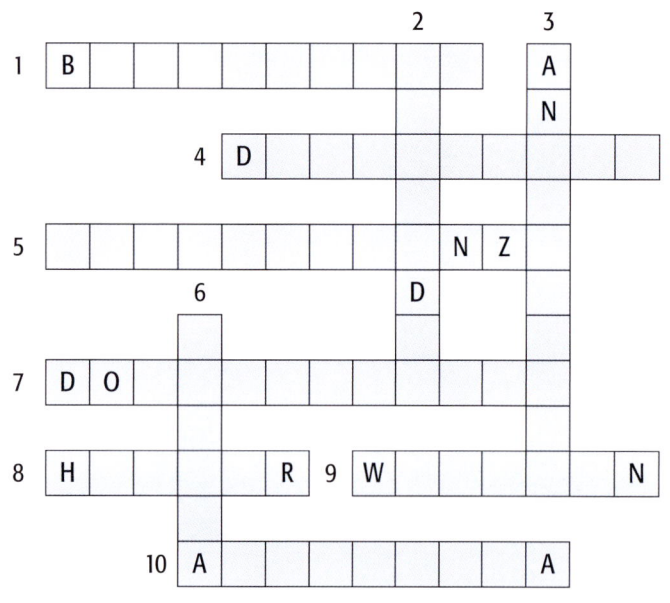

→ orizzontali
1 Film che racconta la vita di un personaggio veramente esistito.
4 Film di tema emotivamente toccante, impegnativo.
5 Film ambientato nello spazio.
7 Film che informa su eventi reali.
8 Film che fa provare paura e terrore.
9 Film di cowboys ambientato nell'Ovest degli Stati Uniti.
10 Film che racconta una serie di avventure.

↓ verticali
2 Film di tema leggero e non impegnativo.
3 Film fatto di disegni animati.
6 Film che tratta il tema della guerra.

2 Cinema
Scegli la posizione degli aggettivi evidenziati, come nell'esempio.

1 La scena del matrimonio si svolge in un **enorme** castello **enorme** inglese. Per filmarla è stato necessario ingaggiare molte comparse.
2 La serie racconta la storia di un pirata che parte alla ricerca di un **sepolto** tesoro **sepolto**.
3 Adesso c'è una **nuova** tecnica **nuova** che serve a fare le riprese aeree. Si usa un drone.
4 Il **cattivo** poliziotto **cattivo** cerca di uccidere il **buono** poliziotto **buono** ma alla fine viene scoperto e arrestato.
5 Mi hanno detto che è uscito un **bel** film **bello** di Ken Loach.
6 Stasera al cinema danno un **drammatico** film **drammatico** che voglio assolutamente vedere.
7 La storia del film che vogliamo produrre si svolge in una città distrutta da una **atomica** guerra **atomica**.

3 Vita da critico
Completa le frasi con l'espressione più convincente.

1 *Mine vaganti* è un **prevedibile film / film prevedibile** con personaggi superficiali e situazioni inverosimili.
2 *Novecento*, **un grande film / un film grande** di Bernardo Bertolucci, è un'opera che ha segnato un'epoca nella cinematografia italiana.
3 Un grande capolavoro del cinema italiano, *La strada* di Federico Fellini è uno **degli italiani film / dei film italiani** che ha vinto un premio Oscar.
4 Una **scontata storia / storia scontata** di spionaggio con scene d'azione viste e riviste. Fa flop l'ultimo film di 007.

4 Una serie televisiva italiana

Cancella le frasi dove, nell'espressione sottolineata, la posizione dell'aggettivo è sbagliata. Le lettere che corrispondono alle frasi corrette formano il nome dell'autore dei romanzi da cui è tratta la serie "I delitti del BarLume".

1. I <u>simpatici vecchietti</u> de *I Delitti del BarLume* aiutano il barista Massimo a risolvere casi di omicidio. **A**
2. Anche in questo episodio Massimo e i vecchietti hanno svelato un <u>mistero irrisolto</u>. **L**
3. Massimo ha vinto una <u>somma bella</u> al Totocalcio e ha comprato il BarLume. **B**
4. Il regista dice in un'intervista che questa non è una <u>superficiale serie</u>, anche se è tratta da dei romanzi gialli. **I**
5. I vecchietti del BarLume sono <u>personaggi divertenti</u> che fanno ridere il pubblico. **V**
6. Ampelio è il <u>brontolone nonno</u> di Massimo. **E**
7. Tiziana una <u>bella ragazza</u> che lavora al bar di Massimo. **A**
8. Gli episodi de *I delitti del BarLume* sono stati scritti da un <u>autore pisano</u>. **L**
9. Gli episodi sono girati in una <u>località balneare</u> dell'Isola d'Elba. **D**
10. *I delitti del BarLume* è una <u>gran bella serie</u>, piace al pubblico e alla critica. **I**

L'autore dei libri si chiama Marco M _ _ _ _ _ _ _

5 I delitti del BarLume

Scrivi gli aggettivi nella posizione corretta.

Le due (*nuove*) _____ storie _____ "Il telefono senza fili" e "Azione e reazione", tratte dai libri di Marco Malvaldi sono in prima TV lunedì 11 gennaio e lunedì 18 gennaio in (*prima*) _____ serata _____.
Anche queste storie si svolgono nell'(*immaginaria*) _____ cittadina _____ di Pineta, sul (*toscano*) _____ litorale _____ tra Pisa e Livorno – nella realtà la (*bellissima*) _____ località _____ di Marciana Marina all'Isola dell'Elba che per 3 mesi ha ospitato nuovamente il set del BarLume. Qui le giornate ruotano intorno al bar, (*importante*) _____ luogo _____ per qualsiasi comunità di provincia che si rispetti. Accanto a Filippo Timi, nuovamente nei panni dell'(*arguto*) _____ barista _____ Massimo, torna nel cast Alessandro Benvenuti, icona della (*toscana*) _____ comicità _____ nel ruolo di Emo, uno dei 4 vecchietti ed ex suocero di Massimo. Accanto a loro Lucia Mascino, la (*bella*) _____ commissaria _____ Vittoria Fusco, Enrica Guidi, la (*prorompente*) _____ cameriera _____ Tiziana. E gli (*irresistibili*) _____ pensionati-detective _____ che, insieme ad Alessandro Benvenuti, compongono i quattro buontemponi che trascorrono le giornate al BarLume senza perdere l'occasione di commentare tutto e tutti con il tipico (*toscano*) _____ umorismo _____: senza peli sulla lingua.

INFOBOX — Il Neorealismo

Il termine *Neorealismo* definisce le caratteristiche comuni di una serie di film italiani a partire dagli anni Quaranta del Novecento. Neorealisti sono alcuni tra i più grandi capolavori del cinema italiano come *Ossessione* (1943) di Luchino Visconti, *Roma città aperta* (1945) di Roberto Rossellini e *Ladri di biciclette* (1948) di Vittorio De Sica. Questi film rappresentavano la vita quotidiana e le difficoltà delle classi sociali più povere. I film usavano attori non professionisti. I bambini avevano un ruolo molto importante nel cinema neorealista perché il loro sguardo semplice e ingenuo rifletteva la verità delle cose.

6 Un capolavoro del cinema italiano

Coniuga i verbi all'imperfetto indicativo o congiuntivo, poi indovina di quale film si parla.

È un film simbolo di una nazione e dei suoi valori e un grande capolavoro del Neorealismo italiano. Ma quello che non tutti sanno è che la realizzazione del film fu molto difficile. Prima di tutto non era facile scrivere una storia che tutti (*apprezzare*) _____, visto che erano passati solo pochi mesi dalla fine della guerra e che il film (*parlare*) _____ di partigiani e fascisti in una Roma occupata dai tedeschi. Rossellini cercava un produttore che (*essere*) _____ disposto a finanziare un progetto difficile. Lo trovò in un commerciante di lana. La guerra era appena finita e (*mancare*) _____ tutto: la pellicola, l'elettricità, gli apparecchi per registrare il suono. La pellicola (*essere*) _____ all'origine un film muto. Il film avrebbe avuto un audio solo a condizione che gli attori lo (*doppiare*) _____ dopo le riprese del film. E non è che i protagonisti (*essere*) _____ da subito gli stessi che hanno poi reso il film così famoso. Per esempio il personaggio di Pina, che poi andò alla grande Anna Magnani, (*dovere*) _____ essere interpretato da un'altra attrice: Clara Calamai.

☐ Roma città aperta   ☐ La grande bellezza   ☐ La vita è bella

7 Cerchiamo comparse…

Coniuga i verbi al congiuntivo presente. Attenzione. In un caso, devi coniugare il verbo all'indicativo presente.

1. Non è facile trovare un fotografo che (*occuparsi*) _____ anche di cinema.
2. Non sembra che (*essere*) _____ così complicato fare un film, ma in realtà ci vogliono moltissime persone e tanta organizzazione.
3. Nel caso in cui il primo regista non (*essere*) _____ disponibile, abbiamo un altro nome da proporvi.
4. Cerco un costumista che (*venire*) _____ da Milano. Dovrebbe essere già arrivato col treno delle 7.00, sicuramente è qui da qualche parte.
5. Sto ingaggiando comparse, a condizione che (*avere*) _____ più di 18 anni.
6. Non si può dire che la protagonista del film (*essere*) _____ bellissima, ma ha un modo di parlare che affascina.
7. Ho bisogno di un tecnico delle luci che (*sapere*) _____ anche occuparsi del suono, se ce n'è bisogno.

8 Purché

Coniuga al congiuntivo presente o passato.

1. I bambini possono venire al cinema con noi purché non (*fare*) _____ rumore.
2. Il film può partecipare al concorso a condizione che in precedenza non (*vincere*) _____ altri premi.
3. L'attore sarà lieto di partecipare al suo film ammesso che non (*avere*) _____ già altri impegni.
4. Potete mostrare il documentario purché (*pagare*) _____ i diritti d'autore.
5. Al campeggio potete far vedere dei film posto che non (*essere*) _____ vietati ai minori di 18 anni.
6. Possiamo vedere il film che danno al cinema Dante purché non (*essere*) _____ chiuso per lavori.

9 I mestieri del cinema

Inserisci in ogni paragrafo del testo le espressioni che trovi nella colonna di destra, come nell'esempio. Poi indovina di quale mestiere del cinema si sta parlando, tra quelli della lista.

| la comparsa | il regista | l'attore protagonista | lo sceneggiatore | il produttore |

1 _Faccio_ il direttore del film, _____ le inquadrature secondo il mio gusto e dirigo le riprese.
  a faccio preparare
  b ~~Faccio~~

Sono _____.

2 Scrivo il copione del film, dove è scritto tutto quello che _____ i personaggi. Sono le mie parole che _____ tanto gli spettatori!
  a fanno
  b fanno emozionare

Sono _____.

3 La produzione mi ingaggia e mi _____ nel film solo per pochi secondi. In pratica _____ il figurante, a contorno della scena del film.
  a fanno apparire
  b faccio

Sono _____.

4 Il pubblico spesso non lo sa ma sono io che _____ il film. Scelgo e _____ insieme tutti i professionisti dei differenti settori: regia, sceneggiatura, cast, montaggio ecc.
  a faccio lavorare
  b faccio

Sono _____.

5 Ogni volta _____ tutti pazzi: il produttore, i truccatori, i costumisti e anche il regista… Sul set _____ quello che voglio perché sono famoso e se il film ha successo è merito mio.
  a faccio diventare
  b faccio

Sono _____.

10 Film italiani

Completa la trama dei film scegliendo tra le due opzioni della prima colonna e coniugando i verbi.

credere / **far credere**	**1** Il protagonista, deportato in un campo di concentramento con il figlioletto, _____ al figlio che tutto sia un gioco. (R. Benigni, *La vita è bella*, 1997)
	2 Il piccolo protagonista _____ che in fondo a un buco scavato per terra ci sia un mostro, invece è un bambino rapito. I due fanno amicizia. (G. Salvatores, *Io non ho paura*, 2003)
cadere / **far cadere**	**3** Dei poliziotti inseguono un ladro e lo _____ in un fiume, dove entra in contatto con delle sostanze radioattive acquistando dei super poteri. (G. Mainetti, *Lo chiamavano Jeeg Robot*, 2016)
	4 Nella notte in cui _____ le stelle, il 12 agosto, un gruppo di contadini scappa in mezzo alla campagna per mettersi in salvo dai tedeschi e dai fascisti. (P. e V. Taviani, *La notte di San Lorenzo*, 1982)
fare / **far fare**	**5** Un ex scrittore che non riesce più a scrivere, per vivere _____ i compiti di latino a dei ragazzi dopo la scuola. Un giorno scopre che uno dei suoi studenti è in realtà suo figlio. (F. Bruni, *Scialla!*, 2011)
	6 Un gruppo di ladri da strapazzo _____ un piano per scassinare una cassaforte e rubarne il contenuto ma le cose si complicano. (M. Monicelli, *I soliti ignoti*, 1958)

esercizi 7

1 Bellezze d'Italia
Completa le frasi della colonna A con quelle della colonna B.

A	B
1 Ho deciso di passare le mie vacanze in	a Marche, nella città di Urbino, patria del Duca Federico da Montefeltro.
2 Sei mai stato a	b Italia perché amano le sue bellezze artistiche e il suo cibo.
3 La prossima estate io e mio marito abbiamo deciso di andare al	c verde Umbria. Prenota un fine settimana fra arte e natura!
4 Passiamo un fine settimana nelle	d Italia del Nord, bisogna visitare la città di Padova, che fu molto importante nel Quattrocento.
5 Per capire gli sviluppi del Rinascimento, nell'	e Toscana, dove visiterò la zona del Chianti.
6 Molti amici stranieri vogliono venire in vacanza in	f Sud: visiteremo Puglia e Calabria.
7 Organizziamo numerose escursioni nella	g Mantova? Ci sono delle piazze storiche meravigliose.

2 Il Romanico in Lombardia
Scegli la preposizione corretta.

A / Nell' / In Europa, dopo l'anno 1000, si sviluppa una corrente artistica comune a tutti i principali paesi europei. Parliamo dello stile Romanico di cui oggi analizziamo lo sviluppo *al / in / nel* Nord Italia attraverso cinque importanti edifici religiosi costruiti *in / a / al* Lombardia. La più importante chiesa Romanica è la basilica di Sant'Ambrogio *in / a / alla* Milano, che prende la sua attuale forma tra il 1088 il 1099. *A / In / Nel* Civate, in provincia di Lecco, viene edificato un complesso in stile Romanico con una basilica, un oratorio e il monastero. Un'altra bellissima costruzione romanica si trova *a / al / nel* Como, è la basilica di Sant'Abbondio. Andiamo poi *a / al / in* Bergamo, con la chiesa di San Bartolomeo. L'ultimo edificio è la Rotonda di San Lorenzo *a / al / in* Mantova, edificata a partire dal 1083 e voluta, secondo la leggenda, da Matilde di Canossa, contessa di quelle terre.

3 Leonardo in Italia
Completa il testo con le preposizioni della lista.

> in   nella   a   a   in   al   in   a   nell'

L'avventura di Leonardo comincia _____ Italia centrale. Nasce _____ Vinci nel 1452 ma viene mandato giovane _____ Firenze, nella bottega del Verrocchio, dove apprende le tecniche e le teorie pittoriche e scultoree. Proprio _____ Firenze si possono osservare molti dei suoi capolavori, compresa la celebre *Annunciazione*. Il viaggio alla scoperta delle opere di Leonardo _____ Italia prosegue _____ Lombardia; infatti Leonardo ha vissuto _____ Nord fino al momento in cui si è trasferito _____ Francia. Leonardo passò 17 anni _____ Milano di Ludovico Sforza, detto il Moro, e qui si possono trovare molte sue opere, incluso il famosissimo *Cenacolo*.

4 Concordanza dei tempi al congiuntivo
Scegli l'opzione giusta.

1. Ero convinto che Mario, il mio amico pittore, **venda / avesse venduto** il suo quadro al compratore svizzero, invece alla fine aveva deciso di regalarlo al museo.
2. Penso che i biglietti per la mostra di Modigliani **esaurissero / siano esauriti**.
3. Credevo che tu **spedisca / spedissi** la scultura con un corriere privato, che è più sicuro della posta.
4. Pensavo che la famiglia **ceda / avrebbe ceduto** la sua collezione al Museo d'Arte Contemporanea, invece l'hanno venduta tutta a dei privati.
5. Non credo che la mostra **cominci / cominciasse** a novembre, perchè io ci sono stato il 20 ottobre.
6. Credo che il vetro **serva / sia servito** per proteggere la tela del quadro, che è molto antica. Lo hanno appena montato.
7. Non pensavo che quella scultura **sia valsa / valesse** tanto. L'hanno venduta all'asta per un sacco di soldi!

5 La biennale di Venezia
Coniuga i verbi al congiuntivo presente, passato o imperfetto.

1. Mi pare che la biennale (*aprire*) _____ al pubblico domani. Oggi solo i giornalisti possono entrare!
2. Mi sembra che gli organizzatori della biennale (*scegliere*) _____ gli artisti solo se fanno opere sciocanti e che fanno discutere.
3. Mi pare che questo artista (*fare*) _____ una mostra a Londra la prossima estate.
4. Non credo che il padiglione svedese (*essere*) _____ molto interessante, ci sono solo alcune foto esposte.
5. ■ Ma che fine ha fatto Marco? Non doveva venire a visitare la mostra con noi ieri?
▼ Penso che non (*venire*) _____ perché aveva un altro impegno. E poi lui odia l'arte contemporanea!
6. Credo che quel tizio (*essere*) _____ molto conosciuto negli anni '60. Non vedi che tutti gli chiedono l'autografo?

6 A proposito d'arte
Completa le frasi scegliendo tra congiuntivo imperfetto o trapassato e condizionale composto.

1. I proprietari delle opere rubate pensavano che i ladri **fossero passati / passassero / sarebbero passati** ieri, invece le immagini della telecamera di sicurezza hanno mostrato che il furto era avvenuto stamattina presto.
2. Mi aspettavo che tutti **abbiano conosciuto / conoscessero / avrebbero conosciuto** l'incredibile storia del furto della Gioconda, fatto da Vincenzo Peruggia nel 1911, ma quando ne parlo nessuno ne sa niente.
3. Speravo che il museo **abbia aperto / aprisse / avrebbe aperto** questo pomeriggio alle 15.00, così avrei potuto visitarlo prima di prendere il treno.
4. In Scozia, nel 2003, venne rubata la Madonna dei Fusi. In quel momento la polizia ipotizzava che i ladri **si fossero uniti / si unissero / si sarebbero uniti** a un gruppo di visitatori del castello.
5. Pensavo che il direttore della galleria **abbia venduto / venda / avrebbe venduto** il quadro domani, invece l'aveva già venduto tempo fa.
6. All'inizio ho pensato che **fosse stato / fosse / sarebbe stato** il disegno di un bambino, poi ho capito che era lo schizzo di un pittore famosissimo.

7 Pasquale Rotondi
Completa il testo con le espressioni della lista.

| fosse un'impresa | avessero trovato le casse | sia importante ricordare | si perda |
| sia stato un eroe di tutti i giorni | avrebbero preso tutte le opere d'arte | i contemporanei considerassero l'impresa |

Buongiorno cari radio ascoltatori. Oggi abbiamo una storia incredibile da raccontarvi. È la storia di Pasquale Rotondi, un funzionario del Ministero dell'Educazione Nazionale che durante la Seconda Guerra Mondiale, con una macchina scassata, mise in salvo centinaia di casse piene di capolavori dell'Arte italiana. In redazione pensiamo che _____ storie come quella di Rotondi perché abbiamo paura che in futuro la memoria di quello che è successo _____. Crediamo che _____ e pensiamo che _____ impossibile. Sentiamo in proposito le parole di Rotondi in una vecchia intervista. "Sì, ecco, io ero un funzionario del Ministero dell'Educazione e mi occupavo di arte. Già nel 1939 venni incaricato di andare nelle Marche e di organizzare il salvataggio di tante opere d'arte dai pericoli della guerra. Molti credevano che _____ destinata al fallimento ma io riuscii comunque a raccogliere e mettere in sicurezza moltissimi capolavori nella Rocca di Sassocorvaro. Il momento più difficile del mio lavoro fu quando, dopo l'8 settembre, l'Italia era occupata dai nazisti e io pensavo che _____ che avevo salvato. Di paura ne ho avuta tanta, specialmente quando ero convinto che _____ che contenevano le opere. Una notte ho addirittura dormito con alcune opere inestimabili, tra cui *La tempesta* di Giorgione, sotto il letto, per proteggerle!"

8 Vita da artista
Completa le frasi con gli infiniti sostantivati.

| il partecipare | il saper | l'avere | l'essere | il dipingere |

1. _____ artista significa spesso non avere neanche i soldi per pagare l'affitto.
2. Oggi non conta più l'opera che l'artista crea ma _____ successo e soldi.
3. _____ a una mostra collettiva è un momento molto importante nella vita di un artista.
4. Per me _____ è un piacere, anzi, una cosa essenziale senza la quale non potrei vivere.
5. Per l'artista è molto importante _____ trattare con la galleria che lo rappresenta.

9 Pronomi relativi
Completa le frasi con i pronomi relativi della lista.

| il cui | che | di cui | le cui | a cui | con cui |

1. Le opere _____ ti parlavo ieri sono esposte al Museo MAXXI di Roma.
2. L'affresco _____ preferisco è la *Madonna del Parto* di Piero della Francesca.
3. Raffaello, _____ autoritratto può essere ammirato nella Galleria degli Uffizi, fu un pittore fra i più celebri del Rinascimento italiano.
4. Ti ricordi quel fotografo _____ foto erano esposte ad Amsterdam? Ora è famoso.
5. Potete darmi i nomi di tutti gli artisti _____ avete fatto la mostra collettiva? Vorrei creare il catalogo.
6. L'artista, _____ ho scritto per comprare un suo quadro, non mi ha risposto.

10 Il quale

*Sostituisci i pronomi relativi con **il quale / i quali / la quale / le quali**, come nell'esempio.*

1. Nel periodo rinascimentale vi furono molti artisti fiorentini che lavorarono a Roma per il Papa, ~~da cui~~ _dal quale_ furono invitati.
2. Nel Foro di Traiano a Roma si trova la colonna traiana, **che** _____ è alta 36 metri e ha un fregio a spirale scolpito lungo 200 metri.
3. San Gimignano è conosciuta per le sue torri medievali. Le torri furono costruite dalle famiglie più importanti della città, attraverso **cui** _____ mostravano il proprio prestigio.
4. A Bologna nel XV secolo si costruirono molti palazzi, **che** _____ avevano il pianterreno con un porticato aperto.
5. Tra le opere più importanti del Neoclassicismo italiano ci sono le sculture di Antonio Canova, **per cui** _____ l'artista era apprezzato in tutta Europa.
6. A Firenze ci sono molte opere architettoniche create da Leon Battista Alberti, **che** _____ si occupò di molte altre discipline tra cui la letteratura, la musica e la filosofia.
7. Un grande artista del Rinascimento fu Luca Della Robbia, influenzato dai compagni d'arte, soprattutto da Donatello, **con cui** _____ passava molto tempo.
8. Durante l'Umanesimo e il Rinascimento venne riscoperta l'arte classica, **che** _____ cambiò completamente lo stile degli artisti.

11 Un furto clamoroso

Scegli il pronome relativo corretto.

"Chiamatemi solo se rubano la Gioconda", **il che / di cui** era considerato impossibile, naturalmente. Questa fu la frase **che / per cui** il direttore del Museo del Louvre di Parigi disse scherzando prima di andare in vacanza. Il 21 agosto 1911 venne rubato dal Louvre, il quadro **che / di cui** tutti al mondo conoscono: la *Gioconda* di Leonardo da Vinci. Il furto non fu opera di un ladro professionista o, come si era pensato, di una potenza straniera come la Germania, **che / con cui** la Francia non andava d'accordo.
A rubare il quadro fu un imbianchino italiano di nome Vincenzo Peruggia, **il quale / con cui**, convinto che il dipinto appartenesse all'Italia, lo rubò uscendo dal museo a piedi con il quadro **che / per cui** era nascosto sotto il suo il cappotto! Poi lo nascose per 28 mesi nella valigia **in cui / che** teneva le camicie, le canottiere e le mutande. Poi lo riportò nel nostro paese, nella città **che / da cui** il Peruggia proveniva, **che / in cui** si trova sulle rive del Lago Maggiore. Lì lo tenne due anni appeso sopra il tavolo della cucina! Intanto il quadro e il suo ladro erano ricercati in tutta la Francia, **che / per cui** venne messa letteralmente sottosopra. Disperati erano gli ispettori della polizia, **i quali / a cui** ricorsero anche a famosi veggenti e occultisti pur di ritrovare la *Gioconda*. Alla fine il Peruggia, **che / da cui** si trovava in difficoltà economiche, cercò di rivendere il quadro a un antiquario di Firenze **che / a cui** ne verificò l'autenticità insieme al direttore del Museo degli Uffizi. Quando i due videro il quadro **che / di cui** le polizie di tutto il mondo stavano cercando, non potevano credere ai loro occhi. Peruggia fu arrestato, processato e condannato a qualche mese di carcere.

da *informagiovani-italia.com*

test 3

1 Completa le frasi con i verbi al congiuntivo o all'indicativo.

1. Ieri (io - *vedere*) _____ il film *La vita è bella*. Se proprio lo vuoi sapere... non è che mi (*piacere*) _____ molto!
2. Il film che (noi - *vedere*) _____ ieri era veramente brutto! Non te lo (io - *consigliare*) _____.
3. Nonostante (*essere*) _____ un bel film, *La dolce vita* è troppo pesante!
4. Questo è un film che (*raccontare*) _____ una storia vera, secondo me non lo (tu - *dovere*) _____ perdere!
5. Sto cercando un cinema che (*fare*) _____ la versione originale, ma a Roma non (*essere*) _____ per niente facile!
6. Va bene, (io - *accettare*) _____ il tuo invito al cinema, purché non (*venire*) _____ tuo fratello. Passa tutto il tempo a mangiare pop corn!

Ogni verbo corretto 2 punti. Totale: ___ / 22

2 Completa con i verbi usando, dove necessario, la forma *fare* + infinito.

1. Ieri sono andato al cinema a vedere il nuovo film di Nanni Moretti e devo dire che mi (*piangere*) _____! È incredibile: quando (*andare*) _____ al cinema per un suo film non so mai cosa aspettarmi!
2. Io (*raccontare*) _____ a mia figlia una nuova storia ogni sera! Insomma, mi (*lavorare*) _____ anche quando torno a casa, dopo tutta una giornata passata a scrivere storie per i film.
3. Ieri (io - *fare*) _____ una bruttissima figura a Luigi. Gli (*chiedere*) _____ davanti al mio amico regista chi fosse Paolo Sorrentino e lui (*rispondere*) _____ che è un calciatore. Il mio amico si è messo a ridere ma a me è dispiaciuto perché lo (io - *apparire*) _____ come un ignorante, mentre invece è una persona molto colta.

Ogni verbo corretto 2 punti. Totale: ___ / 16

3 Completa con i verbi al congiuntivo imperfetto o trapassato o al condizionale passato.

1. Credevo che il museo (*aprire*) _____ anche la domenica. Invece è chiuso!
2. Mi sembrava che questa opera lo scorso anno (*stare*) _____ in un'altra mostra, invece è una molto simile.
3. Non credevo che il padiglione argentino (*essere*) _____ così interessante, ti consiglio di vederlo.
4. Pensavo che (*vedere*) _____ il museo degli Uffizi. Per questo non te l'avevo proposto.
5. Prima che la mostra cominciasse ero convinto che il pubblico (*preferire*) _____ le opere di artisti più famosi.

Ogni verbo corretto 3 punti. Totale: ___ / 15

4 Indica se gli aggettivi sottolineati sono al posto giusto o devono essere spostati prima o dopo il nome.

Paolo Sorrentino è un <u>italiano</u> regista. Nato a Napoli il 31 marzo del 1970, inizia la sua carriera nel cinema come sceneggiatore. La <u>grande</u> occasione arriva nel 2001 quando presenta a Venezia il suo <u>primo</u> lungometraggio, *L'uomo in più* con Toni Servillo. Un <u>accolto</u> film molto bene dalla critica che parla di una regia <u>talentuosa</u> e di una storia <u>originale</u>. I film <u>successivi</u> vengono tutti selezionati al Festival di Cannes, da *Le conseguenze dell'amore* a *L'amico di famiglia* a *Il divo*, che vince il premio della giuria. Nel 2010 Sorrentino è ormai un regista di <u>internazionale</u> fama. Vincerà il premio Oscar nel 2013, con il film *La Grande Bellezza*.

		posizione				posizione	
1	italiano	☐ corretta	☐ sbagliata	5	talentuosa	☐ corretta	☐ sbagliata
2	grande	☐ corretta	☐ sbagliata	6	originale	☐ corretta	☐ sbagliata
3	primo	☐ corretta	☐ sbagliata	7	successivi	☐ corretta	☐ sbagliata
4	accolto	☐ corretta	☐ sbagliata	8	internazionale	☐ corretta	☐ sbagliata

Ogni posizione indicata in modo corretto 2 punti. Totale: ___ / 16

5 Scegli il pronome relativo.

Il museo MAXXI di Roma, ***che / del quale / cui*** è stato inaugurato nel 2010, è una struttura ***quale / a cui / che*** sorge nel quartiere Flaminio. Si tratta di una delle poche zone della Capitale ***nel quale / in cui / che*** è possibile trovare un'esposizione "spontanea" di architettura contemporanea. Gli organismi ***che / ai cui / ai quali*** è affidata la cura dei contenuti sono due: MAXXI Arte e MAXXI Architettura.
Oltre alle mostre, in programma proiezioni cinematografiche, incontri e iniziative all'aperto nei mesi estivi, durante ***i quali / cui / che*** trova pieno compimento il progetto di trasformare il cortile d'ingresso del museo in una piazza pubblica.

Ogni pronome relativo corretto 3 punti. Totale: ___ / 15

6 Completa le frasi con i pronomi relativi della lista.

che   il che   il che   la cui

1. Caravaggio era molto amato negli ambienti della nobiltà romana dell'inizio del 1600, ma continuò a fare quello che più preferiva, _____ lo trasformò in un mito vivente per un'intera generazione di pittori.
2. Caravaggio, _____ opera è stata dimenticata per i secoli successivi alla sua morte, è oggi riconosciuto come uno dei più grandi artisti di tutti i tempi.
3. Tra le opere giovanili del Caravaggio ci sono molti ragazzi seminudi che suonano o mangiano frutta, _____ ha fatto supporre ad alcuni la sua omosessualità.
4. Caravaggio, come molti altri pittori, frequentava spesso prostitute, _____ poi utilizzava come modelle per i propri quadri.

Ogni pronome corretto 4 punti. Totale: ___ / 16

Totale test: ___ / 100

esercizi 8

1 Cruciverba

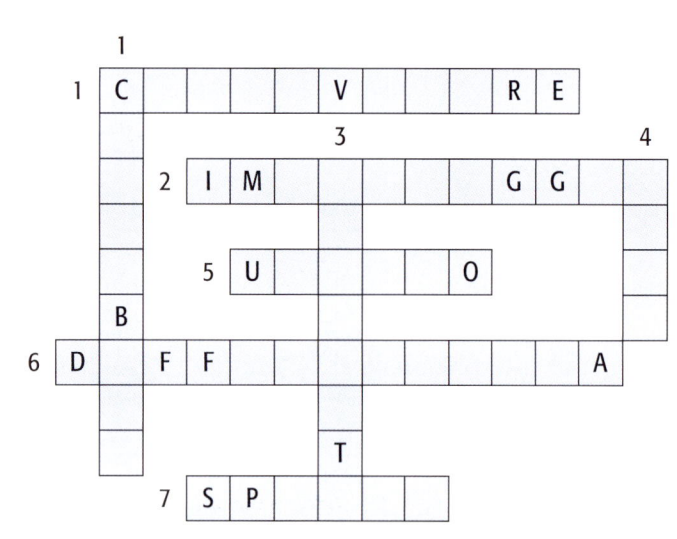

1 C			V			R	E	

(crossword grid with entries: 1 C_V_RE, 2 IM__GG, 5 U__O, 6 D F F___A, B, T, 7 S P_)

➡ orizzontali
1. Avere qualcosa dividendolo con qualcuno.
2. Contenitore per trasportare o spostare una merce.
5. Che riguarda la città.
6. La raccolta di rifiuti divisi in base alla tipologia (carta, vetro, plastica, ecc.).
7. Un consumo inutile o eccessivo di qualcosa.

⬇ verticali
1. Una pista dove si può andare in bicicletta.
3. Le associazioni come Greenpeace si occupano della sua salvaguardia.
4. Un giardino dove si coltivano le verdure.

2 Prima o dopo?

Scegli la posizione corretta dell'aggettivo.

1. *Quel pover'uomo / Quell'uomo povero* non dorme abbastanza, ha delle occhiaie terribili.
2. La panzanella è un *povero piatto / piatto povero*, di origine contadina.
3. In mezzo ai grattacieli c'era la *vecchia torre / torre vecchia* dell'orologio, un monumento che aveva più di cento anni.
4. L'Italia è un *grande Paese / Paese grande*, ricco di storia e di cultura.
5. Ho comprato una *nuova macchina / macchina nuova* perché le macchine usate si rompono con facilità.
6. *L'alto rappresentante / Il rappresentante alto* dell'Unione Europea per la politica estera è arrivato ieri a Roma.
7. A causa del freddo si prevedeva che non sarebbe venuto nessuno, invece alla cerimonia erano presenti *diverse persone / persone diverse*.

3 Gerundio e pronomi

Trasforma la parte sottolineata della frase usando il gerundio e i pronomi giusti.

1. Vado a prendere mia figlia a scuola tutti i giorni. <u>Siccome porto mia figlia</u> (_____) in bici, evito di inquinare con la macchina.
2. Ho saputo che vuoi comprare la macchina. <u>Se te la prendi</u> (_____) elettrica puoi risparmiare un sacco di soldi di benzina.
3. Gli spray sono dannosi. <u>Se eviti gli spray</u> (_____) proteggi l'ambiente.
4. ■ Io compro sempre l'acqua al supermercato.
   ▼ <u>Se bevi l'acqua</u> (_____) dal rubinetto, eviti di usare troppe bottiglie di plastica.

> **INFOBOX** — **L'energia nucleare in Italia**
> Dopo che nel 1987 gli italiani, con un referendum, avevano deciso di chiudere tutte le loro centrali nucleari, nel 2011 un nuovo referendum ha chiesto agli italiani se ricominciare a usare l'energia nucleare. Ancora una volta gli italiani hanno detto di no! Questo risultato è stato ottenuto grazie anche alla campagna pubblicitaria di un gruppo di ragazzi che per un mese si è chiuso in un rifugio antiatomico. La campagna si chiamava "I pazzi siete voi" ed è stata sostenuta da associazioni ambientaliste e da molti volti noti del mondo dello spettacolo italiano.

4 I pazzi siete voi

Inserisci nelle frasi le espressioni della lista.

scriverlo   Aiutateli!   vincerlo   Aiutaci   Attivati   tenutosi

1. Il Referendum sull'energia nucleare _____ il 12 e 13 giugno 2012 ha decretato la vittoria di coloro che erano contro il nucleare.
2. Un gruppo di 7 ragazzi ha avviato una campagna per sostenere la vittoria contro il nucleare. _____ Andate a visitare il loro sito: *ipazzisietevoi.org*
3. Siamo un gruppo di ragazzi e ragazze. Viviamo come se fosse esplosa una centrale nucleare. Al chiuso. Solo internet. Niente cibi freschi. _____ a dire NO al nucleare.
4. _____ per partecipare alle nostre iniziative. Condividi su Facebook la petizione "Io non sono pazzo".
5. Se vuoi lasciare un messaggio ai ragazzi del rifugio, basta _____ sulla bacheca del sito.
6. Dice uno dei ragazzi a proposito del referendum: _____ non è stato facile ma ce l'abbiamo fatta.

5 L'energia in Italia

Metti il verbo al gerundio, infinito *o* participio *e inserisci il* pronome, *come nell'esempio.*

> L'Italia è uno dei Paesi del mondo che consuma più energia elettrica: (*usufruire- ne*) <u>usufruendone</u> tutti ogni giorno, siamo ancora costretti ad acquistare una quota non indifferente (il 14,1%) dall'estero, (*prendere - la*) _____ attraverso gli elettrodotti. Già dagli anni Ottanta l'Italia ha avviato un programma di "decarbonizzazione" della propria produzione nazionale energetica, (*produrre - ne*) _____ già il 29% attraverso fonti alternative a quelle fossili (idroelettrico, nucleare e geotermoelettrico). Ma dopo il disastro di Chernobyl, gli italiani, con un referendum (*tenersi*) _____ nel 1987, hanno deciso di non usare più l'energia nucleare. L'abbandono del nucleare ha avuto una conseguenza "drammatica" sul vecchio programma di "decarbonizzazione": nel 2007 l'Italia produceva l'84,7% della propria energia (*generare - la*) _____ da fonti fossili e tradizionali.
> Negli ultimi anni, però, la situazione è cambiata molto e ultimamente l'Italia è tornata agli standard internazionali e si è impegnata a (*superare - li*) _____ entro due anni e a (*porsi*) _____ come leader di produzione di energia pulita e rinnovabile del mondo. La fonte di energia pulita più significativa resta l'idroelettrico, seguita dal fotovoltaico, poi dall'eolico e infine dal geotermoelettrico. Insomma, siamo ancora lontani da obiettivi di indipendenza energetica, ma di questo passo potremo (*raggiungere - la*) _____ entro pochi anni e (*ottenere - la*) _____ grazie alle fonti rinnovabili di cui l'Italia rappresenta un modello internazionale per un futuro migliore, pulito, green e sostenibile.

da meteoweb.com

6 Futuri
Inserisci i verbi della lista.

sarà	userò	lascerò	ci occuperemo	avrà raggiunto
andrai	saranno	avrai capito	vivranno	avrò venduto
comprerai	rispetterà	sarà cresciuto	avrai finito	avrai assaggiato

1. Un giorno, quando mio figlio _____, spero che _____ l'ambiente.
2. Quando _____ di pulire, ricordati di fare la raccolta differenziata dei rifiuti.
3. Se non _____ di educazione ambientale, le generazioni future _____ in un pianeta inquinato.
4. Se lo smog _____ così alto in città, anche domani _____ a casa l'auto.
5. Quando _____ l'importanza di respirare aria pulita, _____ a lavorare in bicicletta.
6. Sono certo che quando la deforestazione _____ livelli allarmanti, le conseguenze sul clima _____ inevitabili.
7. Quando _____ la mia marmellata fatta in casa, non _____ più quella schifezza industriale.
8. Dopo che _____ la macchina, _____ i mezzi pubblici per smettere di inquinare.

7 Che significa?
Leggi la frase e decidi il significato che ti sembra più giusto.

1. ■ Passeremo la montagna senza catene?
   ▼ Fermiamoci a comprarle.
   a. La prima persona invita la seconda a passare la montagna senza catene.
   b. La prima persona dubita che sia possibile passare la montagna senza catene.

2. Ma questo non è inverno, ci saranno 15 gradi!
   a. Fa così caldo che non sembra inverno.
   b. Non è inverno, quindi sono previsti 15 gradi.

3. Tirerà pure vento, ma figurati se l'aereo non parte.
   a. Ci sarà forte vento e forse l'aereo non partirà.
   b. Anche se c'è forte vento l'aereo partirà lo stesso.

4. Inviterò Marco, non lo vedo da molti anni.
   a. Non so se invitare Marco perché non lo vedo da molti anni.
   b. Ho deciso di invitare Marco perché non lo vedo da molti anni.

5. Farà anche più caldo, comunque io mi tengo la giacca.
   a. Anche se a voi sembra che faccia più caldo, io preferisco tenere la giacca.
   b. Visto che tra un po' farà più caldo, io tengo la giacca.

8 Posizione degli avverbi

Inserisci l'avverbio nella posizione che ti sembra più appropriata.

1	effettivamente	_____ il governo sta cambiando le sue politiche ambientali _____.
2	sempre	Ho _____ saputo _____ che ti saresti occupato di salvaguardia dell'ambiente, fino da quando, da piccolo, partecipavi a tutte le campagne contro l'inquinamento.
3	sempre	_____ dice _____ che vorrebbe cambiare la sua vita e occuparsi di ambiente ma non lo fa mai.
4	veramente	Questa conferenza sui cambiamenti climatici è _____ interessante _____.
5	talmente	Gli appartamenti nel Bosco verticale, il famoso grattacielo di Milano, sono _____ cari _____ che ci vivono solo persone ricche e famose.
6	già	Ieri mi si è rotta la macchina ma avevo _____ deciso _____ di non usarla più e di prendere il treno.
7	bene	_____ guarda _____ quella collina, ci stanno per costruire il nuovo eco villaggio.
8	finalmente	_____ hai venduto la macchina e comprato una bicicletta _____.

9 I GAS - Gruppi di Acquisto Solidale

Guarda gli avverbi sottolineati. Tre sono in posizione sbagliata. Trovali e rimettili al posto giusto.

In questi ultimi mesi per la crescita dei prezzi degli alimentari, i GAS (Gruppi di Acquisto Solidale), hanno acquistato <u>sicuramente</u> una certa visibilità sui media che ne hanno mostrato però soltanto un aspetto parziale, quello del risparmio. C'è una domanda sbagliata <u>veramente</u> che ci viene posta <u>spesso</u>: Ma quanto si risparmia?
È bene chiarire subito che:

- I gruppi di acquisto solidale non sono <u>assolutamente</u> gruppi di risparmio, non nascono per dare una risposta diretta al problema del carovita. Il prezzo è importante, ma non <u>affatto</u> vogliamo risparmiare sulla pelle di chi lavora o a danno dell'ambiente in cui viviamo noi e tutti quelli che producono.
- Ogni GAS parla a nome proprio. Ogni GAS ha propri criteri per selezionare i fornitori, scegliere i modi di consegna e stabilire con il produttore un prezzo equo.
- Il biologico è uno dei criteri con cui si sceglie <u>praticamente</u> cosa acquistare, ma non l'unico. Ci sono, tra gli altri, il sostegno alle cooperative sociali, la quantità di imballaggio impiegata, la vicinanza territoriale, la stagionalità, le dimensioni del produttore.
- Quella dei GAS non è una scelta pauperista, ma l'insieme di tanti piccoli comportamenti che mirano a costruire una diversa economia basata su nuove forme di solidarietà "all'esterno" con produttori che si pongono su un piano diverso <u>radicalmente</u> rispetto ai meccanismi tradizionali.

da *retegas.org*

esercizi 9

1 Articolo o no?
Scegli la forma corretta.

1. Vivo **alla / a** Genova.
2. **La / -** Toscana è la mia regione preferita!
3. Questa estate vado **nelle / in** Marche.
4. **L' / -** Italia è parte **dell' / di** Europa.
5. Vorrei visitare **la / -** Lecce barocca.
6. Non ho mai visitato **l' / -** Africa.
7. Quest'anno andremo in vacanza **al / a** lago di Garda.
8. **Gli / -** appennini vanno **dalla / da** Liguria **alla / a** Calabria.
9. **Il / -** mar Ionio tocca **la / -** Puglia, **la / -** Basilicata, **la / -** Calabria e **la / -** Sicilia, ma anche **l' / -** Albania e **la / -** Grecia.

2 L'Italia in breve
Inserisci l'articolo giusto o forma la preposizione articolata, solo dove necessario. Scrivi una ✗ dove non si deve mettere l'articolo.

La Repubblica italiana ha una popolazione di circa 60 milioni di abitanti. La sua capitale è ___ Roma.
A nord confina, da ovest a est, con ___ Francia, ___ Svizzera, ___ Austria e ___ Slovenia. Il resto del territorio è circondato (da) ___ mar Ligure, (da) ___ Tirreno, (da) ___ Ionio e (da) ___ Adriatico, tutti all'interno (di) ___ mar Mediterraneo.
L'Italia è unita al continente europeo dalla catena (di) ___ Alpi. Grazie alla sua posizione, costituisce idealmente un ponte di passaggio verso ___ Asia e ___ Africa.

In Italia sono presenti numerosi vulcani: i più noti sono ___ Etna (3343 m), il vulcano più alto d'Europa, ___ Vesuvio e ___ Stromboli. Il fiume più lungo d'Italia è ___ Po mentre il monte più alto è ___ Monte Bianco che, con i suoi 4810 metri, è la cima più alta d'Europa. L'Italia è formata da venti regioni. La più grande è ___ Lombardia e la più piccola è ___ Valle d'Aosta. La maggiore città è la capitale: ___ Roma, con quasi tre milioni di abitanti, seguita da ___ Milano, ___ Napoli, ___ Torino e ___ Palermo.

3 Il gerundio
Scrivi il gerundio presente e passato dei verbi della lista.

verbo	gerundio presente	gerundio passato
1 essere		
2 tornare		
3 costruire		
4 avere		
5 mangiare		
6 uscire		
7 fare		
8 scrivere		

> **INFOBOX** — Lo Stadio Olimpico
>
> Lo Stadio Olimpico di Roma si trova presso il Foro Italico, tipico esempio di architettura fascista, inaugurato con il nome di Foro Mussolini nel 1932. Anche il progetto dello stadio Olimpico risale a quegli anni, ma è stato poi completato solo nel 1953. Da allora ospita le partite di calcio delle due squadre di calcio della Capitale: la Roma e la Lazio. Nel 1960 prende il nome attuale, essendo il principale impianto delle Olimpiadi di quell'anno. Tutta la zona attorno allo stadio Olimpico è particolarmente interessante da un punto di vista architettonico, presentando importanti opere dall'epoca romana (Ponte Milvio) a quella contemporanea (Auditorium Parco della Musica, Museo MAXXI, Ponte della Musica).

4 Un romanticone

Completa il testo con i verbi al gerundio presente *e* passato.

Ieri, (*uscire*) _____ dal lavoro, ho notato che c'era una luce bellissima. Pur non (*esserci*) _____ il sole, le nuvole all'orizzonte davano al cielo e ai palazzi un colore unico. (*Uscire*) _____ presto, ho deciso di fare una passeggiata nella zona che più amo della mia città. Era moltissimo tempo che non mi prendevo qualche minuto per camminare senza un motivo, senza un posto da raggiungere. (*Guardare*) _____ le strade, i muri, i cancelli, mi sono tornate in mente le giornate spensierate della gioventù, quando frequentavo quei posti ogni fine settimana. Sono dovuto entrare in un bar e prendere un caffè altrimenti, (*continuare*) _____ in quel modo, mi sarei messo a piangere. (*Nascere*) _____ qui e (*avere*) _____ un padre come il mio, il mio destino era segnato: non potevo che nascere romanista! E solo un romanista sa cosa significa per lui lo Stadio Olimpico! Casa!

5 Il gerundio

*Trasforma le parti **evidenziate** usando il* gerundio presente *o* passato. *Attenzione: in alcuni casi dovrai usare la congiunzione* **pur**.

1. <u>Visto che amo</u> (_____) la Sardegna, posso solo dirti che devi andarci!
2. <u>Se avessi pensato</u> (_____) un po' di più a quello che facevi, saresti stato più attento.
3. <u>Quando sono andato</u> (_____) in barca, ho capito che a me, il mare, proprio non piace!
4. <u>Poiché ho dovuto fare</u> (_____) un sacco di compiti, ho fatto tardi!
5. <u>Anche se non sono mai andata</u> (_____) a sciare, non ho una gran voglia di provarci.
6. Mia sorella, <u>sebbene abbia vissuto</u> (_____) otto anni in Svezia, non ha mai imparato la lingua.
7. <u>Poiché non ho compiuto</u> (_____) 18 anni, non posso ancora votare.
8. <u>Mentre guardavamo</u> (_____) la TV, abbiamo sentito uno strano rumore.
9. <u>Se avrò</u> (_____) abbastanza soldi, il prossimo capodanno voglio passarlo a Matera!
10. <u>Anche se lavori</u> (_____) tutto il giorno, sei sempre il padre migliore del mondo!

6 Quale gerundio?
Indica, per ognuna delle frasi dell'esercizio 5, la funzione del gerundio, tra quelle della lista.

a temporale   **b** causale   **c** ipotetica   **d** concessiva

1 ☐   2 ☐   3 ☐   4 ☐   5 ☐
6 ☐   7 ☐   8 ☐   9 ☐   10 ☐

7 Attenzione al gerundio!
Sottolinea i verbi al gerundio e abbinali alle funzioni della lista.

1 Avendo lavorato per lui, posso dirti che è un ottimo manager.
2 Pur non avendo studiato, è riuscito a cavarsela agli esami.
3 Avendo viaggiato tutta la notte, ora vorrei andare a riposare.
4 Luca mi ha fatto innamorare guardandomi negli occhi!
5 Uscendo da quel negozio sono inciampata nello scalino e sono caduta.
6 Sicuramente, uscendo prima da casa, riusciresti ad arrivare puntuale al lavoro.
7 Pur essendo un grande attore, è davvero una persona umile.
8 È facile vivere nel lusso avendo un marito che guadagna così bene!
9 Quello lì ha vinto alla lotteria. È diventato milionario giocando solo 12 euro.
10 È assolutamente vietato scrivere messaggi al cellulare guidando.

a temporale   **b** causale   **c** ipotetica   **d** concessiva   **e** modale

1 ☐   2 ☐   3 ☐   4 ☐   5 ☐
6 ☐   7 ☐   8 ☐   9 ☐   10 ☐

8 Attenzione al gerundio!
Trasforma le frasi implicite dell'esercizio precedente in esplicite, come nell'esempio. Attenzione: in due casi la trasformazione non è possibile.

1 Visto che ho lavorato per lui, posso dirti che è un ottimo manager.
2 _____
3 _____
4 _____
5 _____
6 _____
7 _____
8 _____
9 _____
10 _____

9 Tre espressioni idiomatiche

Inserisci nelle frasi le tre espressioni idiomatiche della lista, facendo i cambiamenti necessari.

a dirla tutta   arrampicarsi sugli specchi   sbrigarsela da soli

1. _____, non so veramente cosa fare in questo caso!
2. Ma perché mia moglie, se le chiedo cosa ha fatto durante il giorno, sembra sempre che _____?
3. _____, non mi serve il tuo aiuto.
4. _____, lo ammetto professore, ma non mi dia un voto troppo basso, la prego!
5. Purtroppo non posso coinvolgere nessuno in questa faccenda, devo _____.
6. _____ sono convinto che tuo fratello arriverà in ritardo, come al solito!

10 Omonimie

Scrivi su un quaderno due frasi per ogni parola della lista, usando per ogni frase un significato diverso della stessa parola.

1. affetto
2. ancora
3. calcio
4. capo
5. esca
6. impegni
7. metro
8. mostra
9. pesca
10. pianta
11. piatto
12. riso
13. sale
14. taglia

11 Doppi plurali

Completa le frasi con i plurali corretti.

ciglio
Non camminare sui _____ delle strade!
A me non piacciono le _____ truccate.

fondamento
Non puoi parlare di questo argomento, ti mancano i _____!
Questo palazzo va ricostruito dalle _____!

dito
I nostri _____ indici sono uguali!
Attenta alle _____ quando chiudi la porta!

gesto
Non fate questi _____ per favore, sono volgari!
Oggi parleremo delle _____ degli antichi romani.

esercizi 10

1 Più o meno?

Ricostruisci le frasi e coniuga il verbo indicato tra parentesi al congiuntivo.

1 I dialetti del nord sono	**a** molto più complicato	**1** di quanto (noi - *immaginare*) _____ e presto farà buio.
2 Il nuovo lavoro è	**b** più lunga	**2** di quanto molti stranieri (*pensare*) _____.
3 Affrettiamoci! La strada è	**c** più difficili	**3** di quanto si (*dire*) _____. C'è stato il sole per tutta la settimana!
4 Il discorso sul sistema politico italiano è	**d** meno remunerativo	**4** di quanto (io - *sperare*) _____. Credo dovrò cercarne un altro.
5 Londra è	**e** meno fredda	**5** di quanto tu (*potere*) _____ immaginare. Bisognerebbe farselo spiegare da un esperto.

1 / ___ / ___ - **2** / ___ / ___ - **3** / ___ / ___ - **4** / ___ / ___ - **5** / ___ / ___

2 Indagine sul dialetto

In base ai dati dell'ISTAT scrivi delle frasi usando la frase comparativa. Devi aggiungere **più** *o* **meno**, *e usare il verbo tra parentesi. Attenzione al tempo verbale. In un caso è necessario usare il condizionale.*

- Cala l'uso esclusivo del dialetto tra le pareti domestiche e aumenta quello dell'italiano, indipendentemente dal livello sociale delle famiglie.

1 Il dialetto in casa si usa (**di quanto / usare / una volta**) _____

- Sono le donne a mostrare una maggiore propensione a esprimersi soltanto o prevalentemente in italiano con i familiari (55,2% a fronte del 51% degli uomini).

2 Le donne usano il dialetto (**di quanto / fare / gli uomini**) _____

- Parlare prevalentemente o esclusivamente l'italiano – in famiglia, con amici e con estranei – è una pratica più diffusa al Centro e nel Nord-Ovest.

3 L'uso dell'italiano in contesti privati al Centro e al Nord-Ovest è (**diffuso / di quanto / non esserlo / al Sud**) _____

- Dal convegno degli Stati Generali della lingua italiana organizzato a Firenze è emerso che l'italiano è la quarta lingua più studiata al mondo.

4 L'italiano è (**studiare / di quello che / molte persone supporre**) _____

- L'indagine dell'Istituto nazionale di statistica contiene anche una nota dolente: in Italia il livello di conoscenza di altre lingue continua a essere piuttosto elementare.

5 Gli italiani parlano le lingue straniere (**di quanto / dovere**) _____

3 Questa è la conseguenza!

Collega le frasi di sinistra con quelle di destra e coniuga al modo e tempo indicato il verbo tra parentesi.

1. Avevo così fame che (INDICATIVO)
2. Abbiamo spostato la data del matrimonio in autunno in modo che (CONGIUNTIVO)
3. Io non l'ho mai vista, cosicché anche se mi salutasse (CONDIZIONALE)
4. Sono frustrato con il lavoro al punto che (INDICATIVO)
5. Le tue continue lamentele hanno fatto sì che (CONGIUNTIVO)
6. Ho fatto io la spesa in modo che tu (CONGIUNTIVO)

a. non (*potere*) _____ riconoscerla.
b. (*potere*) _____ cominciare subito a cucinare.
c. l'atmosfera al lavoro (*cambiare*) _____. Ora sono tutti insoddisfatti!
d. (*potere*) _____ venire anche i tuoi cugini dal Canada. Sei contenta?
e. (*svuotare*) _____ il frigorifero.
f. (*decidere*) _____ di cominciare a cercarne uno nuovo.

4 Il plurale dei nomi composti

Leggi il testo e completa con il plurale dei nomi composti indicati.

I nomi composti sono il risultato della fusione di due parole diverse. Sono numerosissimi e ci creano problemi e *grattacapi* (ecco un nome composto!) quando dobbiamo metterli al plurale. Qualche esempio: terracotta fa al plurale _____; ma grillotalpa fa *grillitalpa*; altopiano fa _____ ma purosangue è invariabile: *i purosangue*. Come raccapezzarsi? Tentiamo di dare una spiegazione semplice a questi plurali dei nomi composti.

1. Nomi composti da un aggettivo e da un sostantivo maschile o femminile: il più delle volte formano il plurale come fossero nomi semplici, cambiando cioè solo la desinenza del secondo elemento: biancospino, _____; francobollo, _____; bassorilievo, _____; falsariga, _____.
2. Nomi composti da due aggettivi: sono più disciplinati. Formano il plurale come se fossero un unico nome e cambiano solo la desinenza finale: chiaroscuro, _____; pianoforte, _____; sordomuto, _____.
3. La stessa regola vale anche quando i due aggettivi, invece di un nome, formano un altro aggettivo: agrodolce, _____; sacrosanto, _____; e così via.
4. Nomi composti da un sostantivo e da un aggettivo: formano il plurale cambiando la desinenza sia del primo sia del secondo termine, si comportano cioè come se fossero separati: caposaldo, _____; cartapesta, _____; cassaforte, _____; terracotta _____. Eccezione ormai stabilizzata: palcoscenico che fa al plurale *palcoscenici*.

da *Il Corriere della sera*

5 Mica, mica...

Inserisci il **mica** *al posto giusto.*

1. Scusa, io ti ho detto di non venire, sei tu che hai capito male!
2. Alessandro non è un tuo amico! Evita di parlargli in quel modo!
3. I miei genitori non mi aiutano, sai! Io mi mantengo completamente da solo.
4. Che fai con tutte queste lucine accese? Non è Natale!

6 Verbi pronominali, questi sconosciuti!
Completa le frasi con i verbi della lista al tempo e al modo adeguato.

> prendersela   darci giù   cavarsela   entrarci
>
> sbrigarsela   farcela   volerci   uscirsene

1. Allora Giovanni, hai fatto l'esame di guida ieri, no? E allora, _____ questa volta a superarlo?
2. Per aver i risultati dell'analisi _____ quattro giorni.
3. Sandra, come _____ con il tedesco? Avrei bisogno di una mano per una traduzione.
4. Mi dici che _____ il ketchup sul filetto di manzo?
5. Scusa, ma ieri sera tu _____ un po' troppo con le critiche. Se Luca e Olga _____ questa volta non mi stupirei.
6. Il capo e Sabrina hanno una storia? Ma scusa, come _____ ? Ma conti fino a tre prima di parlare?
7. Se non c'è traffico _____ in dieci minuti, ma se non mi vedi, comincia ad andare!

7 Due intrusi per frase
Scegli il significato dell'espressione sottolineata.

1. ☐ Certo che i tuoi amici **ci hanno dato giù** ieri sera. Sono usciti dal locale che non si tenevano più in piedi!
   - a) Hanno gridato tutta la sera
   - b) Hanno esagerato con l'alcol
   - c) Si sono comportati male

2. ☐ Dai! **Non te la prendere!** Teresa non stava parlando di te.
   - a) Non parlare più
   - b) Non rimanerci male
   - c) Non preoccuparti

3. ☐ Il parmigiano sul risotto alla pescatora **non c'entra niente**, anche se c'è chi ce lo mette.
   - a) Non ci sta bene
   - b) È buono
   - c) Ne va messo poco

4. ☐ È da ore che discutiamo, **lasciamo stare**, guarda, è meglio parlarne domani con calma.
   - a) Cambiamo argomento
   - b) Non ascoltarmi!
   - c) Sono arrabbiato

5. ☐ I colleghi chiacchierano, lo so, ma non **vanno presi sul serio**, lo sai!
   - a) Vanno presi in giro
   - b) Vanno evitati
   - c) Non bisogna dargli troppa importanza

6. ☐ Chiamami pure Gianni! Il nome Gianni Sangiorgio **suona meglio** di Giovanni Sangiorgio.
   - a) È scorretto
   - b) Ha un effetto migliore
   - c) È impronunciabile

> **INFOBOX** — **Giuseppe Garibaldi**
>
> Giuseppe Garibaldi (Nizza, 4 luglio 1807 – Caprera, 2 giugno 1882) è stato un generale, patriota, condottiero e scrittore italiano. Noto anche con l'appellativo di *Eroe dei due mondi* per le sue imprese militari compiute sia in Europa sia in America Meridionale, è la figura più rilevante del Risorgimento e uno dei personaggi storici italiani più celebri al mondo.

8 Facciamo in modo che ognuno possa imparare il congiuntivo!

Analizza le frasi, individua la forma al congiuntivo e indica, scrivendo accanto alla frase il numero della spiegazione sul perché si usa.

1 ☐ Vuoi davvero che lui parta?
2 ☐ Immagino che tu abbia letto il giornale stamattina.
3 ☐ Chiunque lei sia deve firmare qui.
4 ☐ Benché non ne abbia voglia, vengo lo stesso al cinema.
5 ☐ Le tue scuse mi sembrano un po' poco perché io ti perdoni.
6 ☐ È più difficile di quanto pensassi.
7 ☐ Ho bisogno di un PC che abbia determinate caratteristiche.
8 ☐ Mi chiedo quante ore ci vogliano ancora per arrivare.

Si usa il congiuntivo…

a perché c'è un verbo di opinione.
b perché è una frase interrogativa indiretta.
c perché c'è una congiunzione concessiva.
d perché si tratta di una frase relativa restrittiva.
e perché c'è il verbo *volere*.
f perché c'è una congiunzione finale.
g perché si tratta di una frase comparativa.
h perché c'è un indefinito.

9 Libri e film d'Italia

Completa con il congiuntivo al tempo adeguato.

In occasione dei 150 anni dell'Unità d'Italia abbiamo chiesto ad alcuni esperti dei consigli su film e libri che (*rappresentare*) _____ la nostra storia.

■ Se ti (noi - *chiedere*) _____ quali sono i film che rappresentano meglio l'Italia?

▼ Beh, non saprei… Se mi (*avvertire*) _____ mi sarei preparato. Comunque, ecco alcuni film:

Ladri di biciclette di Vittorio De Sica (1948)
La scoperta di quanto (*potere*) _____ essere dura la realtà: un atto d'amore dalla parte degli umili e dei diseredati.

La dolce vita di Federico Fellini (1960)
Solitudine e disperazione non spariscono nemmeno col Boom economico. E il nostro cinema diventa moderno. Un film imperdibile per chiunque (*volere*) _____ farsi un'idea del genio felliniano.

Il ladro di bambini di Gianni Amelio (1992)
Un viaggio per l'Italia dalla parte dei vinti. Ovvero: come la forza della morale può riscattarci di fronte allo squallore del Paese. Seppure il film (*lasciare*) _____ lo spettatore con l'amaro in bocca, dovrebbero vederlo tutti!

Gomorra di Matteo Garrone (2008)
Un film forte, come il libro! Mi chiedo quanta gente (*riuscire*) _____ a vederlo senza farsi venire il mal di stomaco. Cinque storie di criminalità quotidiana: l'illegalità come buco nero in cui tutti possono rischiare di essere risucchiati.

test 4

1 Trasforma le frasi in un imperativo con il pronome, come nell'esempio.

Guarda la lista della spesa! → _____*Guardala*_____!
1. Compra le uova! → _____!
2. Scegli i formaggi! → _____!
3. Cambia il latte! → _____!
4. Porta le pesche! → _____!
5. Prendi il pane! → _____!

Ogni trasformazione corretta 1 punto.   Totale: ___ / 5

2 Completa con gli articoli solo dove necessario, trasformando dove serve la preposizione da semplice a articolata.

Io vivo a (_____) Genova da più di 20 anni. Di (_____) Genova amo il mare, e devo dire che (_____) mar Ligure è davvero tutto bello e molto particolare, con i suoi paesaggi mozzafiato e le sue bellissime spiagge. E poi non c'è solo mare: (_____) Alpi infatti cominciano proprio lì, e sono montagne uniche! Posso dire che anche (_____) Sicilia sia una mia regione, perché sono nato vicino a (_____) Taormina, sulle rive di (_____) mare Ionio e proprio sotto (_____) Etna.

Ogni spazio completato in modo corretto 2 punti.   Totale: ___ / 16

3 Completa il testo con i verbi al gerundio presente o passato.

Lo scorso anno sono stato per la prima volta a sciare. Non (*fare*) _____ mai prima una settimana bianca, ero impreparato a quello che mi aspettava. Insomma, non immaginavo quanto sarebbe stato faticoso sciare! Dopo tre giorni ho deciso di prendere delle lezioni. Il maestro, pur (*conoscere*) _____ il mio livello (basso!) di sci, mi ha portato con la seggiovia in cima a una montagna e mi ha invitato a seguirlo. (*Guardarlo*) _____ scendere mi sono fatto prendere dallo sconforto: stavo lì da solo, con la pista ripidissima davanti e non sapevo cosa fare! Ora, (*essere*) _____ io un direttore di banca e (*superare*) _____ da un bel po' i 40 anni, ho pensato che non potevo rimanere lì a tremare dal freddo e dalla paura! Mi sono tolto gli sci, sono andato in un rifugio e mi sono preso una bella grappa! Al calduccio, (*guardare*) _____ il panorama pensavo: "Che meraviglia le Dolomiti!". Dopo un po' ho ripreso la seggiovia al contrario, sono tornato in albergo e mi sono fatto una fantastica sauna. (*Ripensarci*) _____... ancora oggi mi viene da ridere.

Ogni gerundio corretto 3 punti.   Totale: ___ / 21

4 Completa le frasi con l'articolo e il giusto plurale della parola tra parentesi.

1. È certo che non ha superato l'esame di ingegneria: gli mancano (*fondamento*) _____: non conosce neanche la matematica più elementare!
2. Il tema di questa lezione sono (*gesto*) _____ epiche degli eroi italiani.

Ogni plurale corretto 4 punti.   Totale: ___ / 8

5 Completa le frasi coniugando il verbo al tempo adeguato del congiuntivo.

1. Uscì di casa in silenzio in modo che i genitori non (*accorgersi*) _____ che stava partendo.
2. La divisione storica dell'Italia ha fatto sì che al momento attuale non (*svilupparsi*) _____ una vera identità nazionale.
3. Ti faccio vedere come installare il programma in modo che tu poi (*potere*) _____ farlo anche da solo.
4. Ieri in classe ho semplificato la spiegazione cosicché tutti (*potere*) _____ capire.
5. L'instabilità politica ha fatto sì che molti giovani non (*interessarsi*) _____ più di quel che gli succede intorno.

Ogni verbo corretto 4 punti.   Totale: ___ / 20

6 Completa il testo con i verbi.

Sulle righe _____ scegli tra indicativo *e* congiuntivo presente.
Sulle righe _____ scegli tra gerundio *e* infinito presente.

Il *Placito capuano*, (*risalire*) _____ a più di mille anni fa (esattamente al 960 d.C.), è il primo testo scritto che (*documentare*) _____ l'esistenza dei volgari, o dialetti italiani. L'autore di questo testo notarile è il giudice della città di Capua, chiamato a (*risolvere*) _____ una contesa fra i monaci di un monastero e un privato di nome Rodelgrimo, il quale pretende che i monaci gli (*riconoscere*) _____ la proprietà di alcune terre. Nel documento sono presenti varie testimonianze.
(*Trattarsi*) _____ di un documento ufficiale, il testo è scritto quasi interamente in latino. Ma quando il giudice ascolta la testimonianza a favore dei monaci benedettini, ne (*trascrivere*) _____ integralmente il contenuto (*servirsi*) _____ della lingua volgare, in modo che tutti i testimoni lo (*capire*) _____.
Nella trascrizione il giudice fa molta attenzione all'ortografia, (*fornirci*) _____ così un importantissimo esempio – il primo – di uso ufficiale del volgare. (*Trattarsi*) _____ quindi di un uso intenzionale e consapevole, in contrapposizione all'ufficialità del latino, che a quel tempo non era più la lingua parlata dal popolo. Per tali ragioni il *Placito capuano* è considerato il primo vero testo in lingua italiana.

Ogni verbo corretto 3 punti.   Totale: ___ / 30

Totale test: ___ / 100

grammatica

Il nome

I nomi delle professioni

Lez. 4

Per la formazione del femminile dei nomi di professione valgono le seguenti regole:
- I nomi in **–o** formano il femminile in **–a**.
  l'architetto → l'architetta   *il cuoco → la cuoca*
- I nomi in **–tore** formano il femminile in **–trice**.
  l'attore → l'attrice   *il traduttore → la traduttrice*
- I nomi in **–a** sono generalmente invariabili.
  il giornalista → la giornalista   *il pediatra → la pediatra*
- Alcuni però formano il femminile in **–essa**.
  il poeta → la poetessa

I nomi in **–e** possono essere:
- invariabili: *il cantante → la cantante, l'insegnante → l'insegnante*
- formare il femminile in **–a**:   *l'infermiere → l'infermiera, il giardiniere → la giardiniera*
- formare il femminile in **–essa**:   *il dottore → la dottoressa, il professore → la professoressa*

Per alcune professioni esistono forme non del tutto cristallizzate, usate quindi in modo variabile.
il sindaco → la sindaca / la sindaco   *il presidente → la presidente / la presidentessa*
il ministro → la ministra / la ministro

È consigliabile evitare l'aggiunta della parola **donna** accanto alla professione maschile:
*la **donna** magistrato*.

Parole con due plurali

Lez. 9

Alcuni nomi maschili in **–o** presentano una doppia forma di plurale, in **–i** e in **–a**. Nella maggioranza dei casi i due plurali hanno un significato differente. Vediamo i casi più comuni:

singolare (maschile)	plurale (maschile)	plurale (femminile)
il braccio	i bracci (della bilancia, di un fiume)	le braccia (di una persona)
il ciglio	i cigli (della strada)	le ciglia (degli occhi)
il dito	i diti (considerati distintamente)	le dita (nella loro totalità)
il filo	i fili (della luce, del telefono)	le fila (di un discorso)
il fondamento	i fondamenti (di una disciplina)	le fondamenta (di una casa)
il gesto	i gesti (i movimenti)	le gesta (le imprese)
il grido	i gridi (degli animali)	le grida (di una persona)
il muro	i muri (di una casa)	le mura (di una città)
l'osso	gli ossi (singoli)	le ossa (nella loro totalità)
l'urlo	gli urli (degli animali)	le urla (degli uomini)

Per la formazione del plurale dei nomi composti è difficile definire una regola generale. I nomi composti formano il plurale in modo diverso, a seconda del tipo di parole da cui sono costituiti.

- *Nome + nome dello stesso genere:* di solito si trasforma al plurale solo il secondo nome.
  il cavolfiore → i cavolfiori, la madreperla → le madreperle
- *Nome + nome di genere diverso:* di solito si trasforma al plurale il primo nome.
  il pescespada → i pescispada, il capofamiglia → i capifamiglia
- Le parole formate con **capo-** si comportano in modo particolare: quando il composto è maschile, il plurale si forma cambiando la desinenza del primo elemento. Quando il composto è femminile, il plurale in genere è invariato, mentre in altri casi si forma cambiando la desinenza del secondo elemento.
  il capoufficio → i capiufficio, la caposala → le caposala, la caporedattrice → le caporedattrici
- *Nome + aggettivo:* in genere si trasformano al plurale entrambi gli elementi.
  la cassaforte → le casseforti
- *Aggettivo + aggettivo:* in genere si trasforma al plurale solo il secondo elemento.
  il chiaroscuro → i chiaroscuri
- *Verbo + verbo:* in genere restano invariati.
  il lasciapassare → i lasciapassare
- *Verbo + nome:* i nomi composti formati da un verbo e da un nome,
  - se il nome è plurale restano invariati.
  l'accendisigari → gli accendisigari, il cavatappi → i cavatappi
  - anche se il nome è femminile singolare restano invariati.
  l'aspirapolvere → gli aspirapolvere, il portacenere → i portacenere
  - se il nome è maschile singolare, nel plurale cambia solo la desinenza del nome.
  il passaporto → i passaporti, il parafulmine → i parafulmini

Gli omonimi

Gli omonimi sono parole che hanno la stessa grafia, ma un significato diverso.
- *Metti il **sale** nella pasta!*
- *Ma signora, **sale** a piedi?*
- *Ti sbuccio una **pesca**, va bene?*
- *Andiamo a **pesca** domenica?*

L'articolo

Lez. 9

Uso dell'articolo con i nomi geografici

I nomi di continenti, nazioni, Stati, regioni di solito sono preceduti dall'articolo determinativo.
- *L'Africa mi affascina.*
- *La Germania ha un clima continentale.*
- *Mi attira la California.*
- *Le Marche sono una bellissima regione.*

Hanno l'articolo anche i nomi di catene montuose, monti, oceani, fiumi, laghi, vulcani e valli.
- *Il Monte Bianco è alto 4810 metri.*
- *Il Lago di Garda è molto turistico.*
- *Anche il Vesuvio è ancora attivo, lo sapevi?*
- *La Valle Aurina è in alto Adige.*

In generale hanno l'articolo gli arcipelaghi, le grandi isole, le isole che hanno la parola "isola" nel nome e quelle che hanno l'articolo nel nome.
- *Le Canarie sono piene in estate.*
- *La Maddalena è in Sardegna.*
- *Non conosco l'isola d'Elba.*
- *La Sicilia è così varia!*

Non hanno l'articolo, le piccole isole come: *Capri, Ischia, Cuba, Barbados*, ecc.

Uso dell'articolo con le date

Lez. 3

Prima di una data si usa l'articolo **il**.
- *Sono nata il 21 gennaio.*

Prima di una data o di un periodo storico si usa la preposizione articolata **nel**.
- *Nell'Ottocento, nel 1968, nel Medioevo.*

L'aggettivo

Formazione di alcuni aggettivi da sostantivi o verbi

Lez. 5

I suffissi più comuni per la formazione degli aggettivi sono:
- **-ale**   *persona → personale, stato → statale, nazione → nazionale*
- **-ano/a**   *paese → paesano*
- **-oso/a**   *noia → noioso, fastidio → fastidioso, orgoglio → orgoglioso, spirito → spiritoso*

Formazione del contrario di aggettivi e sostantivi

Lez. 5

Per formare il contrario di un aggettivo o un sostantivo si possono usare i seguenti prefissi:

- **in-**   *infelice, insuperabile, incerto / infelicità, incertezza*
- **dis-**   *disorganizzato, disorientato / disorganizzazione, disorientamento*
- **a-**   *atipico, asociale / atipicità, asocialità*
- **s-**   *scontento, sfortunato / scontentezza, sfortuna*

Gli indefiniti

Lez. 2

Gli **indefiniti** sono aggettivi o pronomi che si riferiscono a qualcosa di non determinato (nel numero, nella quantità o nella qualità).

- *Ho bevuto **molto** vino. (non è precisato quanto)*
- *Cominceremo fra **qualche** minuto. (non si sa fra quanto)*

Alcuni indefiniti hanno solo la funzione di aggettivo, sono invariabili e si usano solo al singolare, altri si usano solo come pronomi e altri hanno entrambe le funzioni.

Solo aggettivi	Solo pronomi	Aggettivi e pronomi
ogni	chiunque	ciascuno/a
qualche	ognuno	nessuno/a
qualsiasi	qualcosa	altro/a/i/e
qualunque	qualcuno/a	molto/a/i/e
	niente	tanto/a/i/e
	nulla	troppo/a/i/e
		poco/a/i/e
		parecchio/a/i/e
		tutto/a/i/e

Ciascuno e **nessuno** come aggettivi hanno le forme simili a quelle dell'articolo indeterminativo.
La forma femminile è sempre **ciascuna**, anche davanti a vocale.

La posizione dell'aggettivo qualificativo

Lez. 6·8

L'*aggettivo qualificativo* in genere *segue* il nome, ma la sua posizione può variare, a seconda di quello che vogliamo esprimere, se vogliamo dare cioè alla frase un carattere più oggettivo, neutro o più soggettivo. Alcuni aggettivi qualificativi hanno una posizione fissa. Seguono *sempre* il nome:

- gli aggettivi relazionali (che derivano cioè da un nome e che terminano con suffissi come -**ale**, -**are**, -**istico**, -**ista**, -**ano**, -**oso**, -**ario**, -**ico**, -**ato**, -**ivo**).
  - *Si tratta di un accordo **internazionale**.*
  - *Mi ha guardato con un sorriso **bonario**.*
- le forme alterate.
  - *È una casa **piccolina**, ma comoda e ben collegata.*
- i participi (presente e passato) usati come aggettivi.
  - *È un edificio appena **ristrutturato**.*
  - *Una storia davvero **divertente**!*
- gli aggettivi che reggono un complemento.
  - *Un armadio **pieno di vestiti**.*

In alcuni casi la diversa posizione dell'aggettivo determina un cambiamento di significato.

- *È un **buon** medico. (bravo)*
- *È un medico **buono**. (buono d'animo)*
- ***Certe** notizie non dovrebbero essere trasmesse in TV. (alcune)*
- *Non abbiamo notizie **certe** dell'incidente. (sicure)*
- *Qui abitano **numerose** famiglie. (molte)*
- *Qui abitano famiglie **numerose**. (con molti figli)*
- *È il **nuovo** libro di Saviano. (l'ultimo)*
- *È un libro **nuovo**, l'ho appena comprato. (nuovo)*
- *Carlo è un mio **vecchio** amico. (ci conosciamo da tanto)*
- *Carlo è **vecchio**, non disturbarlo! (riferito all'età)*

Uso dell'aggettivo possessivo *proprio*

Lez. 5

L'aggettivo possessivo **proprio** può rafforzare un altro possessivo, in particolare **suo**.
Proprio va usato obbligatoriamente al posto di **suo** se nella frase c'è un verbo impersonale o se il possessore non è precisato.

- *Lo ha fatto con le **sue proprie** mani.*
- *Ognuno dovrebbe riflettere sulle **proprie** azioni.*

Uso dell'aggettivo possessivo posposto

Lez. 5

In alcune espressioni cristallizzate l'aggettivo possessivo – che normalmente precede il sostantivo – viene posto dopo il nome.

- *Sono affari **miei/tuoi/suoi***
- *È colpa **mia/tua/sua***
- *Da parte **mia/tua/sua***
- *Merito **mio/tuo/suo***

L'avverbio

L'avverbio può accompagnare, modificandone il significato:
- un nome. ▸ *Mangio **solo** pesce.*
- un verbo. ▸ *Parla **lentamente**.*
- un aggettivo. ▸ *Luca è **molto** agile.*
- un altro avverbio. ▸ *È arrivato **abbastanza** tardi.*

La posizione dell'avverbio

Lez. 8

La posizione dell'avverbio in italiano non è fissa.

Di solito gli avverbi che si riferiscono a verbi vanno dopo il verbo.
- *È una cosa che si **fa rapidamente**.*
- *Laura **parla poco**. È timida.*

Gli avverbi che si riferiscono ad aggettivi vanno solitamente prima dell'aggettivo.
- *Il tuo frigo è **completamente vuoto**.*
- *Sono **molto arrabbiata** con il mio capo.*

Quando l'avverbio si riferisce a un'intera frase la sua posizione è mobile.
- ***Finalmente** ha smesso di fumare!*
- *Ha smesso di fumare, **finalmente**!*
- *Ha smesso **finalmente** di fumare.*

La differenza tra *finalmente* e *alla fine*

Lez. 4

Finalmente indica il verificarsi di un evento che si attendeva, **alla fine** indica il verificarsi di un evento dopo un arco di tempo, una successione di eventi.

- ***Finalmente** sei arrivata! Sono ore che ti aspetto!*
- *Dopo aver cercato per mesi, **alla fine** ha trovato un lavoro.*

Il pronome

La posizione del pronome personale complemento

Lez. 8

Generalmente i pronomi atoni (diretti e indiretti) precedono il verbo.
- ◆ *Lo conosco da tanti anni.*
- ▸ *Gli parlo io, se vuoi.*

Mentre i pronomi tonici seguono il verbo.
- ◆ *Veniamo con voi.*
- ▸ *È a te che sto parlando.*

I pronomi atoni seguono il verbo nei seguenti casi:

- ◆ con un infinito. In quel caso il verbo perde la vocale finale.
  - ▸ *Non possiamo perderlo.*
- ◆ con un imperativo informale affermativo. Ma con l'imperativo negativo possono anche andare prima.
  - ▸ *Prendilo! Fallo subito!*
  - ▸ *Non prenderlo! / Non lo prendere!*
- ◆ con il gerundio.
  - ▸ *Ripensandoci, non farei la stessa strada.*
- ◆ con il participio passato.
  - ▸ *Una volta usatolo, puoi buttarlo!*

La dislocazione a sinistra

Lez. 2

Nella dislocazione l'oggetto diretto o indiretto vengono spostati (o dislocati) all'inizio della frase (cioè a sinistra del verbo), e quindi ripresi da un pronome. Questo tipo di frase è tipico della lingua parlata.
- ▸ *L'olio l'hai comprato?*
- ▸ *Di libri quanti ne hai presi?*

Il pronome relativo

Lez. 7

Il pronome relativo ha una duplice funzione: sostituisce un nome e serve a collegare tra loro due frasi, la reggente e la relativa.
- ▸ *Finalmente ho trovato il libro che cercavo da settimane.*

Le forme del pronome relativo si distinguono in invariabili e variabili. Le forme invariabili sono **che** e **cui**, le variabili **il quale, i quali, la quale, le quali, del quale, dei quali, della quale**, ecc.

- ◆ Il pronome relativo **che** può avere la funzione di soggetto e oggetto diretto.
  - ▸ *La ragazza che canta è la sorella di Pietro.* (soggetto)
  - ▸ *Sono sicurissima, è la ragazza che stavi cercando.* (complemento oggetto)
- ◆ Il pronome relativo **cui** è invariabile e si usa per sostituire un oggetto indiretto. Di solito è preceduto da una preposizione.
  - ▸ *È il locale in cui abbiamo mangiato ieri sera.*
- ◆ Le forme variabili **il quale, la quale, i quali, le quali** possono sostituire **che** (come soggetto o oggetto) e **cui** (come oggetto indiretto) in una lingua più formale, tecnica o retorica.
  - ▸ *Il cassetto nel quale (in cui) avevo messo i miei risparmi è vuoto.*
  - ▸ *Ci sono persone le quali (che) spenderebbero un patrimonio per i regali.*

Quando **il quale** sostituisce **cui**, la preposizione forma con l'articolo, quando previsto, una preposizione articolata. Attenzione, la sostituzione non è possibile quando la frase relativa si riferisce ad "una parte" dell'insieme presentato nella principale.
> *I candidati **che** (NON: i quali) non conoscono l'inglese, non possono sostenere l'esame.*

A differenza degli altri pronomi relativi, **il quale** consente di specificare il genere e il numero dell'antecedente, è quindi la forma preferibile quando l'uso di **che** o **cui** produrrebbe frasi poco chiare.
> *Ho parlato a lungo con la figlia del direttore **di cui** ho molta stima.* (della figlia o del direttore?)
> *Ho parlato a lungo con la figlia del direttore **del quale / della quale** ho molta stima.*

Il pronome relativo possessivo *il cui*

Il pronome relativo **cui** può avere valore di possessivo. In questo caso è preceduto dall'articolo determinativo e seguito dall'oggetto posseduto.
> *Il ragazzo, **la cui** madre è stata la mia insegnante, è ora in classe con mio figlio.*

Il pronome relativo neutro *il che*

Il pronome relativo **il che** si riferisce a un intero concetto espresso e si usa per introdurre una conclusione o un commento a quanto appena detto.
> *Nei locali non si può più fumare, **il che** mi fa molto piacere.*

I pronomi relativi doppi

Chi e **quanto** sono chiamati pronomi doppi perché racchiudono in sé le funzioni di due pronomi.

- **Chi** si usa solo in relazione a esseri animati.
  > ***Chi** (quelli che, coloro che) vuole può cominciare a salire in autobus.*
- Quando non ci si riferisce a esseri animati, si usa quanto sostituito spesso da **quello che / ciò che**.
  > *Questo è **quanto** (**quello che**) mi ha raccontato Francesca.*

Le preposizioni

Le preposizioni di luogo *in* e *a*

La preposizione **a** si usa:
- prima di una città.
  > *Vado **a Palermo** per qualche giorno.*
- prima dei punti cardinali.
  > *Lampedusa è **a Sud**.*

La preposizione **in** si usa:
- prima di una regione (con articolo quando la regione è al plurale e con la regione Lazio).
  > *Vivo **in Toscana**.*   > *Vivono **nelle Marche**.*   > *Viviamo **nel Lazio**.*
- un Paese (con articolo quando il Paese è al plurale).
  > *Ogni anno vado **in Messico**!*   > *Ci sono le elezioni **negli Stati Uniti**.*

Le preposizioni **in** e **a** sono sempre articolate con città, regioni, Paesi quando sono ulteriormente connotati.
Nella Roma barocca, **nell'**Italia del centro, **nella** Francia settentrionale, ecc.

Il verbo

L'uso dell'ausiliare con i tempi composti al passato

Lez. 1

I verbi transitivi hanno sempre l'ausiliare **avere**. ▸ *Ho **mangiato** un gelato.*
I verbi riflessivi hanno sempre l'ausiliare **essere**. ▸ *Mi **sono alzata** alle sei.*
I verbi impersonali hanno sempre l'ausiliare **essere**. ▸ *È **accaduto** dieci anni fa.*

Molti verbi intransitivi hanno l'ausiliare **avere** ma alcuni hanno l'ausiliare **essere**.
▸ *Ha **camminato** per ore.* ▸ *È **partita** ieri per l'Argentina.*

Molti verbi italiani possono essere usati sia in modo transitivo (con un oggetto diretto) che intransitivo (senza oggetto diretto). Questi verbi richiedono generalmente l'ausiliare **avere** quando sono usati in modo transitivo ed **essere** quando sono usati in modo intransitivo.

▸ *Sono **salito** a piedi. / Ho **salito** le scale di corsa.*
▸ *I prezzi **sono aumentati**. / Il Governo ha **aumentato** i prezzi.*
▸ *Sono **passato** con il rosso. / Ho **passato** ore sui libri.*
▸ *Il tempo è **cambiato**. / Ho **cambiato** scuola.*

Altri verbi con il doppio ausiliare sono: *diminuire, finire, cominciare,* ecc.

L'uso dei tempi passati all'indicativo

Lez. 1

Il passato prossimo e l'imperfetto si usano per parlare del passato. Hanno una funzione diversa e complementare.

PASSATO PROSSIMO	IMPERFETTO
Completezza / Perfettività il momento di inizio e fine è, nel caso del passato prossimo, ben definito, determinato. ▸ *Ieri c'è **stato** il sole.* (dico qualcosa che è successo) ▸ *Teresa ha **lavorato** tutto il giorno.* (l'azione del lavorare è avvenuta effettivamente)	**Incompletezza / Imperfettività** il momento di inizio e fine è, nel caso dell'imperfetto, vago, inespresso, indeterminato. ▸ *Ieri c'**era** il sole.* (descrivo il tempo di ieri) ▸ *Teresa **lavorava** molto.* (e ora? Non lo sappiamo)
Descrizione di fatti ▸ *A un certo punto si è **sentito** uno sparo e un uomo è **uscito** di corsa dal bosco.*	**Descrizione di situazioni** ▸ *Era una bella giornata, il sole **splendeva** e gli uccellini **cinguettavano**.*
Descrizione di condizioni o stati mutabili ▸ *Marco è **stato** un bell'uomo.* (l'uso del passato prossimo indica la cessazione della condizione: Marco ora non è più bello)	**Descrizione di condizioni, stati psicologici / fisici** ▸ *Marco **era** un bell'uomo.*
Descrizione di fatti legati ad un determinato periodo di tempo ▸ *La scorsa settimana non **sono** mai **uscita**.* (fatto eccezionale)	**Descrizione di ripetizioni, abitudini** ▸ *Uscivo raramente la sera.* (abitudine)

Il **passato remoto** si usa per parlare di un fatto accaduto nel passato e concluso che non ha nessun legame con il presente. Rispetto al passato prossimo, il passato remoto indica una maggiore distanza psicologia.
(Vedi NUOVO ESPRESSO 3)

Il futuro

Il futuro ha due tempi: il futuro semplice e il futuro anteriore.
- *Domani probabilmente **ci sarà** lo sciopero dei treni.* (futuro semplice)
- *Potrò partire solo dopo che **sarà finito** lo sciopero.* (futuro anteriore)

Generalmente il **futuro anteriore** si usa per indicare un evento futuro che accade prima di un altro fatto anch'esso futuro. Il futuro si usa per:
- parlare di eventi futuri. ▸ *Il prossimo anno **cambieremo** casa.*
- esprimere un dubbio. ▸ *Ma **sarà** questa la strada giusta?*
- fare una supposizione. ▸ *Dov'è Marco? **Sarà** ancora in ufficio?*
- attenuare un'ipotesi. ▸ *Ti **dirò**, non mi aspettavo di passare l'esame!*
- fare una concessione, ammettere qualcosa. ▸ ***Sarà** pure timido, però poteva almeno salutare.*

Il *si* passivante

Tutti i verbi transitivi, cioè con un oggetto diretto, possono essere trasformati al passivo. (Vedi NUOVO Espresso 3, p. 243)
Un altro modo per trasformare la frase da attiva a passiva è il **si** passivante. Il **si** passivante si forma con la particella **si** + la terza persona singolare o plurale di un verbo transitivo attivo. Il **si** passivante si utilizza solo con soggetto della terza persona singolare o plurale.
- *In questo locale **si usa** solo pesce fresco.* (viene / è usato)
- *In questo localo **si usano** ingredienti biologici.* (vengono / sono usati)

Nei tempi composti l'ausiliare è sempre **essere**.
- *L'anno scorso **si sono venduti** molti libri elettronici.*

In presenza di un verbo intransitivo o transitivo senza oggetto espresso, il **si** non ha mai valore passivante, ma soltanto impersonale.
- *In questo locale si mangia veramente bene.*

Il condizionale

In frasi autonome il condizionale si usa:
- per chiedere qualcosa cortesemente.
    - ***Potrei** avere un bicchier d'acqua, per favore?*
- per esprimere un desiderio.
    - *Mi **piacerebbe** andare in vacanza.*
- per affermare qualcosa in forma attenuata, per dare un consiglio, un suggerimento.
    - ***Sarebbe** meglio cambiare strada.* ▸ ***Faresti** meglio a non parlare più con lui.*
- per riportare delle notizie poco certe.
    - *Il Presidente della commissione Europea **avrebbe** dato le dimissioni.*

L'uso del congiuntivo nelle frasi secondarie

Lez. 2·3·4 5·6·7·8·10

L'uso del congiuntivo nelle frasi secondarie dopo alcuni verbi ed espressioni impersonali è stato già presentato in NUOVO Espresso 2 e NUOVO Espresso 3. Il congiuntivo si usa inoltre:

- con alcuni indefiniti.
  - ▸ ***Chiunque abbia vissuto** a Roma, sa come è difficile muoversi con i mezzi pubblici.*
  - ▸ *Ti aiuterò **qualsiasi** cosa **succeda**.*
- con le frasi relative se nella frase si esprime un desiderio, una condizione.
  - ▸ *Cerchiamo una persona che **sappia** parlare almeno due lingue.*
  - ▸ *Vorrei un lavoro che mi **permettesse** di lavorare da casa.*
- con il superlativo relativo.
  - ▸ *Licenziarmi è la cosa più stupida che **abbia** mai **fatto**!*
- dopo le espressioni **come se** e **senza che**.
  - ▸ *Mi ha guardato **come se** mi vedesse per la prima volta.*
  - ▸ *È andato via **senza che** me ne accorgessi.*
- dopo l'espressione **non perché**.
  - ▸ *Non vengo **non perché** non ne **abbia** voglia, ma perché devo lavorare.*
- nelle frasi introdotte da parole o espressioni che esprimono una condizione, un'eventualità, come **purché, a condizione che, ammesso che, a patto che, nell'eventualità che**.
  - ▸ *Ti accompagno **purché decida** io che strada prendere.*
- quando nella frase principale c'è un verbo negativo.
  - ▸ ***Non è che** gli italiani **siano** tutti uguali!*

Il congiuntivo può essere usato (non obbligatoriamente) anche:

- con le frasi interrogative indirette.
  - ▸ ***Mi chiedo chi sia** quell'uomo con il cappello.*
  - ▸ ***Non capisco come facciate** a parlare ancora con lui.*
- con alcune espressioni consecutive, anche se non si tratta di un uso obbligatorio.
  - ▸ *Esco **in modo che** tu **possa** concentrarti da solo a casa.*
  - ▸ *Le piogge degli ultimi giorni hanno **fatto sì** che alcuni fiumi **siano esondati***
- con le frasi comparative.
  - ▸ *L'italiano è più difficile **di quanto credessi**.*
  - ▸ *Vai piano perché il sentiero è più ripido **di quanto immagini**.*

GRAMMATICA | 179

La concordanza dei tempi al congiuntivo

Lez. 4-7

La scelta del tempo del congiuntivo dipende dal tempo del verbo della principale e dalla relazione temporale (anteriorità, contemporaneità, posteriorità) tra le due frasi. (Vedi anche NUOVO Espresso 3, pag. 237). Ecco uno schema con le concordanze.

Tempo della principale	Azione della secondaria contemporanea	Azione della secondaria anteriore	Azione della secondaria posteriore
presente Penso…	congiuntivo presente *che Marco **sia** malato.*	cong. passato o imperfetto *che Marco **sia partito**.* *che Marco **fosse** stanco.*	cong. presente o ind. futuro *che Marco **arrivi** / **arriverà** domani.*
passato Pensavo…	congiuntivo imperfetto *che Lucia **fosse** contenta.*	congiuntivo trapassato *che il film lo **avessi** già **visto**.*	cong. imperfetto o cond. passato *che domani non **lavorassi** / **avresti lavorato**.*

Attenzione! Quando il tempo della principale è al presente e l'azione della secondaria è anteriore, la scelta tra congiuntivo passato e imperfetto dipende dal tipo di azione espressa dal verbo: se normalmente all'indicativo per quell'azione si usa il passato prossimo, allora si utilizza il congiuntivo passato.
▸ *Marco **è partito** → Penso che Marco **sia partito**.*

Se invece si usa l'imperfetto allora bisogna usare il congiuntivo imperfetto.
▸ *Marco **era stanco** → Penso che Marco **fosse stanco**.*

Quando nella frase principale c'è un verbo di desiderio o di volontà al condizionale presente, nella secondaria segue il congiuntivo imperfetto. In questo caso l'azione della secondaria esprime contemporaneità o posteriorità.
▸ ***Vorrei** che i miei sforzi **servissero** a qualcosa.* (adesso = contemporaneità)
▸ ***Mi piacerebbe** che mi **aiutassi** a cercare casa.* (ora / nel futuro = contemporaneità / posteriorità)

Il discorso indiretto

Lez. 3

Il discorso indiretto viene introdotto da verbi come *dire, affermare, chiedere,* ecc. Se la frase principale che introduce il discorso indiretto è al presente (o al passato in funzione di presente), il tempo del verbo resta invariato; può cambiare però la persona, il pronome o l'avverbio. Per il discorso indiretto vedi anche NUOVO Espresso 3, pag. 244.

Se la frase principale che introduce il discorso indiretto è al passato, cambiano i tempi verbali.

- Il futuro semplice diventa condizionale passato.
  ▸ *"Arriveremo domani." → Hanno detto che **sarebbero arrivati** il giorno dopo.*
- Se il soggetto della frase principale è lo stesso di quella secondaria, si possono usare due costruzioni: quella esplicita o quella implicita.
  ▸ *"Mi sono alzata tardi." → Elena dice **che si è alzata** / **di essersi alzata** tardi.*
- Nel discorso indiretto l'imperativo si trasforma in infinito introdotto dalla preposizione **di**.
  ▸ *"Apri la finestra!" → Mi ha detto **di aprire** la finestra.*
- Se nel discorso diretto c'è una domanda senza pronome interrogativo, la frase nel discorso indiretto è introdotta da **se**.
  ▸ *"Al cinema viene anche Sandra?" → Mi ha chiesto **se** al cinema viene anche Sandra.*

Il periodo ipotetico

Lez. 5

Esistono tre tipi di periodo ipotetico:

- della realtà. ▸ *Se non piove vengo.*
- della possibilità. ▸ *Se non piovesse verrei.*
- dell'irrealtà. ▸ *Se non fossi passato con il rosso non avrei preso una multa.*

Per un ripasso del periodo ipotetico vedi NUOVO Espresso 3, pag. 239.
Nella frase ipotetica del III tipo (irrealtà) si possono avere due possibilità. Nel secondo caso l'ipotesi ha un riflesso sul presente.

1. Congiuntivo trapassato + condizionale passato ▸ *Se lo avessi saputo non **sarei partito**.*
2. Congiuntivo trapassato + condizionale presente ▸ *Se non avessi bevuto non **avrei** mal di testa.*

La frase ipotetica può essere introdotta, oltre che dalla congiunzione **se**, anche da altre congiunzioni o espressioni come: **qualora, casomai, nel caso in cui**.

Il gerundio

Lez. 4·9

Il gerundio ha due tempi: presente e passato. Il gerundio passato si usa solitamente nella lingua scritta per indicare un'azione anteriore a quella della principale.

▸ *Mi sono fatta male **giocando** a calcio.* ▸ ***Essendo arrivato** tardi, non ha trovato più posto.*

Le funzioni del gerundio sono moltissime. Tra queste le più frequenti sono:
- la funzione temporale ▸ *L'ho trovato **mettendo** a posto in cantina.*
- la funzione modale ▸ *Ho imparato l'inglese **ascoltando** i Beatles.*
- la funzione causale ▸ ***Essendo vissuto** a Parigi, conosce bene la città.*
- la funzione ipotetica ▸ ***Avendolo saputo**, ti avrei chiamato.*
- la funzione concessiva. ▸ ***Pur avendo già mangiato**, prendo lo stesso un tramezzino.*
  In questo caso la forma al gerundio è preceduta dalla congiunzione **pur**.

La struttura *fare* + infinito

Lez. 6

La costruzione **fare** + infinito si usa per sottolineare che il soggetto della frase non compie direttamente l'azione.

▸ *Io non so installare il programma, **lo faccio fare** dal nostro tecnico.*
▸ *L'idea **ha fatto venire** i brividi ai produttori*

Alcuni verbi ed espressioni pronominali

Lez. 1·5
9·10

- Il verbo **cavarsela** significa *riuscire a fare qualcosa, riuscire in qualcosa.*
- Il verbo **entrarci** significa *avere a che fare con qualcosa.*
- Il verbo **uscirsene** significa *dire qualcosa di inappropriato, di poco adeguato alla situazione.*
- Il verbo **sbrigarsela (da soli)** significa *riuscire a fare qualcosa da soli o in poco tempo, velocemente.*
- Il verbo **prendersela** significa *arrabbiarsi con qualcuno, rimanere male per qualcosa.*
- L'espressione **darci giù** significa *esagerare con qualcosa.*
- L'espressione **a dirla tutta** significa *se si vuole dire la verità, che si desidera essere sinceri.*

GRAMMATICA | 181

Prima coniugazione – verbi in -are

MODI FINITI

INDICATIVO

presente	passato prossimo	imperfetto	trapassato prossimo
io parl**o**	io **ho** parl**ato**	io parl**avo**	io **avevo** parl**ato**
tu parl**i**	tu **hai** parl**ato**	tu parl**avi**	tu **avevi** parl**ato**
lui/lei/Lei parl**a**	lui/lei/Lei **ha** parl**ato**	lui/lei/Lei parl**ava**	lui/lei/Lei **aveva** parl**ato**
noi parl**iamo**	noi **abbiamo** parl**ato**	noi parl**avamo**	noi **avevamo** parl**ato**
voi parl**ate**	voi **avete** parl**ato**	voi parl**avate**	voi **avevate** parl**ato**
loro parl**ano**	loro **hanno** parl**ato**	loro parl**avano**	loro **avevano** parl**ato**

futuro semplice	futuro anteriore	passato remoto	trapassato remoto
io parl**erò**	io **avrò** parl**ato**	io parl**ai**	io **ebbi** parl**ato**
tu parl**erai**	tu **avrai** parl**ato**	tu parl**asti**	tu **avesti** parl**ato**
lui/lei/Lei parl**erà**	lui/lei/Lei **avrà** parl**ato**	lui/lei/Lei parl**ò**	lui/lei/Lei **ebbe** parl**ato**
noi parl**eremo**	noi **avremo** parl**ato**	noi parl**ammo**	noi **avemmo** parl**ato**
voi parl**erete**	voi **avrete** parl**ato**	voi parl**aste**	voi **aveste** parl**ato**
loro parl**eranno**	loro **avranno** parl**ato**	loro parl**arono**	loro **ebbero** parl**ato**

CONGIUNTIVO

presente	passato	imperfetto	trapassato
io parl**i**	io **abbia** parl**ato**	io parl**assi**	io **avessi** parl**ato**
tu parl**i**	tu **abbia** parl**ato**	tu parl**assi**	tu **avessi** parl**ato**
lui/lei/Lei parl**i**	lui/lei/Lei **abbia** parl**ato**	lui/lei/Lei parl**asse**	lui/lei/Lei **avesse** parl**ato**
noi parl**iamo**	noi **abbiamo** parl**ato**	noi parl**assimo**	noi **avessimo** parl**ato**
voi parl**iate**	voi **abbiate** parl**ato**	voi parl**aste**	voi **aveste** parl**ato**
loro parl**ino**	loro **abbiano** parl**ato**	loro parl**assero**	loro **avessero** parl**ato**

CONDIZIONALE

semplice	passato
io parl**erei**	io **avrei** parl**ato**
tu parl**eresti**	tu **avresti** parl**ato**
lui/lei/Lei parl**erebbe**	lui/lei/Lei **avrebbe** parl**ato**
noi parl**eremmo**	noi **avremmo** parl**ato**
voi parl**ereste**	voi **avreste** parl**ato**
loro parl**erebbero**	loro **avrebbero** parl**ato**

IMPERATIVO

io	-
tu	parl**a**!
Lei	parl**i**!
noi	parl**iamo**!
voi	parl**ate**!
loro	parl**ino**!

MODI INDEFINITI

INFINITO	GERUNDIO	PARTICIPIO
semplice **parlare**	semplice parl**ando**	presente parl**ante**
passato **avere** parl**ato**	passato **avendo** parl**ato**	passato parl**ato**

182 | TABELLE DEI VERBI

Seconda coniugazione – verbi in *-ere*

MODI FINITI

INDICATIVO

	presente		passato prossimo		imperfetto		trapassato prossimo
io	ricev**o**	io	**ho** ricev**uto**	io	ricev**evo**	io	**avevo** ricev**uto**
tu	ricev**i**	tu	**hai** ricev**uto**	tu	ricev**evi**	tu	**avevi** ricev**uto**
lui/lei/Lei	ricev**e**	lui/lei/Lei	**ha** ricev**uto**	lui/lei/Lei	ricev**eva**	lui/lei/Lei	**aveva** ricev**uto**
noi	ricev**iamo**	noi	**abbiamo** ricev**uto**	noi	ricev**evamo**	noi	**avevamo** ricev**uto**
voi	ricev**ete**	voi	**avete** ricev**uto**	voi	ricev**evate**	voi	**avevate** ricev**uto**
loro	ricev**ono**	loro	**hanno** ricev**uto**	loro	ricev**evano**	loro	**avevano** ricev**uto**

	futuro semplice		futuro anteriore		passato remoto		trapassato remoto
io	ricev**erò**	io	**avrò** ricev**uto**	io	ricev**ei**/ricev**etti**	io	**ebbi** ricev**uto**
tu	ricev**erai**	tu	**avrai** ricev**uto**	tu	ricev**esti**	tu	**avesti** ricev**uto**
lui/lei/Lei	ricev**erà**	lui/lei/Lei	**avrà** ricev**uto**	lui/lei/Lei	ricev**é**/ricev**ette**	lui/lei/Lei	**ebbe** ricev**uto**
noi	ricev**eremo**	noi	**avremo** ricev**uto**	noi	ricev**emmo**	noi	**avemmo** ricev**uto**
voi	ricev**erete**	voi	**avrete** ricev**uto**	voi	ricev**este**	voi	**aveste** ricev**uto**
loro	ricev**eranno**	loro	**avranno** ricev**uto**	loro	ricev**erono**/ricev**ettero**	loro	**ebbero** ricev**uto**

CONGIUNTIVO

	presente		passato		imperfetto		trapassato
io	ricev**a**	io	**abbia** ricev**uto**	io	ricev**essi**	io	**avessi** ricev**uto**
tu	ricev**a**	tu	**abbia** ricev**uto**	tu	ricev**essi**	tu	**avessi** ricev**uto**
lui/lei/Lei	ricev**a**	lui/lei/Lei	**abbia** ricev**uto**	lui/lei/Lei	ricev**esse**	lui/lei/Lei	**avesse** ricev**uto**
noi	ricev**iamo**	noi	**abbiamo** ricev**uto**	noi	ricev**essimo**	noi	**avessimo** ricev**uto**
voi	ricev**iate**	voi	**abbiate** ricev**uto**	voi	ricev**este**	voi	**aveste** ricev**uto**
loro	ricev**ano**	loro	**abbiano** ricev**uto**	loro	ricev**essero**	loro	**avessero** ricev**uto**

CONDIZIONALE

	semplice		passato
io	ricev**erei**	io	**avrei** ricev**uto**
tu	ricev**eresti**	tu	**avresti** ricev**uto**
lui/lei/Lei	ricev**erebbe**	lui/lei/Lei	**avrebbe** ricev**uto**
noi	ricev**eremmo**	noi	**avremmo** ricev**uto**
voi	ricev**ereste**	voi	**avreste** ricev**uto**
loro	ricev**erebbero**	loro	**avrebbero** ricev**uto**

IMPERATIVO

–	
tu	ricev**i**!
Lei	ricev**a**!
noi	ricev**iamo**!
voi	ricev**ete**!
loro	ricev**ano**!

MODI INDEFINITI

INFINITO		GERUNDIO		PARTICIPIO	
semplice	ricev**ere**	semplice	ricev**endo**	presente	ricev**ente**
passato	**avere** ricev**uto**	passato	**avendo** ricev**uto**	passato	ricev**uto**

Terza coniugazione – verbi in -ire

MODI FINITI

INDICATIVO

presente
- io parto
- tu parti
- lui / lei / Lei parte
- noi partiamo
- voi partite
- loro partono

passato prossimo
- io sono partito/a
- tu sei partito/a
- lui / lei / Lei è partito/a
- noi siamo partiti/e
- voi siete partiti/e
- loro sono partiti/e

imperfetto
- io partivo
- tu partivi
- lui / lei / Lei partiva
- noi partivamo
- voi partivate
- loro partivano

trapassato prossimo
- io ero partito/a
- tu eri partito/a
- lui / lei / Lei era partito/a
- noi eravamo partiti/e
- voi eravate partiti/e
- loro erano partiti/e

futuro semplice
- io partirò
- tu partirai
- lui / lei / Lei partirà
- noi partiremo
- voi partirete
- loro partiranno

futuro anteriore
- io sarò partito/a
- tu sarai partito/a
- lui / lei / Lei sarà partito/a
- noi saremo partiti/e
- voi sarete partiti/e
- loro saranno partiti/e

passato remoto
- io partii
- tu partisti
- lui / lei / Lei partì
- noi partimmo
- voi partiste
- loro partirono

trapassato remoto
- io fui partito/a
- tu fosti partito/a
- lui / lei / Lei fu partito/a
- noi fummo partiti/e
- voi foste partiti/e
- loro furono partiti/e

CONGIUNTIVO

presente
- io parta
- tu parta
- lui / lei / Lei parta
- noi partiamo
- voi partiate
- loro partano

passato
- io sia partito/a
- tu sia partito/a
- lui / lei / Lei sia partito/a
- noi siamo partiti/e
- voi siate partiti/e
- loro siano partiti/e

imperfetto
- io partissi
- tu partissi
- lui / lei / Lei partisse
- noi partissimo
- voi partiste
- loro partissero

trapassato
- io fossi partito/a
- tu fossi partito/a
- lui / lei / Lei fosse partito/a
- noi fossimo partiti/e
- voi foste partiti/e
- loro fossero partiti/e

CONDIZIONALE

semplice
- io partirei
- tu partiresti
- lui / lei / Lei partirebbe
- noi partiremmo
- voi partireste
- loro partirebbero

passato
- io sarei partito/a
- tu saresti partito/a
- lui / lei / Lei sarebbe partito/a
- noi saremmo partiti/e
- voi sareste partiti/e
- loro sarebbero partiti/e

IMPERATIVO
- –
- tu parti!
- Lei parta!
- noi partiamo!
- voi partite!
- loro partano!

MODI INDEFINITI

INFINITO	GERUNDIO	PARTICIPIO
semplice partire	semplice partendo	presente partente
passato essere partito	passato essendo partito	passato partito

TABELLE DEI VERBI

soluzioni

LEZIONE 1

1 a. Salotto; b. Scuola paritaria; c. Copisteria

2 Frasi errate: **1.** I prezzi dei libri **hanno aumentato** (sono aumentati) a dismisura; **4.** Stanotte dei teppisti hanno sfondato la porta della palestra e **sono bruciato** (hanno bruciato) gli attrezzi per fare ginnastica; **6.** Giorgio e la sua famiglia **sono trascorso** (hanno trascorso) un buon fine settimana prima della fine delle vacanze scolastiche; **9.** Il professore **è cambiato** (ha cambiato) la data del compito di geografia. Risposta: MATURITÀ

3 1. te la sei cavata; 2. ci ha messo; 3. la finisci; 4. ce l'ha fatta; 5. c'entra; 6. ci tengo

4 studente, professore, insegnava, che, lezioncina, apprezzare, come, fu

5 1. abbandonavano; 2. stabilì; 3. hanno scelto; 4. ha pubblicato; 5. riformò; 6. studiavano; 7. elaborò

6 1. Ho messo, aveva comprato; 2. potevano, sono andato; 3. abbiamo preso, Avevamo; 4. è suonata, ho sentita, Sono arrivato/-a, ho fatto; 5. mi ha svegliato, Ho fatto, volevo; 6. sono iniziate, ha scritto; 7. sapevo, Ho detto, mi ha portato; 8. Ho vissuto, avevo perso, sono andato/-a, sono entrato/-a

7 Le frasi 1, 2, 5, 6, 8. Le frasi 3 e 7 si riferiscono al primo giorno di una vacanza; la frase 4 si riferisce al primo giorno di lavoro.

8 severo / comprensivo; chiaro / incomprensibile; competente / incompetente; divertente / noioso; empatico / freddo; imparziale / ingiusto

9 **Ornella_bella**: severo, freddo; **Cesare_P**: competente, imparziale; **MayaXX**: chiara, divertente

10 1. Chi; 2. Chi; 3. Chi; 4. ciò che, ciò che; 5. Chi; 6. Chi, ciò che; 7. Chi; 8. Chi, ciò che

11 1. 1/b; 2/e; 3/g; 4/c; 5/a; 6/f; 7/d; 8/h

LEZIONE 2

1 Orizzontali: 4. SCOLAPASTA, 6. FRIGGERE; 7. CUOCERE; 8. INFARINARE; Verticali: 1. CONDIRE; 2. TAGLIERE; 3. TAGLIARE; 5. PENTOLA

2 1. Ciascuno; 2. Qualcuno; 3. Qualsiasi; 4. nessuno; 5. qualche; 6. chiunque; 7. Ogni; 8. qualcosa; 9. poco; 10. altro; 11. alcuni

3 Frasi sbagliate: 2, 4

4 qualche, ogni, tanto, Qualcuno

5 uno, Qualsiasi, chiunque, comunque

6 1. facessimo; 2. voglia; 3. fossero; 4. arrivi; 5. andasse; 6. sia; 7. vadano; 8. arrivasse; 9. si trovino

7 1. avrò frequentato; 2. sarà arrivato; 3. avrò concluso; 4. avrò preso; 5. avrai finito; 6. avranno portato

8 1. Farò; 2. Preparerò; 3. avrò acceso, cuocerò; 4. avrò messo, apparecchierò; 5. avrò finito, aspetterò

9 **3.** Si ~~possono~~ **può** pulire l'insalata uno o due giorni prima di consumarla: va lavata, asciugata bene e sistemata in un sacchetto che deve essere sigillato tirando via l'aria; **4.** Per conservare i cibi nel frigo, si ~~deve~~ **devono** mettere dentro contenitori di vetro e plastica; **6.** Prima vengono tagliate le verdure, poi vengono grigliate, infine ~~viene~~ **vengono** conservate in strati divisi con la carta di alluminio

10 1. si mangia, si vive; 2. si conservano; 3. si compra; 4. Si cercano; 5. si cambia

12 si è, si mangia, si gustano, si vive, va apprezzato, viene ingurgitato, si preferisce, va saputa, si rischiano

TEST 1

1 1. andavo, abbiamo comprato; 2. siamo andati/-e, ci siamo divertiti/-e; 3. guardavo, hanno suonato, mi sono impaurita, aspettavo, era; 4. sono andato/-a, ho guardato, passava; 5. è scappato, portava

2 1. abbiamo passato; 2. ho salito; 3. sono salito/-a; 4. siamo passati/-e

3 1. Qualsiasi, sia; 2. Qualcuno; 3. Chiunque, sappia; 4. nessuno; 5. qualche; 6. Qualunque, dica; 7. Ogni; 8. qualcosa; 9. Qualunque, scelga; 10. Dovunque, si trovi

4 1. quello che; 2. quelle che; 3. chi; 4. quelli che; 5. quello che

5 1/b Avrà avuto; 2/a avrò finito; 3/b Si sarà persa; 4/b Sarà stata; 5/a avrò conosciuto

6 1. si trova; 2. si leggono; 3. si mangiano; 4. si vende; 5. si fanno

LEZIONE 3

1 2. Il 30% degli italiani guarda fiction / Tre italiani su dieci guardano fiction; 3. Il 15% degli italiani guarda programmi di informazione / Quindici italiani su cento guardano programmi di informazione; 4. Il 5% degli italiani guarda documentari / Cinque italiani su cento guardano documentari; 5. Il 30% degli italiani guarda programmi di intrattenimento / Tre italiani su dieci guardano programmi di intrattenimento

2 accedono all', affermano di, navigano su, Si tratta di, continuano a

3 1. Il 19; 2. del '900; 3. Nel 1924; 4. le tre

4 Ieri, cento anni fa, Allora, Oggi

5 1. di connettersi da casa sua; 2. di aver trovato il tema per il suo prossimo articolo; 3. di essersi iscritto a un sito di informazione libera; 4. di prendere appunti; 5. di accendere il computer e di connettersi a internet; 6. di non passare troppe ore di fronte allo schermo; 7. di essere rimasta in casa tutta la notte; 8. di non essere mai stato ospite di un programma TV

6 1. Sara dice che lei si informa con internet perché è un mezzo più libero / Sara dice di informarsi con internet perché è un mezzo più libero; 2. La mamma dice a Pino di spegnere subito la TV; 3. Dieci anni fa hanno detto che la gente si sarebbe informata solo su internet; 4. Luca mi ha assicurato che mi avrebbe mandato l'articolo per posta elettronica; 5. Mi ha chiesto di poter leggere il giornale / Mi ha chiesto se poteva leggere il giornale / Mi ha chiesto se potesse leggere il giornale; 6. Mi consiglia di guardare questa nuova serie TV; 7. Mi avete chiesto se mi ero iscritto al forum / Mi avete chiesto se mi fossi iscritto al forum; 8. Mi dicono che quel documentario mi piacerà tantissimo

7 1. avrebbe cominciato; 2. avrebbe portato; 3. avrebbe trovato; 4. arriverebbe, investirebbe; 5. sarebbe migliorata; 6. sarebbe diventato; 7. sarebbe cambiata

8 sarebbe stata ritrovata, sarebbe affondata, starebbe, sarebbe, avrebbero affermato

9 1. come fosse entrato in politica / come era entrato in politica; 2. quando avesse deciso di candidarsi a sindaco / quando aveva deciso di candidarsi a sindaco; 3. se si immaginasse di vincere le elezioni / se si immaginava di vincere le elezioni / se si immaginava che avrebbe vinto le elezioni; 4. se fosse possibile fermare la corruzione a Roma / se era possibile fermare la corruzione a Roma; 5. che cosa pensasse del Presidente del Consiglio / che cosa pensava del Presidente del Consiglio; 6. se credesse nel programma del suo mandato / se credeva nel programma del suo mandato

10 1. se si ricordasse di Carosello / se si ricordava di Carosello; 2. che era il suo programma preferito; 3. che gliene aveva parlato la prof. a scuola; 4. cosa fosse / cosa era; 5. che era un programma di pubblicità che piaceva sia a loro bambini che ai loro genitori. Piaceva ai piccoli perché c'erano i cartoni animati e ai grandi per gli spettacoli di varietà; 6. quali cartoni animati ci fossero / quali cartoni animati c'erano; 7. che c'erano dei personaggi indimenticabili come Calimero, un pulcino tutto nero che faceva la pubblicità di un detersivo. Ma non tutti erano cartoni animati, per esempio c'era topo Gigio che era un pupazzo

11 avesse inventato, che l'aveva inventato / di averlo inventato, fossero / erano, si riconoscevano, insegnava, fosse / era, era, era, voleva, era, le, penserebbe

LEZIONE 4

1 1. a tempo indeterminato, il cuoco; 2. invecchiamento della popolazione, cura degli anziani, l'assistente agli anziani; 3. impianto di illuminazione, l'elettricista; 4. nuove tecnologie, il giornalista; 5. terre coltivabili, il contadino; 6. strutture sanitarie, il medico

2 vogliono, desiderano, portano, diano, siano, miri, risulti, resti

3 1. sia; 2. voglia; 3. sa; 4. ha dimostrato; 5. prenda; 6. abbia; 7. insegna

4 1. È la telefonata più lunga che io abbia mai fatto; 2. È il colloquio più difficile che io abbia mai affrontato; 3. È il progetto più redditizio che io abbia mai creato; 4. È il collega più strano che io abbia mai incontrato; 5. È il capo più autoritario che io abbia mai avuto; 6. È il contratto più vantaggioso che mi sia mai stato offerto / che mi abbiano mai offerto; 7. È lo stipendio più alto che io abbia mai ricevuto; 8. È il caffè più buono che io abbia mai preso

5 1. Alla fine; 2. Finalmente; 3. alla fine; 4. Finalmente; 5. alla fine

6 1. Dormendo poco, la mattina non sono efficiente al lavoro; 2. Sapendo usare il computer, lavori più facilmente; 3. Lavorando troppo, passo periodi di stress; 4. Avendo colleghi simpatici, vado al lavoro volentieri; 5. Insegnando da tanti anni, ha molta esperienza; 6. Lavorando full-time hanno uno stipendio decente; 7. Avendo solo una pausa di mezz'ora, dobbiamo mangiare troppo in fretta

7 *soluzione possibile:* 1. Quando lavoro troppo, mi stresso e divento ansiosa; 2. Quando non si trova lavoro, si resta dipendenti dalla propria famiglia; 3. Visto che non guadagno lo stipendio da sei mesi, sono tornato a vivere dai miei; 4. Se non si accetta un'offerta di lavoro, si ha paura di perdere un'opportunità importante; 5. Siccome non ho esperienza, non riesco a trovare un impiego

8 1. Andando in treno, avendo più tempo per me; 2. Avendo tre bambini, Partendo da casa

9 Buongiorno, posso entrare / Prego, si accomodi / Allora, mi dica / se non la disturbo / Ma certo, si figuri / La ringrazio tantissimo / Ma le pare

10 1. Vorrei, accettasse; 2. Vorremmo, venisse; 3. Preferirebbero, venissero; 4. vorrebbe, usassimo; 5. vorrebbero, andassi; 6. preferirebbe, smettessi

11 1. prenda; 2. parlaste; 3. abbia; 4. parli; 5. pensasse; 6. parlassimo

12 Orizzontali: 1. COMMESSO, 7. ELETTRICISTA, 8. TRADUTTRICE; Verticali: 2. MINISTRA, 3. SARTO, 4. VIGILESSA, 5. AVVOCATA, 6. CUOCA

LEZIONE 5

1 1. doloroso; 2. imbarazzato; 3. fastidioso; 4. coraggioso; 5. fiorito; 6. abusivo; 7. abbozzato; 8. ansioso

2 1. stupore; 2. commozione; 3. rabbia; 4. paura; 5. noia; 6. Disgusto; 7. orgoglio; 8. fastidio

3 1. Figlio mio!; 2. mio lavoro; 3. miei amici; 4. I tuoi figli; 5. colpa tua; 6. casa mia; 7. Signori miei; 8. vostra salute

4 1. da parte mia; 2. per colpa mia; 3. per amor mio; 4. per conto suo; 5. di testa tua; 6. per merito suo

5 1. esce; 2. se ne esce; 3. te ne esci; 4. Esci

6 1. vado pazzo; 2. mi fa impazzire; 3. mi fai incavolare; 4. ha un debole; 5. sono nero; 6. sono fuori di me; 7. Sono su di giri; 8. sono al settimo cielo; 9. gli gira storto; 10. mi fa schifo

7 *soluzione possibile:* **Vado pazzo** (Mi fa incavolare), **sono nero** (sono al settimo cielo)

8 1. propri; 2. suoi; 3. proprio; 4. suo; 5. proprio; 6. propria

9 1. infelice; 2. sfortunato; 3. disonesto; 4. impaziente; 5. disattento; 6. irrazionale; 7. insensibile; 8. atipico

10 1. impaziente; 2. disattento; 3. infelice; 4. insensibile; 5. disonesti; 6. atipico; 7. sfortunato; 8. irrazionale

11 1. inutile, invisibile, scontento; 2. impossibile, irragionevole, intollerabile; 3. spiacevole, infedele, improbabile

12 1. fosse; 2. avessi smesso; 3. avessi chiesto; 4. fosse; 5. sapessi; 6. fossi stato; 7. desiderasse; 8. fossi partito/-a

13 1/e; 2/c; 3/a; 4/b; 5/f; 6/d

14 1. arrivasse; 2. aprisse; 3. parlasse; 4. rispondesse; 5. fosse; 6. capisse

TEST 2

1 1. di leggere bene; 2. di aver vinto; 3. di passarmi il sale; 4. di andare al cinema; 5. di non guardare la TV

2 1. abbiamo studiato; 2. esco; 3. sarebbe venuta; 4. sappia; 5. ha prestato

3 sarebbe, sarebbero stati scoperti, lascerebbe, sarebbe partito, sarebbero stati ritrovati, risalirebbero, Sarebbe, cambierebbe

4 1. Essendo; 2. Avendolo saputo; 3. Trovando; 4. Non avendo mai visto

5 1. sa; 2. faccia; 3. conosca, possa; 4. è passata

6 1. prendessi; 2. venga; 3. accompagnassi; 4. si occupi; 5. parlasse; 6. faccia; 7. andassimo

7 1. avessi; 2. avessi passato; 3. ti fossi ricordato/-a; 4. avesse voluto; 5. andassimo

8 1. fossi; 2. andassi; 3. avesse; 4. guardi; 5. sapesse; 6. bastasse

LEZIONE 6

1 Orizzontali: 1. BIOGRAFICO, 4. DRAMMATICO, 5. FANTASCIENZA, 7. DOCUMENTARIO, 8. HORROR, 9. WESTERN, 10. AVVENTURA; Verticali: 2. COMMEDIA, 3. ANIMAZIONE, 6. GUERRA

2 1. castello enorme; 2. tesoro sepolto; 3. nuova tecnica; 4. poliziotto cattivo, poliziotto buono; 5. bel film; 6. film drammatico; 7. guerra atomica

3 1. film prevedibile; 2. un grande film; 3. dei film italiani; 4. storia scontata

4 Nelle frasi 3, 4 e 6 la posizione dell'aggettivo è sbagliata. L'autore del libro si chiama Marco MALVALDI

5 nuove storie, prima serata, immaginaria cittadina, litorale toscano, bellissima località, luogo importante, arguto barista, bella commissaria, prorompente cameriera, irresistibili pensionati-detective, umorismo toscano

6 apprezzassero, parlava, fosse, mancava, era, doppiassero, fossero, doveva. Il film di cui si parla nel testo è Roma città aperta.

7 1. si occupi; 2. sia; 3. sia; 4. viene; 5. abbiano; 6. sia; 7. sappia

8 1. facciano; 2. abbia vinto; 3. abbia; 4. abbiate pagato / paghiate; 5. siano; 6. sia / sia stato

9 1. b, a - il regista; 2. a, b – lo sceneggiatore; 3. a, b – la comparsa; 4. b, a – il produttore; 5. a, b – l'attore protagonista

10 1. fa credere; 2. crede; 3. fanno cadere; 4. cadono; 5. fa fare; 6. fa

LEZIONE 7

1 1/e; 2/g; 3/f; 4/a; 5/d; 6/b; 7/c

2 In, nel, in, a, A, a, a, a

3 nell', a, a, a, in, in, al, in, nella

4 1. avesse venduto; 2. siano esauriti; 3. spedissi; 4. avrebbe ceduto; 5. cominciasse; 6. serva; 7. valesse

5 1. apra; 2. scelgano; 3. faccia; 4. sia; 5. sia venuto; 6. fosse

6 1. fossero passati; 2. conoscessero; 3. aprisse; 4. si fossero uniti; 5. avrebbe venduto; 6. fosse

7 sia importante ricordare, si perda, sia stato un eroe di tutti i giorni, i contemporanei considerassero l'impresa, fosse un'impresa, avrebbero preso tutte le opere, avessero trovato le casse

8 1. L'essere; 2. l'avere; 3. Il partecipare; 4. il dipingere; 5. il saper

9 1. di cui; 2. che; 3. il cui; 4. le cui; 5. con cui; 6. a cui

10 1. dal quale; 2. la quale; 3. le quali; 4. i quali; 5. per le quali; 6. il quale; 7. con il quale; 8. la quale

11 il che, che, che, con cui, il quale, che, in cui, da cui, che, che, i quali, che, che, che

TEST 3

1 1. ho visto, sia piaciuto; 2. abbiamo visto, consiglio; 3. sia; 4. racconta, devi; 5. faccia, è; 6. accetto, venga

2 1. ha fatto piangere, vado; 2. racconto, fa lavorare; 3. ho fatto fare, ho chiesto, ha risposto, ho fatto apparire

3 1. aprisse; 2. stesse; 3. fosse / sarebbe stato; 4. avessi visto; 5. avrebbe preferito

4 1. posizione sbagliata; 2. posizione corretta; 3. posizione corretta; 4. posizione sbagliata; 5. posizione corretta; 6. posizione corretta; 7. posizione corretta; 8. posizione sbagliata

5 che, che, in cui, ai quali, i quali

6 1. il che; 2. la cui; 3. il che; 4. che

LEZIONE 8

1 Orizzontali: 1. CONDIVIDERE, 2. IMBALLAGGIO, 5. URBANO, 6. DIFFERENZIATA, 7. SPRECO; Verticali: 1. CICLABILE; 3. AMBIENTE; 4. ORTO

2 1. Quel pover'uomo; 2. piatto povero; 3. vecchia torre; 4. grande Paese; 5. macchina nuova; 6. L'alto rappresentante; 7. diverse persone

3 1. Portandola; 2. Prendendola; 3. Evitandoli; 4. Bevendola

4 1. tenutosi; 2. Aiutateli!; 3. Aiutaci; 4. Attivati; 5. scriverlo; 6. vincerlo

5 usufruendone, prendendola, producendone, tenutosi, generandola, superarli, porsi, raggiungerla, ottenerla

6 1. sarà cresciuto, rispetterà; 2. avrai finito; 3. ci occuperemo, vivranno; 4. sarà, lascerò; 5. avrai capito, andrai; 6. avrà raggiunto, saranno; 7. avrai assaggiato, comprerai; 8. avrò venduto, userò

7 1/b; 2/a; 3/b; 4/b; 5/a

8 1. Effettivamente il governo; 2. Ho sempre saputo; 3. Dice sempre; 4. è veramente interessante; 5. talmente cari; 6. avevo già deciso; 7. Guarda bene; 8. Finalmente hai venduto

9 C'è una domanda veramente sbagliata, ma non vogliamo affatto risparmiare, si pongono su un piano radicalmente diverso

LEZIONE 9

1 1. a; 2. La; 3. nelle; 4. L', dell'; 5. la; 6. l'; 7. al; 8. Gli, dalla, alla; 9. Il, la, la, la, la, l', la

2 X, la, la, l', la, dal, dal, dallo, dall', del, delle, l', l', l', il, lo, il, il, la, la, ✗, ✗, ✗, ✗, ✗

3 1. essendo, essendo stato/-a/-i/-e; 2. tornando, essendo tornato/-a/-i/-e; 3. costruendo, avendo costruito; 4. avendo, avendo avuto; 5. mangiando, avendo mangiato; 6. uscendo, essendo uscito/-a/-i/-e; 7. facendo, avendo fatto; 8. scrivendo, avendo scritto

4 uscendo, essendoci, Essendo uscito, Guardando, continuando, Essendo nato, avendo avuto

5 1. Amando; 2. Pensando; 3. Andando; 4. Avendo dovuto fare; 5. Pur non essendo mai andata; 6. pur avendo vissuto; 7. Non avendo compiuto; 8. Guardando; 9. Avendo; 10. Pur lavorando

6 1/b; 2/c; 3/a; 4/b; 5/d; 6/d; 7/b; 8/a; 9/c; 10/d

7 1/b; 2/d; 3/b; 4/e; 5/a; 6/c; 7/d; 8/c; 9/e; 10/a

8 1. Visto che ho lavorato per lui, posso dirti che è un ottimo manager; 2. Anche se non ha studiato, è riuscito sempre a cavarsela agli esami; 3. Poiché ho viaggiato tutta la notte, ora vorrei andare a riposare; 4. *la trasformazione non è possibile*; 5. Mentre uscivo da quel negozio sono inciampata sullo scalino e sono caduta; 6. Sicuramente, se uscissi prima da casa, riusciresti ad arrivare puntuale al lavoro; 7. Anche se è un grande attore, è davvero una persona umile; 8. È facile vivere nel lusso quando si ha un marito che guadagna così bene; 9. *la trasformazione non è possibile*; 10. È assolutamente vietato scrivere messaggi al cellulare mentre si guida

9 1. A dirla tutta; 2. si arrampichi sugli specchi; 3. Me la sbrigo da solo/-a; 4. Mi sto arrampicando sugli specchi; 5. sbrigarmela da solo/-a; 6. A dirla tutta

11 cigli, ciglia, fondamenti, fondamenta, diti, dita, gesti, gesta

LEZIONE 10

1 1/c/2 – pensino; 2/d/4 – sperassi; 3/b/1 – immaginassimo; 4/a/5 – possa; 5/e/3 – dica

2 1. meno di quanto si usasse una volta; 2. meno di quanto facciano gli uomini; 3. è più diffuso di quanto lo sia al Sud; 4. più studiato di quello che molte persone suppongano; 5. meno di quanto dovrebbero

3 1/e – ho svuotato; 2/d – possano; 3/a – potrei; 4/f – ho deciso; 5/c – sia cambiata; 6/b – possa

4 terrecotte, altipiani, biancospini, francobolli, bassorilievi, falsarighe, chiaroscuri, pianoforti, sordomuti, agrodolci, sacrosanti, capisaldi, cartepeste, casseforti

5 1. Scusa, io **mica** ti ho detto di non venire, sei tu che hai capito male!; 2. Alessandro non è **mica** un tuo amico! Evita di parlargli in quel modo!; 3. I miei genitori non mi aiutano **mica**, sai! Io mi mantengo completamente da solo; 4. Che fai con tutte queste lucine accese? Non è **mica** Natale!

6 1. ce l'avrai fatta; 2. ci vogliono; 3. te la cavi; 4. c'entra; 5. ci hai dato giù, se la fossero presa; 6. te ne esci; 7. me la sbrigo

7 1/b; 2/b; 3/a; 4/a; 5/c; 6/b

8 1/e; 2/a; 3/h; 4/c; 5/f; 6/g; 7/d; 8/b

9 rappresentino, chiedessimo, aveste avvertito, possa, voglia, lasci, sia riuscita

TEST 4

1 1. Comprale!; 2. Sceglili!; 3. Cambialo!; 4. Portale!; 5. Prendilo!

2 ✗; ✗; il; le; la; ✗; del; l'

3 avendo fatto; conoscendo; Guardandolo; essendo; avendo superato; guardando; Ripensandoci

4 1. i fondamenti; 2. le gesta

5 1. si accorgessero; 2. si sia sviluppata; 3. possa; 4. potessero; 5. si interessino

6 *risalendo*; documenti; *risolvere*; riconoscano; *Trattandosi*; trascrive; *servendosi*; capiscano; *fornendoci*; Si tratta

I contenuti di **Nuovo Espresso 4** sono stati elaborati da Maria Balì
(Libro dello studente, Facciamo il punto, Grammatica) e Irene Dei (Esercizi),
con la collaborazione di Katia D'Angelo (Esercizi e Test).

direttore editoriale: Ciro Massimo Naddeo
coordinamento e redazione: Carlo Guastalla
redazione: Diana Biagini, Chiara Sandri
layout e copertina: Lucia Cesarone
impaginazione: Gabriel De Banos
direzione audio: Vanni Cassori

© 2017 ALMA Edizioni - Firenze
Tutti i diritti riservati
Printed in Italy
ISBN 9788861825055
Prima edizione: marzo 2017

FONTI ICONOGRAFICHE p.5 Maglara/Shutterstock | p.6 Szasz-Fabian Ilka Erika/Shutterstock, Nadejda Ivanova/Shutterstock, f11photo/Shutterstock, ESB Professional/Shutterstock, wavebreakmedia/Shutterstock, mickyso/Shutterstock, Denis Kuvaev/Shutterstock | p.7 nd3000/Shutterstock | p.17 barmalini/Shutterstock | p.18 Rawpixel.com, dotshock/Shutterstock, Robyn Mackenzie/Shutterstock, Firma V/Shutterstock | p.20 HABRDA/Shutterstock, AlenKadr/Shutterstock, Evlakhov Valeriy/Shutterstock, lovemelovemypic/Shutterstock, Michael Kraus/Shutterstock, Mauro Rodrigues/Shutterstock, BalancePhoto/Shutterstock | p.22 Rawpixel.com/Shutterstock | p.24 Giuseppe Parisi/Shutterstock, Only Fabrizio/Shutterstock | p.26 zhaolifang/Vecteezy | p.29 BrAt82/Shutterstock | p.30 quka/Shutterstock, xamnesiacx/Shutterstock | p.32 Vadim Sadovski/Shutterstock | p. 34 Pavel Korsakov/Shutterstock | p.35 Antonio Nardelli/Shutterstock | p.36 Alessio Jacona/creativecommons | p.37 Sergey Nivens/Shutterstock | p.39 studiogi/Shutterstock | p.41 alphaspirit/Shutterstock | p.42 wavebreakmedia/Shutterstock, ESB Professional/Shutterstock, Tyler Olson/Shutterstock, baranq/Shutterstock, Toranico/Shutterstock, chevu/Shutterstock | p. 45 blurAZ/Shutterstock | p.46 KieferPix/Shutterstock, bleakstar/Shutterstock | p.50 Tyler Olson/Shutterstock, Photographee.eu/Shutterstock | p.51 A. Aleksandravicius/Shutterstock | p.53 solarseven/Shutterstock | p.54 Trocaire/Flickr, Byelikova Oksana/Shutterstock, Victoria 1/Shutterstock, duchy/Shutterstock | p.55 Jan Faukner/Shutterstock | p.57 Hardyguardy/Shutterstock | p.59 ESB Professional/Shutterstock, ESB Professional/Shutterstock, Eugenio Marongiu/Shutterstock | p.62 Early Spring/Shutterstock, revers/Shutterstock, koya979/Shutterstock, Excentro/Shutterstock, Artsplav/Shutterstock | p.65 Sunny studio/Shutterstock | p.66 Einar Muoni/Shutterstock, Stokkete/Shutterstock, Voltgroup/Shutterstock, Everett Collection/Shutterstock | p.70 Hayati Kayhan/Shutterstock | p.73 Nejron Photo/Shutterstock | p.77 The World in HDR/Shutterstock | p.78 trabantos/Shutterstock, muratart/Shutterstock, Dmitri Ometsinsky/Shutterstock, skyfish/Shutterstock, Fabio Lamanna/Shutterstock, danileon/Shutterstock | p.82 Coprid/Shutterstock, Rawpixel.com/Shutterstock | p.83 Basilicofresco/Flickr | p.89 wk1003mike/Shutterstock | p.90 Diego Moreno Delgado/Shutterstock, KaliAntye/Shutterstock, PowerUp/Shutterstock, Akhenaton Images/Shutterstock, Masterchief_Productions/Shutterstock | p.93 Chinnapong/Shutterstock | p.94 FloridaStock/Shutterstock, ChiccoDodiFC/Shutterstock | p.95 Dave Pot/Shutterstock | p.97 Evannovostro/Shutterstock | p.99 goodmoments/Shutterstock | p.101 prokopphoto/Shutterstock | p.102 Billion Photos/Shutterstock, Duplass/Shutterstock, ra2studio/Shutterstock, Jan Kaliciak/Shutterstock, Mmaxer/Shutterstock, AlbertPego/Shutterstock | p.109 Arthimedes/Shutterstock | p.110 Rudy Balasko/Shutterstock, CoolR/Shutterstock, Pinosub/Shutterstock, Syda Productions/Shutterstock | p.111 Iasha/Shutterstock, Olga Popova/Shutterstock, Boiarkina Marina/Shutterstock, SOMMAI/Shutterstock, kuvona/Shutterstock, Olga Popova/Shutterstock, WAYHOME studio/Shutterstock | p.112 Africa Studio/Shutterstock | p.116 Gordan/Shutterstock, Arsenie/Shutterstock, Krasnevsky/Shutterstock, WilmaVdZ/Shutterstock, Ekaterina Pokrovsky/Shutterstock, Pawel Kazmierczak/Shutterstock, Yulia Grigoryeva/Shutterstock, Everett Historical/Shutterstock | p.123 AN NGUYEN/Shutterstock

ALMA Edizioni
Viale dei Cadorna, 44
50129 Firenze
tel +39 055 476644
fax +39 055 473531
alma@almaedizioni.it
www.almaedizioni.it

L'Editore è a disposizione degli aventi diritto per eventuali mancanze o inesattezze. I diritti di traduzione, di memorizzazione elettronica, di riproduzione e di adattamento totale o parziale, con qualsiasi mezzo (compresi i microfilm, le riproduzioni digitali e le copie fotostatiche), sono riservati per tutti i paesi.